JOHN PATTILLO-HESS • MARIO R. SMOLE (HG.)

MASSE MACHT & RELIGION

JOHN PATTILLO-HESS · MARIO R. SMOLE (HG.)

MASSE MACHT & RELIGION

LÖCKER VERLAG

MIT FÖRDERUNG DER ABTEILUNG FÜR KULTUR DER STADT WIEN, MA 7
UND DES BUNDESMINISTERIUMS FÜR UNTERRICHT UND KUNST

Die Beiträge dieses Buches wurden als Referate auf dem 5. Internationalen kulturanthropologisch-philosophischen Canetti-Symposion gehalten, das – mit Unterstützung der Stadt Wien und des Bundesministeriums für Unterricht und Kunst – im Volksbildungshaus Wiener Urania in der Zeit vom 7. bis 10. Mai 1992 stattfand. Diese Tagung wurde von der Wiener Urania in Zusammenarbeit mit dem Kunstverein Wien veranstaltet.

Vertrieb: Löcker Verlag
Umschlaggestaltung: Patricio Handl
Datenkonvertierung: PCG, Wien
Druck: REMA*print*, Wien
ISBN 3-85409-219-9

Inhaltsverzeichnis

Vorwort

Mit „Masse, Macht und Religion“ steht im Rahmen des alljährlichen Canetti-Symposions auch heuer wieder ein brisantes Thema zur Diskussion. So wie die Zugehörigkeit zu einer Nation, so war und ist die Zugehörigkeit zu einer Religionsgemeinschaft von oft lebensentscheidender Bedeutung. Meist hat sie eine prägende Dimension, die weit über Fragen des Glaubens im engeren Sinne hinausgeht, auch wenn sich der einzelne dessen nicht immer bewußt ist. Elias Canetti hat sich dieser Problematik sehr eingehend und ausführlich gewidmet. Der Dichter-Philosoph hat auch gezeigt, daß dieses Themenfeld noch weit über die Analyse der bestehenden Religionen hinausgeht. Er hat wie kaum ein anderer Denker erkannt und dargelegt, daß jene, unsere moderne Gesellschaft dominierenden Komponenten, nämlich *Masse und Macht,* schon für sich religiöse Dimensionen angenommen haben.

Obwohl unser zeitgenössisches Leben auf einer rationalen Welterklärung beruht und der religiöse Bereich der übernatürlichen Wesen und Wunder durch Geist und Technik scheinbar entweiht wurde, entwickelte die Kultur dieses neuen Zeitalters ihre eigenen neuen Mythen. Eine neue Form der Religiosität entstand. Canetti hat die Wurzeln dieser Erscheinungen folgendermaßen charakterisiert:

„Im Kampf gegen erstarrte Glaubensformen haben die Aufklärer eine Religion unangetastet gelassen, die von allen die widersinnigste ist: die Religion der Macht. Es gab zwei Arten, sich zu ihr zu stellen: die eine, auf lange Sicht die gefährlichere von beiden, zog es vor, von ihr nicht zu sprechen, sie still auf traditionelle Weise weiter zu üben, durch die unerschöpflichen und leider unsterblichen Vorbilder aus der Geschichte gestärkt. Die andere, viel aggressiver, verherrlichte sich erst, bevor sie in Aktion trat; sie deklarierte sich öffentlich als Religion, an Stelle der sterbenden Religionen der Liebe, die sie mit Kraft und Witz verhöhnte. Sie verkündete: Gott ist Macht, und wer immer kann, sein Prophet.“

Das ist, so können wir heute feststellen, die eine wesentliche Komponente des die Moderne bestimmenden Glaubensgebildes, auf das Elias Canetti so deutlich hingewiesen hat. Die zweite Säule dieses seltsamen religiösen Konstruktes ist der Begriff der Masse. Ihm wurde im Zeitalter der Industriegesellschaft ebenfalls eine quasi religiöse Bedeutung verliehen.

Auch hier schloß die Ersatzreligion der massenproduktiven Lebensform an alte überlieferte Vorstellungswelten an. Ernst Cassirer schrieb darüber: „Bis in die unterste Sphäre des mythischen Denkens, bis in das Gebiet der magischen Weltansicht und der primitivsten magischen Praxis spürt man diesen Schauer des Heiligen, der die Zahl umgibt: denn alle Magie ist zu einem großen Teil Zahlenmagie.“

Wir können dieser Erkenntnis von Ernst Cassirer hinzufügen, daß in der modernen Welt aus den kleinen verehrungswürdigen Zahlen der Urzeit schließlich die angebeteten Tausenden und Millionen wurden.

Der Eintritt in das Industriezeitalter mit seiner Massenproduktion ließ auch die moderne Massengesellschaft mit allen ihren Folgeerscheinungen entstehen. Die große Zahl wurde im 19. und 20. Jahrhundert zu einer Qualität an sich. Von einem Produkt eine große Menge verkauft zu haben, erübrigt in einem derartigen Wirtschaftssystem anscheinend jeden weiteren Qualitätsnachweis.

Der Masse von Menschen kommt deshalb sowohl im Bereich der Produktion als auch in dem der Konsumation eine grundlegende Bedeutung zu. Große Bewegungen entstanden unter diesen Zeichen im vorigen Jahrhundert. Massenmedien und Massenparteien hatten dabei wesentlichen Anteil an der Entstehung einer gleichsam religiösen Verehrung der Masse als Wert an sich.

Elias Canetti hat es wörtlich dermaßen formuliert: „Wenn es einen Glauben gibt, dem die lebenskräftigen Völker der Erde eins ums andere verfallen, so ist es der Glaube an die Produktion, den modernen Furor der Vermehrung."

Mit diesen Worten des großen Denkers und Analytikers, die mehr als eine Feststellung, nämlich auch eine Warnung sind, möchte ich schließen.

Danken möchte ich allen, die zum Zustandekommen dieser hochgradigen Veranstaltung mit viel Idealismus beigetragen haben. Allen voran gebührt John Pattillo-Hess, dem initiativen Geist und wissenschaftlichen Leiter des Unternehmens unser aller Dank. Ich wünsche uns noch viele von ihm in diesem Geiste programmierte Canetti-Symposien.

Beim Zustandekommen dieser Veranstaltung haben weiters wesentlich der Organisator Mario R. Smole, Christine Pelousek vom Kunstverein Wien und Wilhelm Petrasch von der Wiener Urania sowie Raoul Blahacek von der Kulturabteilung der Stadt Wien mitgeholfen. Ihnen herzlichen Dank.

Danken möchte ich selbstverständlich auch allen Vortragenden sowie den Vertretern der Medien, die alljährlich einen wesentlichen Beitrag zum Erfolg des Symposions leisten. Ihnen allen, die zu dieser Veranstaltung gekommen sind, wünsche ich einen spannenden Verlauf der Tagung.

Bernhard Denscher
Eröffnungsrede des 5. Canetti-Symposions

Masse. Macht und Religion

Einführende Worte

„In den meisten Religionen heuchelt der Mensch Erniedrigung und springt dann hinterrücks wütend in die Höhe."
„Die Fliegenpein", Elias Canetti

Manche Leser von „Masse und Macht" mag die Tatsache befremden, daß Canetti in seinen Deutungen der Religion sich völlig außerhalb der abendländischen Philosophie bewegt. Man bemerkt, daß es sich um Beschreibungen handelt, die er so lange auf sich einwirken ließ, bis sie ein Teil seiner selbst wurden; von anderen hingegen, die von Anfang an in ihm waren, versuchte er sich zeitlebens zu befreien: „Vom Islam komme ich nicht mehr los", bemerkt er in einer Aufzeichnung des Jahres 1956. „Meine Vorfahren haben Jahrhunderte lang in der Türkei gelebt und vorher, vielleicht ebensolang, im maurischen Spanien. Immer wieder habe ich mich dem Islam genähert, immer wieder mich von ihm entfernt. Es ist etwas im Fanatismus dieses Glaubens, das meiner früheren Natur gemäß war. Meine Befreiung und Erweiterung als Mensch ist wie eine Befreiung von meinem eigenen Islam. Der Gott des Islams ist konzentrierter als der Gott der Juden. In den Herrschern der islamischen Staaten hat er als Vorbild seine extremste Wirkung geübt."

Canetti behauptet, daß eine erschöpfende Deutung der Religion – ihm geht es um Deutung und nicht um Aufklärung – in einem Kapitel wie „Meute und Religion" nicht möglich ist. Er läßt uns auf ein gesondertes Werk über diese Thematik hoffen.

Die Weigerung Canettis, sich eine vorgegebene Methode anzueignen, die die Religion als „Gegenstand" der Reflexion betrachtet, bedingt den Respekt, mit welchem er aus der eigenen Individualität der Religionen ihre Beispielhaftigkeit hervorhebt. Durch eine neue Erzählweise versucht er, ihre zentralen Problematiken und Konflikte aufzuzeigen und uns so überzeugend den Beitrag an Vorstellungen und Gedanken anzubieten, die aus dieser Erzählweise gewonnen werden können.

Er stützt seine Thesen – nämlich daß es Religionen der Jagd und des Krieges, der Vermehrung und der Klage gibt – hauptsächlich auf das soziale und religiöse Gebilde der Meute. Diese ist für ihn der eigentliche Gehalt, der Kern jedes bedeutenden Glaubens: „Aus der Dynamik der Meuten und der besonderen Art, wie sie ineinander spielen, erklärt sich der Aufstieg der Weltreligionen."

Die Lele, ein Volk, das in der Nähe des Flusses Kasai lebt, sind die Paradevertreter einer Jagdreligion. Das höchste Ansehen hat bei ihnen die gemeinsame Jagd, auf den Einzeljäger kommt es nicht an. Sie betrachten sich selbst mit Recht als Jagdgesellschaft, wobei der Verteilung des gejagten Wildes eine besondere Bedeutung zukommt. Das streng geregelte, gemeinsame Mahl unterstreicht den religiösen Sinn ihrer Jagd. „Man ißt zusammen", schreibt Canetti, „was man zusammen erlangt hat... Etwas von *einem* Leibe geht in sie alle ein... Dieser Ritus der gemeinsamen Einverleibung ist die *Kommunion*... In den höheren Religionen spielt bei der Kommunion etwas Neues mit, der Gedanke an eine Vermehrung der Gläubigen. Wenn die Kommunion intakt bleibt, wenn sie richtig vor sich geht, wird der Glaube immer weiter um sich greifen, und mehr und mehr Bekenner werden zu ihm stoßen." So wie die Jäger ihre Beute im Glauben genießen, daß das Tier wiederauferstehen und sich wieder jagen lassen wird, so ist auch die Auferstehung das wesentliche Ziel der höheren Kommunionen, aber, so Canetti, „statt des Tieres wird der Leib eines Gottes genossen, und seine Auferstehung beziehen die Gläubigen auf sich selbst". In der Kommunion manifestiert sich der Übergang von der Jagd- zur Vermehrungsmeute.

Die Meute – wie auch die Masse – hat etwas Fließendes. Canetti schildert verschiedene Formen der Meute; diese hat, so konstant sie auch in ihrer Wiederholung ist, die ständige Neigung, ihre Form zu wechseln. Trotz der Nemesis, die laut Jacob Burckhard „darin lag, daß die Kirche mehr und mehr ein Polizeiinstitut wurde und daß die Hierarchien danach rochen", blieben den Weltreligionen Umschläge nicht erspart. Den historischen Weltreligionen liegt das Gefühl für die Tücken der Masse – wie Canetti behauptet – im Blut: „Was sie sich wünschen, ist im Gegensatz zu dieser eine folgsame *Herde.*"

Die Gläubigen werden wiederholt zu bestimmten Zeiten in bestimmten Räumen versammelt und durch immer wiederkehrende, gleiche Verrichtungen in einen gemilderten Massenzustand versetzt. Trotz aller Verbote innerhalb der historischen Weltreligionen, trotz Zähmungen ändert sich von Zeit zu Zeit der Charakter ihres Glaubens vollkommen, ohne daß sie die Natur der Änderung selbst verstehen könnten.

An der Masse des Katholizismus, die dieser Band reichlich kommentiert, fällt vor allem ihre Langsamkeit und Ruhe auf, verbunden mit großer Breite. Sie sieht ihren Hauptfeind in der offenen Masse und stellt sich auf jede Weise gegen sie. Der zeitliche Vorgang der Klage um den gekreuzigten Erlöser ist erstarrt. In gefährlichen Zeiten ändert die Kirche aber ihre Funktion, da werden Mönche zu Agitatoren. Die Abneigung gegen offene Massen kann sie nicht immer durchhalten. „Es gibt Zeiten", schreibt Canetti, „in denen Feinde von außen sie bedrohen oder in denen der Abfall so rapid um sich greift, daß er nur mit den Mitteln der Seuche selber zu bekämpfen ist."

In Zeiten der Säkularisierung, wo das Ziel der langsamen Massen – das Jenseits, wo die Seligen auf diejenigen warten, die sich unter ihnen einen Platz verdient haben – an Glaubwürdigkeit verliert, müssen die Weltreligionen dieser Verheißung näherrücken. Das Reich Gottes muß ab und zu auf Erden sichtbar werden. Das Aufkommen der Befreiungstheologen in Süd- und Mittelamerika, der fundamentalistischen Schiiten im Iran mag Versuche darstellen, die langsame Masse in dem Augenblick vor dem Zerfall zu bewahren, in dem der Glaube an das Jenseits sich zu zersetzen begann.

Einen anderen Umschlag können Kriege erklären. „Die Kriegsmeute", schreibt Canetti, „wenn sie Glück hatte, mündet schließlich in die Vermehrungsmeute des Festes..." Dieser Umschlag, paradigmatisch am Tsantsa-Fest der Jivaros beschrieben, läßt sich auf gegenwärtige Kriege übertragen. „Machthaber", behauptet Canetti weiter, „die einen Krieg entfesseln wollen, wissen sehr wohl, daß sie einen ersten Toten entweder herbeischaffen oder erfinden müssen... Es kommt auf seinen Tod an und auf sonst nichts; man muß glauben, daß der Feind die Verantwortung dafür trägt." Aus der Klage über den einen Toten oder über Haufen von ihnen bildet sich eine Kriegsmeute, die als Massenkristall wirkt.

Die Klagen über die vielen eigenen Toten fallen gedämpfter aus als über den ersten Anlaßtoten – die Vermehrungsmeute triumphiert. Dies deutet auf die Dynamik des Krieges – auf seine Absicht nach raschester Vermehrung staatlicher Kriegsreligionen. Ein unvoreingenommener Betrachter der kriegerischen Auseinandersetzungen, die in Nachbarstaaten tatsächlich stattfinden, in anderen noch drohen, wird wohl unsere Überzeugung über die Dringlichkeit teilen, sich mit „Masse und Macht“ zu beschäftigen.

Es wäre eine Zumutung, zu behaupten, es seien alle Thesen von Canetti über die Religion in diesem Band behandelt worden, dennoch hoffen wir, der Breite und Komplexität der Thematik einigermaßen gerecht geworden zu sein.

Erstmals erscheint als Herausgeber, zusammen mit mir, Mario R. Smole. Alle Canetti-Symposien und die dazugehörigen Publikationen wären ohne seine Mitwirkung undenkbar gewesen, ihm hier für seinen intellektuellen wie praktischen Beitrag zu danken, ist nur eine bescheidene Anerkennung.

Zu Dank verpflichtet sind wir Herrn Prof. Dr. Helmut Zilk, Bürgermeister der Stadt Wien, Frau Dr. Ursula Pasterk, amtsführende Stadträtin für Kultur, und Herrn MinRat Dr. Wolfgang Unger, die die Finanzierung des Symposions und der Publikation sicherten.

John Pattillo-Hess
Frühjahr 1993

Jüdische versus israelische Massensymbole

Uri Avnery

„Kein Volk ist schwieriger zu begreifen als die Juden", so Elias Canetti in seinem Buch „Masse und Macht". Selbst Sepharde, also Abkömmling einer der 250.000 Juden, die vor genau 500 Jahren aus Spanien vertrieben worden sind, stellt er im Kapitel „Massensymbole der Nationen" fest, daß der Auszug aus Ägypten das Massensymbol der Juden sei: „Das Bild dieser Menge, die Jahre und Jahre durch die Wüste zieht, ist zum Massensymbol der Juden geworden."

Stimmt das? Stimmt das immer noch? Und gilt das auch für den sogenannten Judenstaat Israel? Darüber möchte ich mir einige Gedanken machen.

Verzehrt haben sie Jakob

Der Auszug aus Ägypten ist in seiner Bedeutung für das Bewußtsein der Juden mit keinem Ereignis im Leben anderer Völker zu vergleichen. Die Weltanschauung jedes Juden wird schon in der frühesten Kindheit am Seder-Abend geprägt. Jedes Jahr, am Vorabend des Osterfestes (Pessach auf Hebräisch), findet im Familienkreise diese Feier statt, die ganz dem Auszug aus Ägypten gewidmet ist. Fraglos hat sie auch Canetti viele Male in seiner Kindheit erlebt. Die Seder-Feier bedient sich auf geniale Weise aller Mittel der Suggestion. Die stundenlange Zeremonie, die sich seit Jahrhunderten auf genau die gleiche Weise abspielt, benutzt alle Sinne – Sehen, Hören, Schmecken, Riechen, Tasten. Das Kind fühlt sich im warmen Familienkreis geborgen. Ein paar einfache Motive werden durch ständige Wiederholung eingeprägt. So wird im Bewußtsein des Kindes, in einem für tiefe Eindrücke offenen Alter, ein Bild geprägt, das ihn sein Leben lang begleiten wird.

Die Pessach-Haggada – das Buch, das an diesem Abend vorgelesen wird – erzählt die Geschichte des Auszugs aus Ägypten vor – vielleicht – 3.200 Jahren. Es ist kein literarisches Meisterwerk und mit den genialen Büchern der Bibel nicht zu vergleichen, jedoch will es auch nicht literarisch beeindrucken. Es ist ein Instrument der Suggestion, beinahe der Hypnose. Die hypnotische Wirkung wird durch vorgeschriebene Handbewegungen, Weinkonsum (genau vier Gläser), Abwechslung zwischen gesprochenen und gesungenen Abschnitten, Konsum symbolischer Speisen und Getränke, Beteiligung aller Anwesenden am Vorlesen bestimmter Texte bis zum Verlesen eines Abschnittes durch das kleinste anwesende Kind erreicht. Es ist ein erhebendes Erlebnis, an dem alle beteiligt sind, unter der Obhut des gütigen Pater Familias. Die Haggada bewirkt eine unzerreißbare Verbindung zwischen dem „Ich" und dem „Wir", zwischen dem Wohl des einzelnen und dem Wohle des ganzen Volkes, zwischen der Familie am Tische und allen anderen jüdischen Familien in der ganzen Welt, zwischen der heutigen Generation und allen vorangegangenen bis Abraham. Zwischen Alten und Jungen der Familie selbst – eine vertikale und horizontale Verbindung. Sie fördert ein Gefühl der Zugehörigkeit und der Sicherheit des „warmen jüdischen Heims".

Im Zustand der Erhabenheit nimmt das Kind die Sätze der Haggada auf, die den jüdischen Charakter prägen: „Gepriesen seist Du, ewiger, unser Gott, Herr der Welt, der uns aus allen Völkern erwählt, über alle Nationen erhoben und uns durch seine Gebote geheiligt hat... Der unterscheidet zwischen Heiligem und nicht Heiligem, zwischen Licht und Finsternis, zwischen Israel und den Völkern... Nicht nur einer stand auf, uns zu vernichten, sondern in jedem Zeitalter erheben sich viele wider uns, um uns dem Verderben preiszugeben... Gieße aus deinen Grimm über die Völker, die dich nicht anerkennen, und über die Reiche, die deinen Namen nicht anrufen, denn verzehrt haben sie Jakob und seine Stätte verwüstet... Verfolge und vernichte sie unter dem Himmel des Ewigen... Dankt dem Herrn, der große Könige geschlagen und ihr Land zum Erbteil gab, als Besitz für seinen Knecht Israel... Nicht unsere Vorfahren allein hat er erlöst, sondern mit ihnen hat er auch uns erlöst... Um uns hierher zu bringen und das Land zu geben, welches er unseren Vätern zugeschworen hat..."

Das ist der Kern des nationalen Mythos: Wir Juden sind das auserwählte Volk, von allen Völkern verschieden; immer und überall haben die anderen versucht, uns auszurotten; Gott hat uns das Heilige Land versprochen, und es gehört nur uns. Seit Hunderten von Jahren weiß das jedes jüdische Kind. Und selbst ein jüdischer Atheist wird in seinem Unterbewußtsein eine andere Meinung als ketzerisch empfinden.

Hinab nach Ägypten

Ist ein nationaler Mythos nur ein Ausdruck des nationalen Schicksals, oder beeinflußt der Mythos das Schicksal selbst? Vielleicht stimmt beides? Es ist unmöglich, an den Mythos des Auszugs aus Ägypten zu denken, ohne auf die seltsame – ja direkt verblüffende – Tatsache zu stoßen, daß der „Auszug aus Ägypten" sich in der jüdischen Geschichte viele Male wiederholt hat und auch jetzt noch Juden „ausziehen".

Kein anderes Volk der Welt hat seine Heimat so oft verlassen wie die Israeliten. Auch andere Völker sind aus ihrer Heimat in ein anderes Land gewandert – man denke an die Goten und Magyaren –, aber das war ein ungewöhnliches, einmaliges Ereignis. In der jüdischen Geschichte dagegen passiert das ununterbrochen. Man könnte beinahe sagen, daß dies ihr einziges konstantes Motiv ist. Es beginnt mit dem Volksgründer selbst. Kaum war Abraham auf Gottes Befehl nach Kanaan gezogen, als er es auch schon, noch im selben Kapitel (11. Moses 12), verließ. „Es kam aber eine Hungersnot in das Land. Da zog Abraham hinab nach Ägypten." Man merkt, daß selbst der Erzähler in Verlegenheit gerät, denn er fügt nochmals schnell hinzu: „Denn der Hunger war groß im Lande."

Auch Abrahams Sohn Isaak wollte wegen einer Hungersnot nach Ägypten „hinab"ziehen, aber „da erschien ihm der Herr und sprach: Ziehe nicht hinab nach Ägypten, sondern bleibe in dem Lande, das ich Dir sage." Er war der einzige der Urväter, der im Lande blieb. Jakob – auch Israel genannt – sandte seine Söhne zweimal nach Ägypten und zog am Ende selbst dahin. Die „Kinder Israels" lebten dort 400 Jahre lang. „Die Kinder Israels wuchsen und zeugten Kinder und mehrten sich und wurden überaus stark, so daß von ihnen das Land voll ward." Das Land Ägypten nämlich. Mit einer gewissen Scham erklärt die Haggada: „Er zog nach Ägypten hinab – gezwungen durch den göttlichen Befehl. Er ließ sich daselbst als Fremdling nieder – das lehrt, daß unser Vater Jakob nicht nach Ägypten hinabzog, um sich dort dauernd niederzulassen, sondern um vorübergehend dort zu weilen." 400 Jahre gelten ja bei uns als „vorübergehend". (Übrigens benutzen auch heute Israelis in Berlin und Brooklyn dieselben Worte als Ausrede für ihre Auswanderung, die als Fahnenflucht empfunden wird.)

Selbst wenn wir die Geschichte der Urväter – und auch den Auszug aus Ägypten selbst – als Legende betrachten, hat dieser Mythos doch eine gewaltige psychologische Bedeutung, gerade als Massensymbol. Er hat die Richtung angegeben, in die sich seitdem die jüdische Geschichte entwickelt hat. Als im Zeitalter der Richter und Könige eine israelitische Nation im Lande entstand (und zwar durch eine allmähliche Verschmelzung der Völker Kanaans und der Nomadenstämme aus der Wüste), wurde dieser Schicksalskreis des Ein- und Auswanderns nicht durchbrochen, sondern zum Leitmotiv der nationalen Geschichte.

Die Königreiche Israel und Juda fielen nacheinander. Ein Teil der Einwohner wurde verbannt. Im babylonischen Exil gediehen sie und vermehrten sich, dort wurden die Exilanten aus Juda zu „Juden". Ein Teil von ihnen – ein kleiner Teil – ging zurück ins Land Israel und baute dort einen neuen Tempel. Während der ganzen Zeit des „Zweiten Hauses" (wie man diese sechs Jahrhunderte – 538 v. bis 70 n. Chr. – auf hebräisch nennt) wohnte nur eine Minderheit der Juden im Lande Israel. Die anderen Juden pilgerten zwar nach Jerusalem, dachten aber nicht daran, sich dort niederzulassen. Sie unterstützten auch nicht die großen jüdischen Aufstände gegen die römische Fremdherrschaft im Lande, ebensowenig wie die Juden in Palästina die jüdischen Aufstände gegen die Römer in Ägypten und der Kyrenaika unterstützten.

Nach dem Zusammenbruch der beiden großen Aufstände im Lande – der Zeloten und des Bar-Kochba – verschwand das jüdische Gemeinwesen in Palästina beinahe gänzlich. Alle Juden lebten in der Zerstreuung, warben für ihren Glauben und lebten als eine religiös-ethnische Gemeinde. Während 1.850 Jahren, bis zum Beginn der neuen zionistischen Niederlassung, machten sie nicht einen einzigen ernsthaften Versuch, wieder ein jüdisches Gemeinwesen in Palästina zu gründen. Reiche entstanden und brachen zusammen, Juden wurden aus Ländern vertrieben und ließen sich in anderen Ländern nieder, neue Kontinente wurden „entdeckt" – aber die Juden lebten weiterhin im „Exil" und beteten „im nächsten Jahr in Jerusalem", ohne einen einzigen Versuch zu unternehmen, sich wieder als Volk in der alten Heimat zu etablieren. Erst Ende des 19. Jahrhunderts zogen sie wieder aus, um sich im Lande Kanaan anzusiedeln.

Jiddische Luftgeschäfte

Der Mythos des Auszuges aus Ägypten besteht aus fünf Teilen: das Verlassen des Landes („und er zog hinab"), die Unterdrückung in Ägypten („Sklaven waren wir dem Pharao"), der Auszug selbst, die Wanderung in der Wüste und die Besiedelung Kanaans. Der Zionismus hat den Schwerpunkt des Massensymbols von der Auswanderung und der Sklaverei auf die Befreiung und die Besiedelung Kanaans verlegt. Als Elias Canetti den Auszug aus Ägypten zum Massensymbol der Juden erklärte, meinte er damit hauptsächlich die Wanderschaft in der Wüste. In ihr sah er das Symbol der jüdischen Existenz überhaupt.

Der Zionismus jedoch wehrte sich gerade gegen diese Existenz. Er hat sich viele der antisemitischen Stereotypen des neuen Nationalismus in Europa zu eigen gemacht: daß die Juden im „Exil“ Parasiten auf den Körpern anderer Völker seien, daß sie sich mit verächtlichen Berufen abgeben (sogenannten „Luftgeschäften“), daß sie erbärmlich und feige seien, da sie sich nicht auf dem Schlachtfeld, sondern in der Börse auszeichnen.

Als sie nach Palästina zogen, wollten die Zionisten nicht nur die nationale Unabhängigkeit gewinnen, sondern auch eine neue, produktive Gesellschaft von Landwirten und Arbeitern gründen, im Gegensatz zur jüdischen Gesellschaft in Europa, die, laut einer berühmten Parole, einer „verkehrten Pyramide“ glich. In den zionistischen Schulen in Palästina wuchs eine neue Generation auf, die alle Merkmale der Exil-Existenz verachtete, die die jüdische Sprache (jiddisch) haßte, die jüdische Kleinstadt in Osteuropa („das Schtetl“) verpönte und den jüdischen Hang zu Handel und Geld verabscheute. Man wollte ein „normales Volk“ sein.

Diese Sehnsucht nach der Existenz eines „Volkes wie andere Völker“ war ein wichtiger Ansporn des Zionismus. Ein „normales“ Volk zu sein bedeutete Ende des letzten Jahrhunderts, eine politische Nation zu sein, mit Vaterland, Sprache und Kultur, in einem nationalen Staat vereint. Es gab natürlich viele Ausnahmen von dieser Regel, wie auch Canetti feststellte. (Die Deutschen, zum Beispiel, hatten mehrere Staaten, die Schweizer hatten – und haben – mehrere Sprachen, viele Nationen hatten die Unabhängigkeit noch nicht erlangt.) Aber es war ein Ideal, das die Völker anstrebten.

Als Theodor Herzl, der Gründer der zionistischen Bewegung, die Judenfrage in dieser Welt des Nationalismus lösen wollte, schlug er zuerst vor, daß sich alle Juden taufen lassen sollten, um in den Völkern aufzugehen. Als er merkte, daß das nicht ging, schlug er einen anderen Weg zur Assimilation vor: nicht eine persönliche, sondern eine kollektive. D. h.: Die Juden werden sich zu einer Nation nach europäischem Muster umbilden und einen eigenen Staat errichten, eine Nation wie alle anderen, einen Staat wie alle anderen. Herzl dachte, daß sich nur ein Teil der Juden dieser „alt-neuen“ Nation anschließen werde. Die anderen, glaubte er, würden sich als einzelne in den verschiedenen Nationen assimilieren und damit aus dem Judentum ausscheiden, so oder so würde die jüdische Diaspora verschwinden und die „Judenfrage“ gelöst werden.

In der Tat schloß sich nur ein Teil der Juden dem neuen „Auszug aus Ägypten“ an, aber sie vollbrachten eine Revolution, die in der Geschichte einmalig ist. Sie verließen nicht nur ihr Elternhaus, ihr Heimatland und ihr gewohntes Klima, sondern auch ihre Sprache und ihre Kultur, ihre soziale Stellung. Sie zogen in ein fremdes Land, um Arbeiter und Bauern in einer entfernten Ecke der Levante zu werden. Sie errichteten herrliche neue Institutionen wie den Kibbuz und den Moschaw. Sie wurden eine Nation von Kämpfern und gaben bewußt viele der Talente auf, die die Juden in der Diaspora ausgezeichnet hatten, und sie vollbrachten das größte aller Wunder: die Wiederbelebung einer „toten“ Sprache, ihre Umwandlung in eine moderne Umgangssprache, die Grundlage für eine neue Kultur.

Aber wichtiger als all diese Errungenschaften ist der Kern der zionistischen Revolution: Die Zionisten sind aus der Existenz der heimatlosen jüdischen Diaspora ausgeschieden und haben eine moderne, im Boden verwurzelte Nation geschaffen. Sie haben in einem Sprung das geschafft, wofür andere Völker viele Jahrhunderte gebraucht haben.

Um diesen Vorgang zu verstehen, muß man die in Israel – und auch in Europa – herkömmlichen Redensarten außer acht lassen und zunächst die wahren geschichtlichen Kategorien definieren. Die jüdische Diaspora war zwar „unnormal" im modernen, nationalen Europa, aber sie war ganz normal in der Kultur, die vor 2.000 Jahren im Mittelmeerraum herrschte. Damals waren nämlich Volk, Gemeinde, Kultur und Religion praktisch identisch. Ein Jude in Alexandria und eine Jüdin in Jerusalem gehörten zum selben Volke, konnten heiraten und unterlagen demselben Gericht – wie auch ein Christ in Rom und eine Christin in Antiochia. Aber der Jude in Alexandria konnte nicht seine christliche Nachbarin heiraten. Sie gehörten zwei verschiedenen Völkern an. (Diese Gesellschaftsordnung dauerte im byzantinischen Reiche fort, wurde vom ottomanischen Reich im Millet-System übernommen, von den Engländern in Palästina weitergeführt und lebt zum Teil noch im heutigen Israel, wo es weder Zivilehe noch -scheidung gibt. Ein Jude in Jaffa kann auch heute nicht seine islamische Nachbarin heiraten.)

Die Juden in Europa waren nur deshalb andersartig und sonderbar, weil sie diese Gesellschaftsordnung zu einer Zeit bewahrt haben, als die europäischen Völker neue Gesellschaftsstrukturen annahmen. Darum sind sie ein Fremdkörper geblieben und zogen den Haß der Nachbarn auf sich. Im islamischen Raum, in dem die Trennung zwischen Staat und Religion und zwischen Staat und Nation nicht stattgefunden hat, galten die Juden als „normal". Daher hat die islamische Welt auch nie Pogrome europäischer Art gekannt. (Die Kluft zwischen Juden und Arabern entstand erst nach Beginn der zionistischen Besiedelung, als die Juden eine politische Nation geworden waren.)

Der Zionismus bezweckte die Ablösung der Lebensformen einer kulturell-ethnisch-religiös-historischen Gemeinde durch diejenigen einer modernen, heimatgebundenen, weltlichen und politischen Nation. Das war der Kernpunkt des Zionismus überhaupt. Es wurde jedoch nie so offen ausgedrückt. Denn der Zionismus, wie viele andere Revolutionen in der Weltgeschichte, wollte sich durch die Übernahme der Symbole des Ancien régime, nämlich der jüdischen Gemeinde legitimieren. Um die Herzen der jüdischen Massen, besonders in Osteuropa, zu gewinnen, gab man vor, daß der Zionismus eine direkte Fortsetzung der jüdischen Geschichte sei. Der Unterschied zwischen Nation und Religion wurde verwischt. Religiöse Symbole wurden zu nationalen Symbolen erklärt. Der jüdische Gebetsmantel, der Tallith, wurde zur Nationalfahne erhoben. Der Davidstern kam vom Friedhof auf die Fahne, und der Leuchter aus dem Tempel, die Menora, kam auf das Staatswappen. Zion selbst ist ein religiöses Symbol.

Theodor Herzl und Wladimir Jabotinsky, beide ausgesprochene Atheisten, haben die jüdische Religion für ihre politischen Zwecke benützt, und das taten auch Atheisten wie Chaim Weizmann und David Ben-Gurion. Herzl half das nichts. Alle wichtigen orthodoxen Rabbiner seiner Zeit verfluchten ihn als das jüdische Äquivalent des Antichristen. Sie begriffen sofort, daß der zionistische Nationalismus das Gegenteil des jüdischen Geistes ist. Da half kein religiöser Mummenschanz. Erst als der Staat Israel Wirklichkeit wurde, haben sich die Orthodoxen eingeordnet, so wie sie es in allen Staaten tun, um ihre Schulen mit Staatsgeldern zu finanzieren.

Ben-Gurion war überzeugt, daß das religiöse Judentum in Israel im Laufe der Zeit von allein aussterben werde, und war daher bereit, mit den Orthodoxen zu paktieren und ihre Schulen zu bezahlen. Er ahnte nicht, daß er damit die religiöse Konterrevolution einleitete.

Ein leerer Wagen

Scheinbar hat der Zionismus auf ganzer Linie gesiegt. In Palästina ist eine neue, im Grunde weltliche Nation entstanden und hat Wurzeln gefaßt. Sie hat einen nationalen, weltlichen und demokratischen Staat errichtet – drei Attribute, die der jüdischen und auch jeder anderen Religion widersprechen. Diese Nation hat das „Exil" mit allen seinen Symptomen abgelehnt, von allen Teilen des Auszug-aus-Ägypten-Mythos hat sie nur den letzten gewählt: die Besiedelung Kanaans. Sie hat sich nicht mit Moses, sondern mit Josua identifiziert – einem Praktiker, dem die Bibel nicht die menschliche Tiefe eines Moses, Saul oder David gegeben hat.

Ein interessantes Dokument ist die Kibbuz-Haggada, die für den Seder-Abend im Kibbuz verfaßt wurde. Der Rahmen der alten Haggada wurde beibehalten, aber viele Teile durch moderne, heimatliche und humanistische Texte ersetzt. Statt Gottes, der seinen Grimm über die Völker ausschütten soll, kamen der heimatliche Frühling und der Freiheitskampf der Menschheit.

Die neue Generation suchte Elemente, die ihre Wurzeln im Lande festigen konnten, die im Lande entstandene Bibel lag ihr am Herzen. Der Talmud und die Halacha, die hauptsächlich im Exil entstanden sind, wurden abgelehnt. Die Archäologie wurde zur nationalen Leidenschaft, von Moshe Dajan und vielen anderen gepflegt.

In der fernen heimatlichen Vergangenheit wurden Helden gesucht, die als Vorbilder dienen sollten. Die Makkabäer, eigentlich religiöse Fanatiker, die die jüdischen „Griechlinge" verfolgten, wurden zu nationalen Freiheitskämpfern umgewandelt. Die Zeloten und Bar-Kochba wurden verherrlicht, obwohl sie seinerzeit zweimal nationalen Selbstmord verursachten. Die Massada-Legende wurde zum nationalen Mythos erhoben, obwohl es sich dabei um eine mörderische Sekte handelte (und die meisten Teile des Mythos scheinbar von Flavius Josephus frei erfunden worden sind).

Es ist kein Zufall, daß gerade diese Heroen in der jüdischen Tradition geächtet waren. Das Buch der Makkabäer ist nicht im Hebräischen erhalten geblieben. Das religiöse Hanukka-Fest ist nicht dem Kampf der Hasmonäer gewidmet, sondern nur dem Öl-Wunder im Tempel. Die Zeloten und Bar-Kochba sind in den jüdischen Quellen hauptsächlich negativ erwähnt. Der Held der jüdischen Tradition ist Rabbi Jochanan Ben-Sakkai, ein „Verräter", der sich als Toter aus dem belagerten Jerusalem schmuggeln ließ, um den römischen Todfeind um die Erlaubnis zu bitten, eine Jeschiva zu gründen.

Den Höhepunkt erreichte die neue nationale Schöpfung im Massensymbol des Zabars. Der Zabar (fälschlich auch Sabra genannt, die Kaktus-Frucht, Spitzname für die neue, im Lande geborene jüdische Generation) ist eine mythologische Figur mit national-europäischen, beinahe „arischen" Zügen. Der mythenhafte Zabar war groß, schlank, muskulös, braungebrannt, blauäugig, mit blonder Tolle. Er war Landarbeiter, Kämpfer und Pionier, ein Held. Kurz: das genaue Gegenteil des stereotypen Juden. Um diese Gestalt des Zabars bildete sich ein neuer Stil, ein Kodex des Verhaltens, des Redens, der Kleidung. Die Hauptmerkmale waren Einfachheit, Natürlichkeit, Direktheit, Wurzelhaftigkeit, Bereitschaft zur Selbstopferung, Pragmatismus, Improvisierungsvermögen, Antiintellektualismus. Auch das ist natürlich das Gegenteil der als jüdisch angenommenen Attribute. Eine Karikatur des Typs ist im Kitschroman von Leon Uris, „Exodus", enthalten. So entstand eine neue Kultur oder jedenfalls die ersten Anfänge einer solchen: die neue hebräische Sprache, Dichtung, Literatur, Tanz, Bildhauerei, Malerei und Theater. Eine große Rolle spielte der zabrische Humor, beinahe das Gegenteil des jüdischen Witzes. (Darum kam der mitteleuropäische Ephraim Kishon in Israel niemals richtig an.) Wenn Kultur das kollektive Schaffen einer Gesellschaft ist, dann muß man auch den Kibbuz und den Moschaw, die ehemaligen Untergrundbewegungen, die israelische Armee und das ganze Schaffen der Generation dazurechnen.

Diese neue Kultur kam nie zur Blüte. Was verschiedene Gründe haben kann: die Verluste des 1948er Krieges (ein Prozent der gesamten jüdischen Bevölkerung, ein Fünftel der betroffenen männlichen Jahrgänge, kamen um); die gewaltigen Ausmaße der Masseneinwanderung Anfang der 50er Jahre (635.000 Israelis absorbierten in ein paar Jahren mehr als eine Million Einwanderer); die innere Schwäche der Generation oder ihrer Führer, wie Moshe Dajan und Jig'al Allon, die sich nie gegen ihre Eltern, die Gründergeneration, aufgelehnt haben. Die letzten Überreste des Zabra-Superman-Mythos wurden im Jom-Kippur-Krieg zerstört, als man im Fernsehen die Zabra-Kriegsgefangenen in Syrien hocken sah.

Aber all diese Gründe – so wichtig sie auch sind – berühren nicht die wirklichen Wurzeln des Fehlschlags. Die neue hebräische Kultur war, was Oswald Spengler eine „Pseudo-Morphose" nannte. Spengler benutzte den Vergleich mit einem Vulkanausbruch. Die Lava ergießt sich über die Landschaft. Da sie aber den bestehenden Boden bedecken muß, ist sie nicht frei, eigene Strukturen zu schaffen. Sie muß sich den bestehenden Strukturen anpassen.

Da der Zionismus sich nicht bewußt von den vorher bestehenden jüdischen Formen abgeschnitten hatte, konnte sich die neue hebräische Kultur im Lande nicht von ihnen befreien. Es gab solche Versuche. Anfang der 40er Jahre ging eine Gruppe von sogenannten „Kanaanitern" soweit, den Abbruch von jeder Beziehung zur jüdischen Vergangenheit und gegenwärtigen jüdischen Diaspora zu fordern. Sie wollte in der neuen hebräischen Nation eine direkte Fortsetzung der kanaanitisch-hebräischen Kultur der vorbiblischen und biblischen Zeit sehen. Andere ideologische Strömungen waren weniger extrem, forderten jedoch auch eine klare Trennung zwischen der neuen „hebräischen" Nation und der jüdischen Weltgemeinde. Doch all diese Versuche scheiterten. Es siegte die offizielle Ideologie, die besagt, daß der „jüdische Staat" – so in der Unabhängigkeitserklärung – ein Teil des jüdischen Volkes sei, das sowohl eine Nation als auch eine Religion ist. Eine Trennung zwischen Staat und Synagoge wurde konsequent abgelehnt.

Anfang der 50er Jahre besuchte Ben-Gurion den Chasonisch, einen charismatischen alten Rabbiner, und bat um eine Antwort auf die Frage, „wer denn ein Jude sei". (Diese an sich absurde Frage ist in der israelischen Politik äußerst wichtig, da gewisse Gesetze den „Juden" Sonderrechte einräumen.) Der ehrwürdige Weise antwortete mit einem Beispiel: Zwei Wagen stoßen auf einer schmalen Brücke aufeinander. Einer der beiden muß weichen, um den anderen passieren zu lassen. Der eine ist voll, der andere leer. Wer hat das Vorrecht? Natürlich der volle. Und die Moral: Da die religiösen Juden voll von jüdischen Werten sind, die weltlichen Juden dagegen keine Werte haben, müssen die weltlichen weichen.

Auch viele nicht-religiöse Israelis nehmen dieses Denken unbewußt an. Die humanistischen, nationalen, demokratischen und sozialen Werte, die die geistige Welt des weltlichen Israeli darstellen, scheinen ihnen leer und verblaßt. Der religiöse Wagen dagegen sieht voll aus, obwohl er nur mit Brocken einer versteinerten Tradition gefüllt ist. In dieses Vakuum drang ein Sturmwind ein: das Massensymbol des Holocausts.

Nicht Armenier, nicht Ukrainer

Der Holocaust ist ein einzigartiges Geschehnis in der Geschichte. Als eine moderne, industrielle Operation des Volksmords kennt sie keine Parallele. Er gleicht nicht anderen historischen Massenmorden, nicht der Ermordung der Armenier durch die Türken, nicht der Aushungerung der Ukrainer durch Stalin oder der Ausrottung der Kambodschaner durch Pol Pot. Darum hat der Holocaust bei den Juden ein Trauma geschaffen, das noch bei weitem schlimmer ist als der Schock, den andere Völker erlitten, die schrecklichen Ereignissen zum Opfer fielen, wie die Deutschen im 30jährigen Krieg oder die Russen während der Mongolen-Herrschaft.

Es wäre natürlich gewesen, hätten die ersten Nachrichten über den Holocaust die jüdische Gemeinschaft in Palästina erschüttert und hätte sie sich im Laufe der Jahre von dem Schock langsam erholt. Aber in beider Hinsicht ist gerade das Gegenteil passiert: Es dauerte Jahre, bis der volle Schock zu Bewußtsein kam, und seitdem ist er nicht abgeflaut, sondern wird immer stärker. Das kann zeigen, daß das Trauma nicht nur eine Reaktion auf das schreckliche Ereignis selbst ist, sondern daß es ein nationales Symbol geworden ist. Als neues Massensymbol definiert es das Weltbild des jüdischen Volkes.

Zu diesem Volk – „dem Volk des Holocaust" – gehören alle, die in der Shoa hätten umkommen können: nicht nur die Geretteten aus den Vernichtungslagern, sondern auch ihre Kinder und Kindeskinder, und alle Juden, die in Auschwitz hätten umkommen können, wenn sie in die Hände der Nazis gefallen wären – in Palästina, in Nordafrika und auch in Asien. Das ist das Schicksal, das sie alle vereinigt. Natürlich ist dies ein ganz anderes Massensymbol als jenes, das die zionistische Revolution geschaffen hat und das die neue hebräische Nation im Lande geprägt hat. Die Erhebung des Holocausts zum höchsten Massensymbol ist bewußt oder unbewußt ein Vorgang der De-Israelisierung und Re-Judaisierung, also im Grunde eine Konterrevolution.

Auch hier kann man die Frage nach der Henne und dem Ei aufwerfen: Hat der Holocaust den israelischen Mythos zerstört, oder hat der Zusammenbruch dieses Mythos ein Vakuum erzeugt, das vom Holocaust gefüllt worden ist? Wahrscheinlich stimmt beides. Eine dritte Ansicht vertritt Prof. Jeschayahu Leibowitz, einer der originellsten Denker Israels. Er behauptet, daß die jüdische Kultur schon seit zwei Jahrhunderten tot sei und daß der Holocaust darum zum einzigen Inhalt des jüdischen Zusammenseins geworden ist.

Sie sind selbst schuld

Wie hat der Jischuw, das jüdische Gemeinwesen im damaligen Palästina, im Laufe der 40er Jahre auf den Holocaust reagiert? Obwohl man es heute gerne bestreitet, hat der Jischuw die Ereignisse während des Krieges im besetzten Europa so gut wie ignoriert. In dieser Beziehung gab es keinen Unterschied zwischen Linken und Rechten, Religiösen und Freidenkern, Aschkenasis und Orientalen. Die Leute lebten ihr Leben, arbeiteten, liebten und amüsierten sich, gründeten Familien und befaßten sich mit den Problemen des Alltags.

Die Führer waren mit den gewöhnlichen Zwistigkeiten beschäftigt, zankten sich über die Verteilung der paar hundert „certificates" (Einwanderungserlaubnis der britischen Mandats-Regierung in Palästina) unter den Parteien, verhandelten über die Aufstellung einer jüdischen Brigade in der britischen Armee. Man erwirkte auch, daß einige jüdische Fallschirmjäger aus Palästina im Rahmen der britischen Intelligence in Europa abspringen durften. Aber das Schicksal der Juden in Europa war während des Krieges nur ein kleiner Punkt auf der nationalen Tagesordnung. Und das hatte einige Gründe.

Erstens schenkte man den wenigen Nachrichten aus Europa, die durchsickerten, wenig Glauben. Auch während des Ersten Weltkrieges waren ja alle möglichen Greuelmärchen verbreitet worden. Es war leicht, die ungeheuerlichen Nachrichten als Kriegspropaganda abzutun. „Das ist sicher stark übertrieben", sagte man sich, „natürlich passieren da schlimme Dinge, aber man kann ja nicht wissen, was richtig ist."

Zweitens führte gerade die Einmaligkeit der Massenvernichtung dazu, daß man sie nicht fassen konnte. In dieser Hinsicht unterschied sich der Jischuw nicht von anderen Völkern. Wenn die „normale" Welt plötzlich einem ganz außergewöhnlichen Phänomen gegenübersteht, können nur außergewöhnliche Menschen die Ereignisse begreifen und auf sie reagieren. Solche Menschen gab es nur wenige auf der Welt. Im Jischuw gab es sie nicht. Hier und da brachten die hebräischen Zeitungen in Palästina zwar Nachrichten über das Schicksal der Juden im besetzten Europa, aber es waren beinahe immer nur kleine Notizen am Rande – nicht die Art von Meldungen, die den Leser überzeugen können, daß eine in der Weltgeschichte einmalige Greueltat stattfindet. Erst gegen Ende des Krieges, als die Sowjetarmee die ersten Vernichtungslager in Polen befreite, veränderte sich das Bild total.

Drittens fühlte man, daß man „sowieso nichts tun kann". Der Jischuw war kein Staat, er hatte keine Armee. Europa war hinter einem Vorhang aus Blei versteckt. Das Naziungeheuer war unbesiegt und erschien unbesiegbar, auch die Großmächte – die Sowjetunion, Großbritannien, die Vereinigten Staaten – konnten es nur schwer und erst sehr spät bewältigen. Man konnte sich leicht fragen: Was können wir denn tun? Und wenn wir nichts tun können, um den Juden beizustehen, was für einen Sinn hat es, in Depression zu versinken?

Viertens gab es auch ein Gefühl von „sie sind selber schuld". Sie hatten doch einen Ausweg. Sie hätten vor dem Krieg nach Palästina kommen können, wie wir. Sie hatten die Warnungen der Zionisten mißachtet, sie dachten, sie wären klüger als wir. Man sagte das nicht offen, aber es spielte doch irgendwie mit.

Alle diese Reaktionen wären unmöglich gewesen, wenn der junge Jischuw – es waren nur 40 Jahre seit der ersten größeren Einwanderungswelle verstrichen – nicht ganz und gar in seine eigenen Aufgaben vertieft gewesen wäre. Das Massensymbol des Zabars beherrschte seine Gedankenwelt, seine Aufgaben waren im Lande selbst konzentriert. Gerade in den Jahren des Holocausts blühte der Jischuw auf allen Gebieten auf wie noch nie. Zum ersten Mal wurde er tatsächlich zu einer Nation. Die riesige englische Armee im Nahen Osten, nur durch einen langen und gefährlichen Seeweg mit dem Heimatland verbunden, gab der jüdischen Wirtschaft in Palästina einen gewaltigen Antrieb.

Auch auf anderen Gebieten gab es einen großen Aufschwung. Zum ersten Mal wurde die Errichtung eines jüdischen Staates offiziell zum nationalen Ziel erklärt (das „Biltmore Programm", 1942); die Untergrundorganisationen (Hagana, Palmach, Irgun, Sterngruppe) wurden zu Machtfaktoren; Ideologien aller Schattierungen verkündeten grandiose Visionen („das dritte jüdische Königreich vom Nil bis zum Euphrat", „das Hebräerland vom Mittelmeer bis zum Tigris", „soziale Revolution im ganzen Nahen Osten" etc.). Man fühlte, daß nach Kriegsende die kritische Phase in Palästina beginnen werde, daß der jüdische Staat entstehen würde. Das sah viel wichtiger aus als das, was in der Diaspora passierte, besonders weil ja der kommende Staat auch den überlebenden Nazi-Opfern als Zuflucht dienen sollte. Die Greueltaten der Nazis – deren Ausmaß noch unbekannt war – dienten den Politikern, die sich für einen Judenstaat einsetzten, als ein weiteres Argument, und waren ein weiterer Schlachtruf der Untergrundorganisationen. Die Juden in Europa waren nur ein Objekt.

Das Zabar-Massensymbol litt auch nicht, als das Ausmaß des Holocausts endlich offenbar wurde. Die Reaktionen waren verschieden. Die Jugend im Lande schämte sich, daß die Juden „wie Schafe zur Schlachtbank" gegangen waren, das verstärkte noch die Überheblichkeit des Zabars. Man prägte die Parole „Holocaust und Heldentum", mit Betonung des zweiten Wortes. Die Bedeutung des Warschauer Ghettoaufstands – ein glorreiches Kapitel an sich – wurde unverhältnismäßig übertrieben, als ob der Aufstand der geschichtlichen Bedeutung von Auschwitz gleichkäme, weil er den neuen hebräischen Werten entsprach. Das Heldentum der einfachen Opfer wurde übersehen. Solange der Zabar-Mythos standhielt, konnte er sich gegen den Holocaust als alternatives Massensymbol behaupten. Noch Mitte der 50er Jahre, als der in Israel berühmte Kastner-Prozeß stattfand (es handelte sich um das Los der Juden in Ungarn während der Eichmann-Zeit), hatte man den Eindruck, daß es sich um Vergangenheit handelt. Erst als der Zabar-Mythos zusammenbrach, trat der Holocaust als Massensymbol an seine Stelle.

Der Mann im Glaskasten

Wann geschah das? So ein Vorgang dauert lange und findet in der Hauptsache im Unterbewußtsein statt. Aber als Wegzeichen kann man den Eichmannprozeß am Anfang der 60er Jahre betrachten. Schon vorher fing der Holocaust an, mehr und mehr die nationale Psyche in Israel zu beherrschen. Das hatte unterschiedliche Gründe. Vielleicht sollte man das schlechte Gewissen an die erste Stelle setzen. Man wußte, daß man während des Holocausts zu gleichgültig gewesen war, daß man nicht seine Pflicht getan hatte. Es ist schwer zu sagen, was der Jischuw zu der Zeit hätte tun können, um Juden zu retten. Darüber gibt es verschiedene Meinungen. Man spricht über verschiedene Aktionen. Vielleicht hätte man wenigstens einen Radiosender errichten sollen, um den Juden die Wahrheit zu sagen und Rettungswege vorzuschlagen. Viele Hunderttausende in Israel haben – wie ich – Verwandte im Holocaust verloren, und das hat die Gewissensbisse noch verstärkt.

Hinzu kam die Reue über das „antisemitische" Verhältnis zur Diaspora, zu dem die Jugend im Lande erzogen worden ist. Die Verachtung der jiddischen Sprache, des „Schtetls", der „Galut" überhaupt sah jetzt wie eine Sünde gegen die Opfer aus. Das schlechte Gewissen führte zum anderen Extrem. Das „Schtetl", Jiddisch, die ganze jüdische Existenz in Osteuropa erschienen plötzlich in einem anderen Licht, idyllisch, beinahe ideal, ein verlorenes Paradies. Vielleicht ist diese Glorifizierung der noch gestern verachteten jüdischen Vergangenheit eine Alterserscheinung der Generation, die am Ende ihres Lebens von ihrer Kindheit träumt, vom verzauberten Seder-Abend, vom „warmen jüdischen Heim". Reue und Schuldgefühle machten die Herzen für die Wahrheit des Holocausts aufnahmebereit, als diese endlich im Eichmann-Prozeß klar zu Tage trat. Als David Ben-Gurion anordnete, Eichmann zu fangen und in Israel vor Gericht zu stellen, eröffnete er ein neues Kapitel in der Geschichte des Staates, ohne zu ahnen, wohin das führen würde. Er wollte ein Kapitel beenden, einen Strich darunter setzen. Er hat das Gegenteil erreicht: Der Strich wurde unter das Kapitel gesetzt, das er, mehr als jeder andere, symbolisierte.

Der Prozeß des Mannes im Glaskasten verursachte eine Art nationaler Katharsis. Es war ein unvergleichliches, traumatisches Ereignis. Die schrecklichen Einzelheiten wurden – eine nach der anderen – bloßgelegt und bemächtigten sich des Bewußtseins der einzelnen und der Masse. Seitdem wird das „Holocaust-Bewußtsein" von Jahr zu Jahr stärker. Die Kinder der Überlebenden werden von diesem Bewußtsein noch mehr als ihre Eltern beherrscht, und die dritte Generation mehr als die zweite. Es vergeht kein Tag, ohne daß der Holocaust in den elektronischen und geschriebenen Massenmedien in Israel erwähnt wird, sei es, daß es sich um eine neue Forschung, eine literarische Diskussion, eine Staatszeremonie oder eine persönliche Erzählung handelt.

Die Schulen widmen der Shoa viel Zeit, auch das Lehrthema „Jüdisches Bewußtsein" ist größtenteils dem Holocaust gewidmet. Schulkinder werden massenweise nach Polen geschickt, um die Vernichtungslager zu besichtigen. Staatspräsidenten und andere Würdenträger, die Israel besuchen, legen Kränze in der Holocaust-Gedenkstätte „Jad Waschem" statt auf dem Grab des Unbekannten Soldaten nieder. Politische Demagogen erwähnen den Holocaust wo immer nur möglich und in jedem Zusammenhang, um Emotionen aufzupeitschen. Menachem Begin hat damit jede Kriegshandlung gerechtfertigt. Nach jedem palästinensischen Anschlag auf Israelis – im Laufe der politischen Auseinandersetzung zwischen den beiden Völkern – spricht man über „das Vergießen jüdischen Blutes", als ob es eine direkte Fortsetzung des Holocausts wäre.

Bewußt und unbewußt beherrscht heute der Holocaust jede Zelle des nationalen Lebens. Er beschäftigt die künstlerische Leistung auf allen Gebieten. Er ist das wahre Massensymbol.

Die ganze Welt ist gegen uns

Die pausenlose Beschäftigung mit dem Holocaust ist an sich ganz natürlich. Die Ausmaße dieses historischen Verbrechens sind so ungeheuer, daß man gar nicht umhin kann, sich damit zu beschäftigen. Schon im Nürnberger Gefängnis sagte Walther Funk, der Nazi-Reichswirtschaftsminister, seinen Mitverbrechern: „Noch in tausend Jahren wird man das nicht vergessen!" Viele empfinden, daß es ein Verrat an den Opfern wäre, wenn man sie nicht immer in Erinnerung halten würde. Die Erinnerung wird als moralische Pflicht empfunden. Es besteht ein mystischer – vielleicht magischer – Glaube daran, daß die Erinnerung ihr Weiterleben sichert und irgendwie die Absicht der Nazis zunichte macht. Sie zu vergessen wäre eine zweite und endgültige Vernichtung.

Das ist auch der Sinn der Worte „Jad We-Schem“ – ein Denkmal und einen Namen. (Jesaja 56: „Den Verschnittenen, die meine Sabbate halten und erwählen, was mir wohlgefällt, und an meinen Bund festhalten, denen will ich in meinem Hause und in meinen Mauern ein Denkmal und einen Namen geben, das ist besser als Söhne und Töchter. Einen ewigen Namen will ich ihnen geben, der nicht vergehen soll.“)

Aber auch diese natürlichen Gefühle erklären nicht die vollständige Beherrschung der nationalen „Seele“ durch die Shoa, ihre Erhebung zum heiligsten Thema in Israel. Das konnte nur geschehen, weil der Holocaust nicht als einmaliges und alleinstehendes Ereignis angesehen wird, sondern ganz im Gegenteil als ein Glied in der Kette jüdischer Geschichte – ein Ereignis, das zwar extremer, aber nicht anders ist als alles, was vor ihm passiert ist und unabwendbar nach ihm passieren wird. In anderen Worten: Der Holocaust paßt ganz zur jüdischen Geschichtsauffassung, wie sie auch vorher schon bestanden hat. Er hat sie nur noch verschärft und ihre Richtigkeit endgültig „bewiesen“. Der Zionismus betonte die Erlösung in der Auszugslegende – die Eroberung Kanaans und die Besiedlung. Der Holocaust hat die Betonung wieder dahin verlegt, wo sie früher war: in das Leiden und die Unterdrückung der Kinder Israels in Ägypten.

Der erste Holocaust im jüdischen Bewußtsein fand in Ägypten statt: „Da gebot der Pharao seinem ganzen Volk und sprach: ‚Alle Söhne, die geboren werden, werft in den Nil.‘“ Daran knüpft die Haggada den Ausspruch: „In jedem Zeitalter erheben sie sich wider uns, um uns dem Verderben preiszugeben.“ (In einer gemilderten Übersetzung steht: „erheben sich viele wider uns“. Das Wort „viele“ steht nicht in der Haggada.) Dieser Satz prägt sich tief im Bewußtsein jedes jüdischen Kindes ein, ein Satz, den es jährlich am Seder-Abend und später in der Schule hört.

Das jüdische Verhältnis zur Vergangenheit – die auch altertümliche Legenden einbezieht – ist anders als das anderer Völker. Jüdische Geschichte ist nicht Vergangenheit, sondern Gegenwart. Im jüdischen Bewußtsein ereigneten sich alle Geschehnisse gestern und passieren heute. Der Auszug aus Ägypten, die Wanderungen in der Wüste, die Ansiedlung in Kanaan – all das geschieht jetzt. Das göttliche Gebot, die Völker Kanaans auszurotten und die Amalekiter einschließlich Frauen und Kindern zu vertilgen, wird heute von rechtsradikalen Jugendlichen als eine aktuelle Anordnung ausgelegt. Im Schulunterricht und in Schülervorstellungen werden die Soldaten der israelischen Armee als neue Makkabäer gefeiert. Menachem Begin hat Ariel Scharon als modernen Juda Makkabi gepriesen. Auch hierzu hat die Haggada ihren Satz: „In allen Zeiten ist es Pflicht eines jeden (Juden), sich vorzustellen, als sei er selbst aus Ägypten gezogen.“ Diese ständige Vergegenwärtigung der Geschichte verhindert eine Verfremdung. Die Ereignisse gehören nicht einer gewissen Zeit und einem gewissen Ort an. Die ganze Welt wird zu einem Land, in dem die Juden immer und ewiglich verfolgt werden.

In Kindergärten und in Schulen gibt es im Laufe des Jahres eine lange Reihe von Feier- und Gedenktagen, die alle mit Judenverfolgungen zu tun haben. An jedem dieser Tage wird das Kind „historisch“ indoktriniert. Die Geschichte des Auszugs aus Ägypten – am Pessach-Fest – ist nur ein Beispiel von vielen. Das Chanukka-Fest gedenkt der Verfolgung der Juden durch die „Griechen“ (die Nachfolger Alexanders des Großen in Syrien); Purim der Absicht der Perser, die Juden auszurotten – ein frühes Modell des Holocausts; der Unabhängigkeitstag des Planes der Araber, den jüdischen Jischuw ins Meer zu werfen. Der

9. Adar erinnert an die Verteidigung des Ortes Tel-Chai gegen die Araber; der 9. Av an die zweimalige Zerstörung des Tempels zu Jerusalem am selben Tage – einmal durch die Babylonier und 668 Jahre später durch die Römer. Natürlich gibt es einen „Tag des Holocausts und des Heldentums", an dem das ganze Land trauert. Dazwischen kommt die Vertreibung der Juden aus Spanien, die Vernichtung der Juden im Rheingebiet durch die Kreuzritter, kommen die Pogrome des ukrainischen Hetmans Bogdan Chmelnitzki, darauf die Verfolgung des Jischuws durch die Türken, die anti-jüdischen Ausschreitungen in Palästina 1929 und 1936.

Im Bewußtsein eines 6jährigen Kindes verwirren sich alle diese Ereignisse. Alles geschieht gleichzeitig und geht nahtlos in den letzten palästinensischen Bombenanschlag in Jerusalem über. In diesem Alter kann das Kind nicht begreifen, was vorher und was nachher geschehen ist – ob die Türken uns vor den Römern umgebracht haben oder umgekehrt. Das Warschauer Ghetto und Mazadah (Massada) werden zu einem Ort, der böse Hitler und der böse Haman zu einem Menschen, die Ägypter unter dem Pharao und die Ägypter unter Gamal Abd-el-Nasser zu ein und demselben Volk. Dieses Bild verändert sich oft auch dann nicht, wenn das Kind erwachsen und ein Universitätsprofessor geworden ist. Er sieht die menschliche Geschichte nicht als einen großen Marsch der Völker mit seinen Licht- und Schattenseiten, an dem auch sein Volk teilnimmt. Die ganze Geschichte erscheint ihm als ein einziger, permanenter Pogrom, in dem die Völker (Gojim heißt buchstäblich Völker) uns vernichten wollen.

Dieses Weltbild, so schreckensvoll es ist, kann auch zu einer gewissen Genugtuung führen. Alles ist so einfach und klar: „wir", die Juden, und „sie", die Gojim. Die wenigen gegen die vielen. Jahrelang war in Israel ein Lied populär: „Die ganze Welt ist gegen uns / aber wir scheren uns nicht darum..." Tanzgruppen haben nach der lustigen Melodie dieses Liedes getanzt. Wenn die ganze Welt gegen uns ist und wir uns trotzdem behaupten, dann müssen wir eben etwas Besonderes sein, dann müssen wir eine Qualität haben, die automatisch den Haß der Völker auf sich zieht, weil sie überlegen ist.

Jedes nationale Weltbild ist eine kollektive psychologische Gestalt, eine simple Landkarte, die den täglichen Geschehnissen Richtung und Sinn verleiht. (Ich glaube, daß Canetti das gemeint hat, als er von Massensymbolen sprach.) So eine Karte ist ein wichtiges psychologisches Eigentum, weil sie ihren Besitzern ein Gefühl der Sicherheit verleiht, das Gefühl, daß sie wissen, wo sie in der großen, verwirrenden Welt stehen. Ein Volk, das sein Weltbild verliert, ist wie ein Soldat, der keine Landkarte mehr hat. Es weiß nicht mehr, wo es sich hinwenden soll, es leidet unter Desorientierung. Darum hängt jedes Volk an seinem Weltbild und ist wütend auf jeden Galileo Galilei, der versucht, es zu verändern. Solche Leute wurden in der Geschichte immer gesteinigt, gekreuzigt oder auf dem Scheiterhaufen verbrannt. Bestenfalls wurden sie exkommuniziert.

Manchmal erscheint es anderen, als ob die Juden eine Art masochistischen Genuß an neuen antisemitischen Ausbrüchen hätten. Das hat jedoch eine einfache Erklärung: Jeder solche Ausbruch, und sei er noch so klein, bestätigt das bestehende Weltbild. So ein Weltbild sucht die Totalität. Ein gutes Beispiel ist die israelische Darstellung der Geschichte der Juden im islamischen Raum. Dort gab es nie eine systematische Judenverfolgung wie im christlichen Europa. Juden und Moslems kämpften zusammen gegen die Kreuzritter und wurden von ihnen gemeinsam niedergemetzelt, lebten in fruchtbarer Symbiose in Spanien und wurden von dort von den Christen vertrieben. Bis zur Entstehung des politischen Zionismus lebten die Juden in den arabischen Ländern verhältnismäßig gut. Aber in Israel wurde das Schicksal der „orientalischen" Juden der Geschichte der Juden in Europa „angeschlossen" und sieht jetzt nachträglich wie eine Kette von Verfolgungen und Pogromen aus.

So ein Weltbild liebt keine Ausnahmen. In dieser Hinsicht ist die Geschichte der „Gerechten der Völker" interessant. Dieser Titel wird in „Jad We-Schem" Personen verliehen, die Juden im Holocaust gerettet haben. Aber gerade diese schöne Auszeichnung führt zu einem Trugschluß. Die Pflanzung von Bäumen im Namen einzelner erweckt den Eindruck, als ob nur eine winzige Anzahl von „Gerechten" Juden gerettet hätten. In Wirklichkeit sind Zehntausende, vielleicht Hunderttausende von Juden durch Christen gerettet worden, die ihr Leben und das Leben ihrer Kinder und Frauen aufs Spiel gesetzt haben, nicht nur in westlichen Ländern wie Dänemark und Holland, sondern auch im verhaßten Polen. Kein Jude konnte sich ohne irgendeine Hilfe von Christen retten.

Dazu gibt es keine umfassende jüdische Forschung. Keiner weiß, wie viele solcher unbesungenen Helden es gegeben hat. Das weist nicht auf Undankbarkeit hin, sondern eben auf einen instinktiven Widerstand gegen jede Tatsache, die die Ganzheit des Weltbildes stört. Die Verfolgung der Juden an vielen Orten und zu vielen Zeiten ist eine historische Tatsache. Das Neue Testament, von einer kleinen, seinerzeit vom jüdischen Establishment verfolgten jüdischen Ketzersekte verfaßt, tröpfelt in die Seele jedes christlichen Kindes den Judenhaß, so wie die Haggada in die Seele jedes jüdischen Kindes das Opferbewußtsein pflanzt. Der Antisemitismus ist fraglos ein integraler Bestandteil der abendländischen Kultur, und er ist im Laufe der Jahrhunderte in vielen verschiedenen Formen zum Ausdruck gekommen.

Aber diese Erscheinung ist nicht uniform und nicht allgemein. Es gibt verschiedene, auch verhältnismäßig harmlose Formen von Antisemitismus, er hat verschiedene Gründe, Vorwände und Ausdrucksformen. Er ist in verschiedenen Ländern und Zeiten verschieden. Die ungeheure Vielfalt der menschlichen Geschichte läßt sich nicht auf einen einfachen Nenner reduzieren. Der Holocaust war ein einmaliges und beispielloses Ereignis, dem kein vorheriges antisemitisches Geschehnis gleicht. Das Weltbild einer ununterbrochenen, einfarbigen und einzieligen Kette von Judenverfolgungen, die im Holocaust ihren Höhepunkt erreicht hat, stimmt einfach nicht.

Auch Paranoiker haben Feinde

Es ist schon gesagt worden: Auch Paranoiker haben Feinde. Gegen Feinde muß man sich wehren, die Paranoia muß man heilen. Ein Paranoiker lebt in einer vorgespiegelten Welt, hat Angst vor imaginären Gefahren, tut alles, um sich dieser eingebildeten Gefahren zu erwehren und kann daher leicht wirklichen Gefahren zum Opfer fallen.

Die Erhebung der Shoa zum nationalen Massensymbol ist die Verleugnung der zionistischen Revolution und die Auflösung der neuen hebräischen Nation, ist ein Rückfall in die unstaatliche, unpolitische, heimatlose Vergangenheit. Das bringt Gefahren auf allen nationalen Lebensgebieten mit sich.

Als der Zionismus eine neue Nation gebar, die in einer neuen geopolitischen Wirklichkeit wirkt, hat er Erfordernisse geschaffen, die nicht mit den Erfordernissen eines Diaspora-Volkes vereinbar sind. Dieser Gegensatz ist besonders für das Überleben ausschlaggebend. Israelis sehen nur die äußeren Merkmale dieses Gegensatzes. Man ärgert sich, weil Tausende von Schülern der Jeschiwot (ultrareligiöse Seminare) vom Militärdienst befreit sind und die anderen darum länger dienen müssen. Die ultrareligiösen Charedim („Gottesfürchtige") behaupten, daß diese Schüler „im Zelte der Thora ihr Leben opfern" und für das Überleben des jüdischen Volkes einen wichtigeren Dienst verrichten. Beide Seiten haben Recht, weil sie in verschiedenen Welten leben. Der weltliche Israeli lebt in einer nationalen Welt, die eine Armee braucht, um sich zu verteidigen. Der gottesfürchtige lebt in einer Welt, die andere Regeln hat.

In Wirklichkeit handelt es sich um zwei verschiedene Methoden des Überlebens, die zu zwei verschiedenen Gesellschaftsorganisationen gehören. Man kann das mit zwei Tierarten vergleichen, die sich auf verschiedene Weise in der Natur behaupten. Löwen haben Kraft, Gazellen haben schnelle Beine. Gewisse Tierarten verteidigen ein kleines Gebiet, andere wandern gewaltige Strecken. Alles, was dem Überleben dient, ist naturgetreu und zweckmäßig. Die nationale Menschenart verteidigt sich auf ihrem Boden. Das ist eine im Grunde statische Verteidigung. Man schützt seine Grenzen, sucht Bundesgenossen, schließt Kompromisse mit potentiellen Gegnern. Man operiert räumlich. Auch Israel – „eine Nation wie die anderen" – tut das, um sein Leben zu sichern.

Ein Diaspora-Volk wie die Juden sichert sein Überleben auf ganz andere Art. Da es an kein Territorium gebunden ist, liegt seine Sicherheit in der Beweglichkeit. Jahrtausendelang haben die Juden sie mit unglaublichem Erfolg benutzt. Wenn sich in einem Lande die Gefahrenzeichen mehrten, ging man in ein anderes. Wenn auch dort Verfolgungen anfingen, zog man in ein drittes. Auch die schlimmsten Verfolgungen konnten sie nicht vernichten. Gerade der Holocaust, der allerschlimmste Anschlag auf das Leben des jüdischen Volkes, dem ein Drittel der Diaspora zum Opfer fiel, ist fehlgeschlagen. Die jüdische Diaspora überlebte in anderen Ländern, gedieh dort und erholte sich schnell.

Als Elias Canetti feststellte, daß der Auszug aus Ägypten das Massensymbol der Juden ist, meinte er damit die Wanderung in der Wüste, und tatsächlich war während 2.500 Jahren – seit dem babylonischen Exil, 597–538 v. Chr. – der „wandernde Jude" ein Symbol des Überlebens der jüdischen Diaspora. Auf seine Weise hat das vor kurzem der jüdische Philosoph George Steiner ausgedrückt, als er die Zerstörung des Staates Israel prophezeite und sagte: „Ein Jude zu sein heißt, sicher zu sein, daß deine Kinder Koffer packen können."

Der Jude sitzt auf seinem Koffer. Der jüdische Genius schafft Güter, die man im Koffer mitnehmen kann: Religion, Philosophie, Literatur, Poesie, Psychologie, Medizin – nicht Prunkbauten, nicht Architektur. Auf wirtschaftlichen Gebieten zeichnete er sich in der Finanz, mit Geld und Wertpapieren aus, lauter mobile Güter, nicht in der Industrie, nicht in der Landwirtschaft, die im Boden verwurzelt ist. Er ist besonders stark im mobilsten aller Berufe vertreten, in der Massenkommunikation: Zeitung, Fernsehen, Film. Buchstaben, Wörter kann man im Kopf mitnehmen, wenn man flüchtet – jedenfalls solange man den Kopf behält.

Heutzutage zeigt sich die Mobilität der Juden beim Zusammenbruch des Sowjetreiches. Der Ausbruch des rabiaten Nationalismus bei den ehemaligen Sowjetvölkern hat zur Massenflucht der Juden geführt, die im Koffer ihre Güter mit sich nahmen: Bildung, wissenschaftliche und musikalische Talente. Sie sind nach Israel gekommen, nicht weil sie von einer unüberwindbaren nationalen Leidenschaft erfaßt wurden, sondern weil es der zionistischen Regierung Israels gelungen ist, alle anderen Fluchtwege abzuschneiden.

Das Judentum hat – um ein altes Sprichwort zu benutzen – einen „Zaun um die Thora" errichtet, und so hat es das Überleben der Diaspora für Jahrtausende gesichert. Der Zionismus hat es nicht verstanden, einen „Zaun um die Nation" zu errichten, weil er die Grenzen zwischen Staat und Synagoge, zwischen Nation und Diaspora, verwischt hat. Daher kann Israel leicht zu einer Zwischenstation, zu einem Absteigequartier werden. Viele der neuen Einwanderer werden schnell wieder zu Auswanderern, aber auch Zabars, gebürtige Israelis, errichten eine „israelische" Diaspora in Amerika, Deutschland, Österreich und anderen Ländern. Innerhalb einer oder zwei Generationen werden diese Israelis wieder zu gewöhnlichen, guten Juden.

Das Damoklesschwert der massiven Auswanderung schwebt immer über dem Haupte Israels, weil es keine klare Linie zwischen der Diaspora und der nationalen Überlebensform gezogen hat.

Kein Warschauer Getto

Die Besetzung des nationalen Bewußtseins durch den Holocaust hat einen unheilvollen Einfluß auf die Sicherheitsdoktrin Israels. Das Massensymbol des Holocausts erzeugt natürlicherweise ein grenzenloses und grenzen-loses Sicherheitsbedürfnis, das eines der markantesten Merkmale Israels ist. Ein normales Volk weiß, daß das Leben in der Welt gefährlich ist, und es versucht, ein vernünftiges Maß an Sicherheit zu erlangen. Die nationale Sicherheit hat viele Komponenten. Der Israeli, vom Schrecken des Holocausts beherrscht, gibt sich damit nicht zufrieden. Er strebt nach absoluter Sicherheit, ein Ideal, das in der realen Welt unmöglich ist. Der Versuch, die unmögliche Sicherheit zu erwerben, macht die mögliche Sicherheit unmöglich.

Der Israeli sucht die absolute Sicherheit auf dem physischen, militärischen Gebiete, indem er die anderen – die politischen, diplomatischen, wirtschaftlichen und erziehungsmäßigen – Komponenten vernachlässigt. Die Folgen sind mannigfaltig und gefährlich. Der mächtige Kriegsapparat verzehrt die dürftigen wirtschaftlichen Güter, die die Basis für eine wirkliche nationale Sicherheit bilden. Die militärische Überheblichkeit führt zur politischen Isolierung, wie es seinerzeit Preußen nach dem Trauma des 30jährigen Krieges geschah, in dem ein Drittel des deutschen Volkes vernichtet wurde.

Die Beherrschung der nationalen Psyche durch den Holocaust bringt ein Weltbild mit sich, das eine nüchterne Beurteilung der Sicherheitsprobleme verhindert. Die nationale Sicherheit eines Staates basiert zum großen Teil auf politischen und diplomatischen Mitteln – Bündnissen, Koalitionsbildungen, Versöhnung mit potentiellen Gegnern, Verhinderung einer feindlichen Einkesselung durch eine mächtige feindliche Koalition. Das Holocaust-Bewußtsein sagt, daß „alle Völker der Erde schweigend zugesehen haben, als die Nazis die Juden umbrachten" und daß daher „alle Gojim im Grunde die Juden ausrotten wollen". In diesem Weltbild besteht die Welt nicht aus verschiedenen Lagern, die verschiedene Interessen haben und unter denen man Bundesgenossen finden kann. In dieser Welt gibt es nur zwei Lager: „wir" und „sie", Juden und Gojim. Man kann keinem Goi wirklich vertrauen, da ja im Grunde alle Gojim Antisemiten sind.

Das ist eine „self-fulfilling prophecy“, eine Prophezeiung, die sich selbst erfüllt. Eine Sicherheitspolitik, die keine Bundesgenossen sucht, sondern auf der Annahme basiert, daß alle Feinde sind, führt zwangsmäßig zu Taten, die tatsächlich alle zu Feinden macht. Sie kann keine Kompromisse schließen, sie kann den Frieden nicht als wichtige Komponente der Sicherheit ansehen. Jede nüchterne Betrachtung der nationalen Sicherheit braucht ein Maß von Skeptizismus, vielleicht sogar von Zynismus. Der Engländer glaubt nicht an ewigen Frieden; während er Krieg gegen einen Feind führt, denkt er schon an den nächsten Krieg, in dem der heutige Feind ein Bundesgenosse sein wird und der heutige Bundesgenosse ein Feind. Aber so eine gesunde Skepsis hat nichts mit einer Einstellung zu tun, die alle Völker als Feinde betrachtet, als Teile einer ewigen Verschwörung, um die Juden auszurotten. Bewußt oder unterbewußt ist die israelische Sicherheitsauffassung zum großen Teil auf dieser Annahme aufgebaut.

Ausländer wundern sich häufig über etwas, das wie ein unlösbarer Widerspruch aussieht. Israelische Staatsmänner können in einer Rede, und manchmal im selben Satz, zwei sich scheinbar widersprechende Bilder aufstellen: „Wir sind die größte Militärmacht im Nahen Osten und können in ein paar Tagen alle arabischen Armeen zertrümmern.“ Und: „Wir sind entschlossen, kein zweites Warschauer Getto zu werden.“ Manche sehen darin eine zynische Ausbeutung der Holocaust-Erinnerung. Aber die Wahrheit ist, daß diese zwei Komponenten in der nationalen Psyche nebeneinander existieren, in engem Zusammenleben. Diese Staatsmänner und ihre Zuhörer sind sich des Widerspruchs zwischen den beiden Bildern gar nicht bewußt, da jedes von einem anderen Massensymbol herrührt. Laut Unabhängigkeitserklärung ist Israel ein „jüdischer Staat“. Was bedeutet das? Der weltlich-nationalen Auffassung nach heißt das, daß der Staat für jüdische Einwanderung offen steht und daß er ein Ausdruck der hebräischen Nation ist. Also ein Staat mit einer hebräisch-israelischen Mehrheit, der aber die Gleichheit zwischen allen Bürgern, ohne Unterschied der Nation, Religion und Sprache, aufrechterhält. Ein Staat, der allen seinen Bürgern gehört und dessen Weg von ihnen demokratisch bestimmt wird. Ein „israelischer“ Staat.

Ganz anders muß ein Staat aussehen, dessen Massensymbol der Holocaust ist und der vor allem ein „jüdischer“ Staat ist. Dieser Einstellung nach gehört Israel den Juden in aller Welt. Ein Jude in Brooklyn, wie der berühmte Lubawitcher Rabbi, der nie in seinem Leben israelischen Boden betreten hat, „gehört“ zum Staat und der Staat „gehört“ ihm, mehr als einer arabisch-palästinensischen Familie, die seit mindestens 1.300 – und vielleicht 3.000 – Jahren in Akko lebt.

Diese Auffassung, die der nationalen Minderheit (18 Prozent) keinen wirklichen Anteil am Staate gibt, ist der inneren Sicherheit abträglich. Das hat sich schon gezeigt. Die Einstellung zur nationalen Minderheit ist übrigens ein interessanter Prüfstein für den Einfluß des Holocausts auf die nationale Psyche. Umfragen bei israelischen Jugendlichen, die die Vernichtungslager in Polen besucht haben, zeigen gegensätzliche Reaktionen. Ein Teil hat aus diesem traumatischen Erlebnis einen humanistischen, universalen Schluß gezogen: „Wir dürfen die Araber nicht behandeln, wie die Nazis uns behandelt haben, wir dürfen keine nationale oder religiöse Minderheit unterdrücken.“

Der andere Teil kam zu einem ganz anderen Schluß: „Nach dem, was man uns angetan hat, müssen wir alles tun, um unsere Existenz mit allen Mitteln, auch den härtesten, zu sichern.“ Die zweite Reaktion ist in Israel bei weitem häufiger.

Lots Weib

Kein Mensch – und kein Volk – kann ein normales Leben führen und vernünftig denken, wenn er ganz und gar im Schatten des größten Verbrechens des Zeitalters lebt.

Die Bibel, in ihrer Weisheit, hat dem lieben Gott das Gebot in den Mund gelegt: „Rette Dein Leben und sieh nicht hinter Dich!" Sie hat auch geschildert, was denen passiert, die dieses Gebot brechen, in der Person von Lots Weib: „Und Lots Weib sah hinter sich und ward zur Salzsäule."

Sollen wir versuchen, den Holocaust zu vergessen? Natürlich nicht. Das ist ja auch unmöglich.

Der Holocaust muß in unserer Erinnerung bleiben. Das ist ein tiefes seelisches Bedürfnis. Das ist auch nötig, um auf der Hut zu sein und jedem rassistischen Ausbruch entgegenzutreten, der einen neuen Holocaust – und nicht nur gegen Juden – heraufbeschwören könnte. Sich des Holocausts zu erinnern – ja. Daraus aber einen Kult zu machen – nein.

Der Schornstein von Auschwitz darf nicht zum nationalen Symbol der hebräischen Nation werden. Sie muß vorwärts blicken – wie es die Japaner getan haben, als sie sich aus der Asche Hiroshimas und Nagasakis erhoben und eine erfolgreiche, moderne Gesellschaft schufen.

Solange wir uns nicht vom Trauma Auschwitz erholen, können wir keine normale Nation sein. Statt sicher in unseren Grenzen, im friedlichen Bunde mit unseren Nachbarn zu leben, werden wir ein bis zu den Zähnen bewaffnetes Getto bleiben, das auf die nächste Zerstörung wartet, während der Nahe Osten sich mit Massenvernichtungswaffen anfüllt. Das wäre die letzte Rache Adolf Hitlers.

Die Höhle, die Herde, das Heil

Karl Markus Michel

Dieser Raum[1] verleitet mich dazu, Sie zu einem Gedankenexperiment einzuladen. Stellen Sie sich vor, dort hinten schließen sich jetzt die Türen, die wir uns als schwere Stahltüren denken wollen: Ein sattes Platsch – und wir sind eingesperrt. Vielleicht aus Versehen, meinen drei oder vier, die den Saal eben noch verlassen wollen und es nicht können. Sie trommeln gegen die Türen, sie rufen, sie schreien – umsonst. Wir sitzen in der Falle. Jede Verbindung mit der Außenwelt ist abgeschnitten. Es gibt keine Fenster, kein Telefon, keinen Transistor. Wir wissen nicht, was da draußen vorgeht. Sind wir die Opfer eines üblen Scherzes? Oder einer technischen Panne? Oder – einer Katastrophe? Die Minuten verstreichen, quälend langsam. Schon treten die ersten hysterischen Reaktionen auf, kleine spitze Schreie, leises Wimmern, dumpfe Gebete. Da erhebt jemand die Stimme, mahnt zur Besonnenheit: das Ganze sei wahrscheinlich ein wissenschaftliches Experiment, was bei einem Symposion über „Masse und Macht" ja keineswegs fernliege; wir sollten doch um Gottes, um Canettis Willen nicht in Panik verfallen, nicht zur kopflosen Masse werden, usw. Es ist der falsche Ratschlag. Das Stichwort „Wissenschaft" steigert nur die Erregung, das Gefühl, Spielball unbekannter Mächte zu sein, Opfer zu sein. Und dieses Gefühl ist schon die halbe Religion, es fördert die Bereitschaft, ja das Bedürfnis, sich einer *höheren* Macht anheimzugeben.

Ich möchte an der Fiktion, daß wir hier eingesperrt seien, festhalten. Sie soll mir als Rahmen dienen für ein paar Überlegungen über das Religiöse in der Zeit seiner fortschreitenden Privatisierung, die es kaum noch zuläßt, daß sich die Gläubigen zur archaischen Meute (in Canettis Sinn) oder zur künstlichen Masse (in Freuds Sinn) formieren. Was wir zustande bringen, unter bestimmten Bedingungen, ist höchstens – eine Herde. Eine Herde, die überdies meistens schnell wieder zerfällt. Was *nicht* zerfällt, ist das Bedürfnis, einer Herde anzugehören. Es nagt an der Grundlage der westlichen Zivilisation, dem *principium individuationis,* und zwar hinterrücks, nicht offen, wie Masse und Meute es tun, die dem Individuum die Entlastung vom Ich als moralischer Instanz anbieten, während die Herde es in dem Glauben wiegt, in ihr sein wahres Selbst, sein Größen-Selbst zu finden. Was es findet, ist aber das Herden-Selbst.

Bevor ich frage, wie unter unseren Laborbedingungen eine Herde entstehen könnte, hier im verschlossenen Saal, möchte ich etwas über diese Bedingungen selbst sagen. Wir sind also eingesperrt, und zwar in einem Raum, der die Eigenschaften einer Höhle hat. Die Höhle ist ein bemerkenswerter Ort, bis zum Rand gefüllt mit abendländischer Tradition. Sie bedeutet seit alters bald Gefahr, bald Zuflucht und Rettung. Denken wir nur an die Höhle des Polyphem oder die Grotte der Kalypso. Oder denken wir, auf der symbolischen Ebene, an die Arche Noah und den Bauch des Wals. Die Höhle steht für das Heimliche und das Unheimliche. Sie symbolisiert Uterus und Grab, die sich verschränken im Motiv der Wiedergeburt.

Schön illustriert das ein kretischer Lokalmythos, der sich um die Zeusgrotte im Idagebirge rankt. In dieser Höhle, so hieß es, war Zeus nicht nur geboren und aufgezogen worden, er hauste dort auch noch als höchster olympischer Gott. Und seit dem 4. Jahrhundert *ante* verlautete sogar, er liege dort begraben. Jedenfalls war ihm ein Kultus geweiht: Einmal im Jahr wurde ihm in der Höhle ein Thronsitz errichtet und ein Mahl bereitet, und einzelne, geweihte Sterbliche durften, schwarz gewandet, in das Heiligtum eintreten; sie verweilten dort dreimal neun Tage.[2]

Die Frage, was sie da drinnen gemacht haben, vier Wochen lang, muß heute nicht mehr so verklemmt beantwortet werden wie früher; wir brauchen nur in einem Stadt-Magazin nachzuschlagen und finden ein reiches Angebot an Höhlenerfahrungen – auch ohne Höhlen: Eine Erleuchtungsvilla in der Toscana oder ein Psycho-Center in Berlin-Kreuzberg tut es auch. Ich zitiere aus dem jüngsten Berliner *tip* (23. 4.–6. 5. 1992): *„Erde Wasser Feuer Himmel* – ein Sommerkurs mit Yoga, Feldenkrais + Meditation 16.–30. 7." Also 14 beschauliche Tage. Andere machen mehr Druck. Das *Institut für Physiopsychologie* empfiehlt: „4-Tage-Workshop... mit Elementen aus Bioenergetik, Biodynamik, Rolfing, Postraler Integration, Atemtechniken u. a." Oder das Angebot einer Irma Dilba-Burnautzki: *„Lust und Schuldgefühle,* das Selbsterfahrungs-Marathon... Für Leute, die aus ihren alten Strukturen rauskommen wollen." In drei Tagen. Weit mehr verheißt ein anderer Dreitagekurs: *„Das TNI-Selbstwert-Seminar...* zeigt Dir, Dich, Deine Schönheit, Deine Macht und Deine Kraft zu leben und zu genießen." Und mehr dergleichen.

Zurück zum jährlichen Zeus-Seminar auf dem Ida, das vier Wochen dauerte – am Ende war man wiedergeboren, wenn nicht als Zeus, so doch als Beinahe-Gott. Ähnliche Höhlen-Séancen gab es in den meisten Mysterienkulten und Erlösungsreligionen. Oft war dabei, wie in den Mithras-Heiligtümern, der unterirdische Versammlungsraum als Abbild des Kosmos gestaltet; und die Zeit, die man dort verbrachte, hatte ihr eigenes, mythisches Maß. Als Beispiel diene uns die frühchristliche Siebenschläferlegende. Sie erzählt uns von sieben Jünglingen aus Ephesos, die vor der Christenverfolgung des Kaisers Decius in eine Höhle flohen, wo sie eingemauert wurden und fast 200 Jahre schliefen, um dann, erwachend, von der Auferstehung der Toten zu zeugen. Diese Legende hat – seltsam verändert – Eingang in den Koran gefunden. Die 18. Sure, „Die Höhle", erzählt ebenfalls von sieben Jünglingen, die sich in eine Höhle flüchten und dort, durch Allah in Schlaf gesenkt, 309 Jahre verweilen. Aber wozu? Das bleibt ein tiefes Geheimnis. C. G. Jung jedoch, stets scharf auf Tiefes, las die Sure und deutete: „Die Höhle ist... jener geheime Hohlraum, in den man eingeschlossen wird, um bebrütet und erneuert zu werden... Ein solcher Ort der Mitte oder der Wandlung ist (auch) die Höhle, in der jene sieben zur Ruhe gegangen sind... Die Legende hat folgenden Sinn: Wem es geschieht, daß er in jene Höhle, das heißt in die Höhle, die jeder in sich trägt, oder in jene Dunkelheit, die hinter seinem Bewußtsein liegt, gerät, der wird in einen zunächst unbewußten Wandlungsprozeß verwickelt. Durch sein Eingehen ins Unbewußte... kann eine folgenschwere Veränderung seiner Persönlichkeit in positivem oder negativem Sinne erfolgen."[3]

Soweit Jung. Dazu ein Sonderangebot vom aktuellen Psychomarkt: *„Der Tod als Ratgeber* – zu Ostern – mit Toshi Freeman – Sterben heißt sich trennen, loslassen, verabschieden und vergeben und damit sich für Neues öffnen..." *(tip,* a. a. O.) Aber lassen wir diese *inneren* Höhlen, die angeblich direkt zum Mythos oder zur Urszene führen, zunächst beiseite; halten wir uns an die mit den Sinnen erfahrbare Höhle, die ihrerseits schon hinreichend erlebnisträchtig und bedeutungsschwanger ist, ein Ort wie geschaffen für Initiationsrituale und Bekehrungszeremonien, für eine Wandlung, die sich – das wollen wir festhalten – stets an einer *Gruppe* von Personen vollzieht: Es sind Initianden, Neophyten, Novizen, Täuflinge; oder es sind zufällig zusammengekommene Individuen, die dann aber, durch die gemeinsame Höhlenerfahrung, zur Gruppe, zur Herde werden. Fest steht jedenfalls, in mythologischer wie in religiöser Topographie, daß der Sterbliche die Höhle anders verläßt, als er sie betreten hat. In der Höhle geschieht etwas, eine Wende, wie es Jesaja (2, 20 f.) prophezeit für den „Tag Jahwes", den Tag des Gerichts: „An jenem Tag nimmt jeder seine silbernen oder goldenen Götzen" – seine *idola* und *simulacra* im Vulgata-Text –, „die er gemacht hat, um sie anzubeten, und wirft sie den Fledermäusen und Ratten hin; und man wird sich in den Spalten und Höhlen der Felsen verkriechen vor dem Schrecken des Herrn und seiner strahlenden Pracht..."

Werfen wir zwischendurch einen Blick in unseren zur Höhle erklärten Saal. Es sind ja seit unserer Einschließung hier kaum zehn Minuten vergangen; noch hat sich nichts Besonderes ereignet, wir könnten, wenn sich die Türen jetzt öffneten, erhobenen Hauptes hinausgehen, als wäre nichts gewesen. Und trotzdem ist da etwas eingetreten – ja, eingetreten wie ein unsichtbares, aber sehr spürbares Wesen, das nun unter uns weilt und uns verbindet. Nennen wir es „das Grauen" – das Grauen auch vor uns selbst.

Es ist fast ein halbes Jahrhundert her, auf die deutschen Städte fielen Bomben; ich lebte in einer davon, die relativ klein, aber 1944 ein bevorzugtes Ziel solcher Angriffe war. Fast jede Nacht saß man im Luftschutzkeller, zusammen mit den anderen Hausbewohnern, es mögen sieben bis zehn gewesen sein: Menschen, denen man sonst eher aus dem Weg ging, man wußte ja nie, was der andere dachte, sofern er kein strammer Nazi war. Auch im Luftschutzkeller gab es kaum eine Kommunikation, man schwieg sich an. Erst wenn in der Nähe Sprengbomben fielen, mit jenem eigenartigen Heulton, der einem durch Mark und Darm ging, wenn man durcheinandergerüttelt wurde, indes die Holzstützen ächzten und Mörtel von der Decke regnete, dann – nein, auch dann redeten die Menschen nicht miteinander, sondern sie sprachen, sie schrien gemeinsam zu einem Anderen, einem Gott, gleich welchem, das spielte in dieser Situation keine Rolle mehr.

Wir hier sind noch nicht so weit. Es fallen ja auch keine Bomben. Aber es meldet sich der Verdacht, daß irgendwo eine H-Bombe gefallen, ein Super-GAU eingetreten sein könnte; wir müssen also damit rechnen, daß die eine oder der andere von uns bald laut einen Gott anrufen wird. Oder daß jemand so tun wird, als wäre er von einem Gott, einem Dämon besessen, was bekanntlich ein ansteckender Zustand ist.

Bis es dahin kommt, noch ein paar Anmerkungen zur Höhle. Sie wurde, mythologisch aufgeladen, zu einem wichtigen Topos der abendländischen Literatur. Höhlen und Grüfte betritt ein Held oder eine Heldin nicht von ungefähr, sondern am Gängelband eines poetischen Nexus, der das Erbe des Mythos angetreten hat. Man könnte sogar sagen, daß „Höhle" und „heiliger Schauer" in einer Art Idealkonkurrenz stehen, als wäre das eine nicht ohne das andere zu haben. So hat sich schon in hellenistischer Zeit – entgegen der älteren Überlieferung, entgegen auch dem geologischen und archäologischen Befund – die Überzeugung gebildet, daß das delphische Orakel, also Pythia, in einer Höhle saß, wo aus einem Erdspalt, einem *hiatus terrae,* mephitische Dämpfe aufstiegen, durch welche die Seherin und ihre Priester enthusiasmiert wurden. Diese Verlagerung des Geheimnisvollen in eine Höhle bezeugt nur den Glauben, daß in Höhlen das Mysterium, das „Numen" wohnt. Dafür ein spätes Beispiel:

Stellen wir uns vor, wir sind Mitglieder einer kleinen Gruppe, die, von einem Führer geleitet, mit Fackeln und Kerzen ausgerüstet in eine sonst verschlossene Katakombe hinabsteigt, „eine weitläufige unterirdische Totenstadt", die aus einem verwirrenden, mehrstöckigen „System von Gewölben und Gängen" besteht. Wir müssen beieinander bleiben, wenigstens auf Rufweite, damit sich keiner verirrt in dieser „Stadt der Grüfte", die von Mumien bewohnt wird. Ich zitiere jetzt aus dem Bericht, den einer der Besucher geschrieben hat:

„Nie werde ich den Eindruck vergessen, den diese Stunde unterirdischen Aufenthaltes in mir hervorbrachte... In diese verschlossenen Räume muß die Verwesung nicht haben eindringen können, so daß die organischen Gebilde bloß vertrockneten, aber nicht zerstört wurden – die Züge des Gesichtes sind erkennbar, die Glieder des Körpers sind da, aber die züchtige Hülle desselben ist verstaubt und zerrissen... Wie wir nun so dastanden in der Versammlung von längst verstorbenen unbekannten Menschen...: so waren wir alle bis in das Innerste erschüttert. Mir war, als sei ich in ein fabelhaft Gebiet des Todes geraten... Ach! Welch eine furchtbare, eine ungeheure Gewalt muß es sein, der wir dahingegeben sind, daß sie über uns verfüge..."

Und jetzt, ganz unvermittelt, fast widersinnig, der Salto mortale aus der Stadt der Grüfte in die Transzendenz: „Mitten im Reiche der üppigsten Zerstörung durchflog mich ein Funke der innigsten Unsterblichkeitsüberzeugung. Wir standen alle stumm und ließen unsere Fackeln und unsere Lichter lodern... Ich war so aus mir selber getreten, daß mir das Rollen eines Wagens, das wir in diesem Augenblick auf dem Pflaster über uns hörten, ganz abenteuerlich vorkam, ja durch den Kontrast schauerlich..."

Dieses Pflaster – Sie haben es sicher längst erraten – ist nur etwa tausend Schritte von uns entfernt: Ich zitierte aus Adalbert Stifters Reportage über die Katakomben unter dem Stephansdom von 1842. Er betont darin, er habe das alles nur beschrieben, damit der Leser „anfange, über Gott, über Weltgeschichte, Ewigkeit, Vergeltung usw. nachzudenken und vielleicht ein anderer zu werden" – ein schwacher, aber noch deutlicher Abglanz des Wiedergeburtsmotivs!

Bei einem zweiten Fall, ebenfalls aus der Mitte des 19. Jahrhunderts, ist die religiöse Wende noch überraschender, denn hier kommt eine andre, eine viel jüngere Höhlensymbolik zum Zuge, die Ende des 18. Jahrhunderts entstand und im 19. Jahrhundert dominierte: die Höhle als *politischer* Ort, die unterirdischen Gänge und Gewölbe als Stätte des Aufruhrs, der Revolte. Hier wirken Geheimbünde, hier hausen Banditen und Verschwörer, Revolutionäre, die die bestehende Ordnung stürzen wollen. Und hierher ziehen sich die Aufrührer zurück, wenn sie von der Staatsmacht gejagt werden. So steigt auch – in Victor Hugos Roman *Les Misérables* – der Held Jean Valjean, den schwerverwundeten Marius auf dem Rücken, hinab in die Kloaken von Paris, als der Barrikadenkampf verloren ist:

„Der Übergang war unerhört. Mitten in der Stadt hatte Jean Valjean die Stadt verlassen und war im Handumdrehen, in der Zeit, da man einen Deckel auf- und zutut, aus dem hellen Tag in die völlige Finsternis hinübergewechselt..., aus dem Wirbel des Donners in die Reglosigkeit des Grabes und... aus der äußersten Gefahr in die absolute Sicherheit. Jäher Sturz in einen Keller, Verschwinden im Verlies von Paris. Die Straße, wo überall der Tod war, gegen diese Art Totengruft zu vertauschen, in der das Leben war, mutete ihn seltsam an. Sekundenlang blieb er wie betäubt und horchte bestürzt. Die Klapptüre des Heils war unvermittelt unter ihm aufgegangen. Gleichsam verräterisch hatte die himmlische Güte ihn erfaßt. Wunderbare Hinterhalte der Vorsehung!"

Aber Hugo würde nicht so viele Worte um diese glückliche Fügung machen, wenn sich die Sicherheit nicht als trügerisch erwiese, die Klapptür des Heils nicht als Falle, wie der Flüchtige bald erkennt: „Nach dem blitzenden Wirbelsturm des Kampfes diese Höhle mit ihrem Pesthauch und ihren lauernden Fallen, nach dem Chaos die Kloake! Jean Valjean war von einem Höllenkreis in einen anderen gefallen..." Und: „Die Eingeweide von Paris sind ein Abgrund. Er steckte, wie der Prophet, im Bauch des Walfischs."[4]

Das berühmte zweite Buch im fünften Teil der *Misérables* (1862) ist „Rettung im Kot" überschrieben – *ironice.* Denn „Rettung", „Heil", „Leben", „himmlische Güte" etc., die ganze religiöse Topik, die Victor Hugo effektvoll einsetzt, um Schlamm, Kot, Pesthauch der Pariser Kloaken zu verklären, ist ein Trug. Die Religion selbst ist ein Trug, scheint Hugo damit sagen zu wollen. Bemerkenswert ist jedoch, daß er die überkommene Höhenmetaphorik, diese Sakralsprache aufbietet – für Abwässerkanäle voller Ratten. Damit wurde er zum Patron der heutigen „Cataphiles", d. h. der vielen Pariser Jugendlichen, die ein zweites, „wahres" Leben in den Eingeweiden der Stadt leben, in den Stollen und unterirdischen Steinbrüchen, die sie „Catacombes" nennen oder kurz „Catas". Dort feiern sie seit ein paar Jahren ihre okkulten Feste, als wären es Schwarze Messen, dort obliegen sie ihren esoterischen Ritualen, als wären sie Neophyten des Christus- oder Mithraskults, die sich übrigens gegenseitig vorwarfen, an „Stätten der Finsternis" zu konsekrieren – zu konspirieren; nämlich in Spelunken.

Das lateinische Wort *spelunca,* vom griechischen *spelyngx,* bezeichnet eine schauerliche Gruft. In dieser Bedeutung gelangte es im 15. Jahrhundert ins Deutsche, wo es bald mit „Gelage" und „Gelichter" assoziiert wurde – „Gelichter" in der sich damals herausbildenden Bedeutung von Sippschaft, Zunft, Bande. Das meinte nichts Heiliges mehr, aber immer noch etwas Geheimnisvolles, Verlockendes. Höhlen und Grüfte versprachen eine Art Transzendenz des bürgerlichen Alltags. Die Trivialliteratur plaudert es ungeniert aus: „In des Waldes finstren Grüften / Und in Höhlen tief versteckt / Schläft der Räuber allerkühnster, / Bis ihn seine Rosa weckt", heißt es in dem einst so beliebten Lied aus dem *Rinaldo Rinaldini.* Rosa verkörpert natürlich das Edle, das Heil, das der Sozialbandit als dunklen Drang in der Brust spürt. So versammeln sich hier in trivialer Gestalt die Pathosformeln der europäischen Höhlentradition: der Heilschlaf, die Wandlung oder Wiedergeburt, die Erlösung als Umsturz... Dies alles aber nicht als Wahn eines Individuums verstanden, sondern als Credo einer Gruppe von Gleichgesinnten, die sich – sei es im Glauben oder im Handeln oder im Tiefschlaf – „durch Eid als *gemeinsame Individuen* konstituiert haben", wie Sartre es von der vereidigten Gruppe sagt;[5] wobei der Eid eine freiwillige Bindung, ja Fesselung bedeutet, die gleichsam symbolisiert wird durch die Höhle.

Damit sind wir beim Thema „Herde" angekommen. Doch zunächst müssen wir einen Blick werfen auf unseren eigenen Aggregatzustand in dem begonnenen Gedankenexperiment – „Aggregat" ganz konkret verstanden, von lat. *grex:* Herde, Haufen, Schwarm, auch Menschen mit gemeinsamem Interesse bezeichnend, eine geschlossene Gesellschaft, eine

Bande, kurz: Gelichter; und daher *aggregare se:* sich beigesellen, sich zusammenrotten. So gesehen ist unser *grex*-Zustand noch sehr labil. Aber es gibt vermutlich schon Ansätze zur Herdenbildung: hier für einen Gebetskreis, dort für eine Meditationsrunde, da drüben für eine Schreigruppe; die anderen diskutieren über das Weltende oder brüten nur vor sich hin. Nein, eine geschlossene Herde sind wir noch nicht, trotz unserer Höhlenbindung. Wie schon gesagt, werden die numinosen Anmutungen der Höhle nur einem Kollektiv zuteil, kaum einem Individuum (weshalb für Valjean, den Helden Hugos, unter dem politischen Pflaster kein religiöser Strand liegt); aber in der Regel ist es doch ein Individuum, das jenes „Numen" verkündet. Ich glaube, die Zeit ist reif oder *wir* sind jetzt reif für eine solche Botschaft. Welcher Art wird sie sein? Was für ein Prophet oder Medium tritt unter uns auf? Ist es vielleicht „Meister Seung Sahn, 78. Patriarch im koren. ZEN", der uns im Berliner *tip* zu einem Meditationswochenende einlädt? Aber wir wollen nicht zu schnell zugreifen, denn von unserer Guru- oder Medium-Wahl hängt viel für den weiteren Verlauf unseres Experimentes ab.

Vielleicht fällt jetzt auch noch der Strom aus, wir sitzen im Dunkeln, erschauernd – da geschieht es: Jemand von uns wird zum Sprachrohr eines Lichtwesens aus dem All, wir hören seine Botschaft aus den Tiefen der Galaxien. Der Planet Erde, so erfahren wir, ist durch die Schuld der Menschen zugrunde gerichtet, er muß untergehen – nur wenige Irdische werden gerettet werden, und zwar in Raumschiffen der Götter. Wer aber zählt zu den Erkorenen? Wer die richtige Bewußtseinsstufe erreicht hat, die richtigen Schwingungen für die Frequenz der Außerirdischen. Zu diesen „Sternenkindern" spricht das Medium jetzt: „Ihr seid die Schäfer im Zeitalter des Wassermanns, ihr sollt die verlorenen Schafe sammeln und sie führen durch die Wüste wie Moses... Laßt die magnetischen Strahlen der Außerirdischen in euch wirken, und ihr werdet erlöst aus eurem körperlichen Sein, und das Zeitalter des Lichts und der Liebe wird kommen." So jedenfalls verkündete es, im abgedunkelten Raum, das Ashtar-Medium Frank Alper auf dem Ufologenkongreß 1989 in Frankfurt am Main.[6] Damals fragten sich die Sternenkinder, ob sie noch länger versuchen sollten, den verstockten Rest der Menschheit zu bekehren, ob es nicht besser sei, sich fürder ganz auf den Tag der Erlösung zu konzentrieren. Denn dieser Tag komme bald.

So glaubten auch die Milleriten in Neuengland an den baldigen Untergang dieser schlechten Welt und die Rettung der Frommen, am 21. März 1843 sollte es geschehen, das wußten sie aus der Bibel: hatten schon ihre Häuser verkauft und die Bäume gefällt, die brauchten sie nicht mehr, versammelten sich in kleinen Gruppen, betend, harrend, bis... Bis heute. Und warum sollte es nicht heute geschehen, *jetzt*? Ist dieser Saal hier nicht das Raumschiff, das uns retten wird? Heben wir nicht schon ab ins All? Da gibt es nur *ein* Problem: die Verstockten, die Ungläubigen an Bord; die müssen, auf welche Weise auch immer, ausgesondert werden: se-gregiert. Und ich fürchte – ich hoffe –, das werden nicht wenige sein. Denn nicht nur die Kapazität eines Raumschiffs ist begrenzt, sondern auch die einer Herde – das ist sogar ihr oberstes Gesetz. Ganz im Gegensatz zu Canettis „Meute", die wachsen möchte, aber aus Mangel an Rekruten oder Proselyten nicht wachsen kann, möchte die Herde sich gleichbleiben, ihre Glieder beisammenhalten. Wenn es zu viele werden, muß sie sich teilen oder – zerfallen.

Nach alten Zeugnissen zu urteilen, liegt die untere Grenze bei sieben Personen: Sieben erschliefen sich in der Höhle von Ephesos ihre Wiedergeburt, acht (wenn man die beiden Führer mitzählt) entdeckten im Moder unter dem Stephansdom ihre eigene Unsterblichkeit, usw. Die obere Grenze dürfte mit 50 Personen erreicht sein. Die Mithrasgrotten faßten 30 bis 50 Personen; wenn die Gemeinde größer wurde, mußte eine neue Höhle ausgehoben werden. Das entspricht ganz offensichtlich der Teilnehmerzahl, die heute bei gruppentherapeutischen oder spiritistischen Sitzungen in Workshops oder Ashrams oder Psychokommunen erwünscht ist: mindestens sieben, höchstens sieben mal sieben – was wiederum, auf wunderbare Weise, der Stärke der angeblich urtümlichen menschlichen Verbände entspricht, die einst jagend und sammelnd durch die Gegend zogen; der Ötztalmensch aber muß entartet gewesen sein, Homo sapiens gehört in die Herde, gerade heute wieder! Das sagen uns gewisse selbsternannte Hirten vom Schlage der Soziobiologen und Gruppentherapeuten.

Also denn: Gibt es einen Herdentrieb? Zu Beginn des Ersten Weltkriegs hatte der englische Psychologe W. Trotter die Existenz eines dem Menschen angeborenen Herdeninstinkts behauptet und von dieser „gregariousness“, dieser Herdenhaftigkeit, die massenpsychologischen Phänomene abgeleitet. Schon die Angst des kleinen Kindes sei eine Äußerung dieses Instinkts. Der Mensch fühle sich unvollständig, wenn er allein sei. Widerspruch gegen die Herde sei soviel wie Trennung von ihr und werde angstvoll vermieden. Kurz: Der Herdeninstinkt sei etwas Primäres und nicht weiter zerlegbar. Freud widersprach Trotter 1921 in „Massenpsychologie und Ich-Analyse“. Herdenbildung sei kein primäres, triebhaftes, sondern ein sekundäres, soziales Verhalten, eine Reaktionsbildung. Freuds stärkstes Argument: „Die Angst des kleinen Kindes, wenn es allein gelassen wird..., gilt der Mutter, später anderen vertrauten Personen... (Diese Angst) wird auch nicht durch den Anblick eines beliebigen anderen ‚aus der Herde‘ beschwichtigt, sondern im Gegenteil durch das Hinzukommen eines solchen ‚Fremden‘ erst hervorgerufen.“ (GW XIII, 132) Man könnte weitergehen und sagen: Auch der Erwachsene neigt normalerweise nicht dazu, sich beliebigen anderen anzuschließen, besonders nicht Fremden – das verhindern schon seine normalen sozialen Bindungen. Phänomene wie Geselligkeit und Vereinsmeierei, Korpsgeist und Familiensinn wurzeln bestimmt nicht im Herdentrieb. Dennoch läßt sich nicht leugnen, daß es – in bestimmten, „entfremdenden“ Situationen – zur Herdenbildung kommt: nicht organisiert und nicht spontan, sondern unter dem Druck der Umstände. Die Triebkraft ist in der Regel Angst – z. B. Disgregationsangst bei Mitgliedern einer Reisegruppe an fremden Orten; Isolationsangst bei Demonstranten, die von der Polizei gejagt werden; oder einfach ein Erregtsein im Angesicht von etwas Unbekanntem, einem Schauder, einem Schock. Es sind in solchen Fällen *Fremde,* die zusammenrücken, die Nähe suchen und Geborgenheit, nicht Versippte und Verschwägerte wie bei der Jäger- und Sammlerhorde der Soziobiologen. Und diese Herde ist in aller Regel führerlos, das hat Freud klar gesehen und als Grund für ihre massenpsychologische Untauglichkeit genannt. „Der Herdeninstinkt“, sagte er, „läßt überhaupt für den Führer keinen Raum, dieser kommt nur so zufällig zur Herde hinzu, und im Zusammenhange damit steht, daß von diesem Trieb aus auch kein Weg zu einem Gottesbedürfnis führt.“ (S. 132) Das bedeutet, daß die Herde als solche nicht Keim einer Masse im Freudschen Sinn ist. Es bedeutet *nicht,* daß die Herde, weil führer-los, gott-los, auch glaubenslos sei. Im Gegenteil, es ist oft gerade ein „Tremendum“, ein Schauder, ein Wahn, was aus mehreren Individuen eine Herde entstehen läßt. Und dann geschieht es, daß das Wir-Gefühl in der Herde den Wahn verklärt zur religiösen und politischen Heilsbotschaft. Ich möchte dieses Phänomen durch Exempel veranschaulichen. In drei Gruppen stelle ich jeweils einen historischen Fall (A) neben einen aktuellen Fall (B). Es handelt sich um extreme Fälle – nur das Außerordentliche erklärt das Alltägliche.

Erste Exemplifizierung (Regression)

Fall A

„Die Christianer bilden heimliche Verbindungen untereinander außerhalb der gesetzlichen Ordnungen... Diese Verbindung hat ihren Bestand infolge gemeinsamer Gefahr und eine Stärke, welche über die Eide geht..." In moderner, in Sartrescher Terminologie: Es handelt sich um eine durch Eid gebundene Gruppe. Weiter im alten Text: „Worin die Christen ihre Stärke zu haben scheinen, das sind die Namen etlicher Dämonen und Bezauberungen... Alles Mögliche ziehen sie an sich und formen (daraus) Schreckensvorstellungen. Die Mißverständnisse des alten Worts (des Mythos) dichten sie zusammen und beflöten damit und umtönen im voraus die Menschen, wie diejenigen (es tun), welche die ins Korybantentum Einzuweihenden umpoltern... Ihr Kennzeichen ist die Verabredung einer unsichtbaren und geheimen Gesellschaft..."

So urteilte im Jahre 178, zur Zeit des Kaisers Mark Aurel, der Platoniker Celsus über die Christen.[7] Deren Gemeinden hatten damals noch einen Sekten-Status, waren weniger Glieder einer Kirche als isolierte Geheimbünde, was Celsus sehr genau erkannte: „In ihren Anfängen waren sie wenige und waren eines Sinns; nachdem sie aber in eine Masse ausgebreitet worden, trennen und scheiden sie sich wieder und wollen jegliche ihre besonderen Faktionen haben; denn das begehrten sie von Anfang an." Nur noch den Namen hätten sie gemeinsam. Gemeinsam war ihnen aber auch, laut Celsus, eine Art Numerus clausus, nämlich die Vorschrift: „Kein Gebildeter komme heran, kein Weiser, kein Kluger, denn als Böses gilt dieses bei uns (den Christen); sondern wenn einer unwissend, unverständig, ungebildet, wenn einer unmündig ist, er komme mutig heran." Diese Mindestanforderung ist bei heutigen Herden bekanntlich gelockert; manchmal scheint ein geisteswissenschaftliches Studium sogar die Voraussetzung für Herdenreife zu sein.

Das Vorurteil des Celsus gegenüber den Christen war traditionsbegründet – konservativ also. Ich möchte für mich ein ähnliches Vorurteil in Anspruch nehmen, wenn ich jetzt auf einige heutige Herden blicke, die mit den frühchristlichen vergleichbar erscheinen. Im Unterschied zu Celsus beurteile ich sie aber nicht von außen, sondern lasse Eingeweihte, Gläubige sprechen.

Fall B

„Wenn die Ur-Gruppe hier ist, stehe ich in dem abgedunkelten Raum und höre zehn Menschen zu, die auf dem Boden liegen und alle durcheinander schreien. Man hört nur ‚Mama, ich habe Angst', ‚Mama, hab mich lieb', ‚Mama, haß mich nicht'. Viele weinen und winden sich unter Qualen... Selbst wenn die Urschrei-Therapie falsch wäre, was ich bezweifle, so wirkt sie wie nichts seit dem Schamanismus... Ich hätte es nicht geglaubt, aber ich habe gesehen, wie das Trauma der Geburt in einer Geburts-Ursituation erneut erlebt wurde... Ich habe sogar gesehen, daß wie bei einem Säugling lange Schleimtropfen aus dem Rachen des Patienten kamen."

So beschreibt es Hermann Weiner als Vertreter der Janovschen Urschrei-Therapie.[8] Nein, eine „stille Meute" im Sinne Canettis ist das nicht, hier wird nicht geduldig die Erlösung erwartet, es wird im Hier & Jetzt danach geschrien und gegrapscht – *gregatim*. Man könnte Dutzende andere, konkurrierende Therapie-Sekten anführen (denn diese Religion ist so kunterbunt wie einst die christlich-gnostische); zum Beispiel die Aqua-Energetik in der Sicht von Paul Bindrim:

„Die emotionalen Träume, die die Teilnehmer hier (im geheizten Swimmingpool) entluden, ließen sich zuerst auf jüngere schmerzliche Ereignisse und dann auf weiter zurückliegende Erfahrungen zurückführen. Unterdessen wurde ihr Verhalten im Pool immer infantiler. Ihre Schreie ähnelten schließlich solchen neugeborener Kinder, und sie machten saugende Mundbewegungen, wie sie beim Stillen zu sehen sind. Ich ging darauf ein, indem ich ihnen ‚Mütter' gab, die sie hielten, wiegten und mit der Flasche fütterten... Es ist keineswegs ungewöhnlich, daß ein oral depravierter Teilnehmer zwei oder drei Flaschen zu sich nimmt und dann friedlich in den Armen der ‚Mutter' einschläft. Das kommt einer Umkonditionierung gleich, einem Prozeß, der auf einer ganz fundamentalen Persönlichkeitsebene abläuft."[9]

Anders gesagt: Es ist eine auf dem Wege der Regression erlebte Wiedergeburt, ähnlich wie bei den frühen Christen, von denen Celsus sagte, daß sie „von einem Samen des Leibes reden, von einem Ausziehen und Darüberanziehen der Leiber", ja sogar von der Auferstehung des verfaulten Fleisches – „durchaus die Hoffnung von Würmern!", wie er fast angeekelt hinzufügt.[10]

Ach ja, da war ja noch das Raumschiff der Außerirdischen, das uns, sofern wir uns läutern, evakuieren soll in eine heile Welt. Ich fürchte, aus dieser Rettung, die ebenfalls eine Art Wiedergeburt ist, wird heute nichts. Wären wir nur sieben oder ein Dutzend – dann vielleicht. Denn dann wäre es für den einzelnen schwerer, sich dem Erleuchtungsfieber zu entziehen, wenn es sich auszubreiten beginnt. Wer dennoch verstockt bliebe, müßte irgendwie ausgeschlossen werden.

Dafür möge nochmals ein Beispiel aus dem Luftschutzkeller dienen. In den Wochen vor dem Untergang meiner Heimatstadt mußte ich bei jedem nächtlichen Fliegeralarm in mein Gymnasium laufen – die Brandwache bestand aus fünf oder sechs Tertianern, einem Lehrer und dem greisen Pedell. Der Lehrer, ein Hundertprozentiger bei Tage, war in der Nacht vernünftig genug, uns für den Fall eines Brandes in dem alten Gemäuer jede Löscharbeit zu untersagen, sie wäre tödlich gewesen. Wenn aber die ganze Innenstadt in Flammen stand, gab es ohnehin keine Chance; und kein Entkommen, ob man nun im Keller blieb oder zu fliehen versuchte. So geschah es dann auch – in der ersten Nacht, in der ich von der Brandwache beurlaubt war. Als man Tage später den Keller unter den Trümmern des Gymnasiums freilegte, fand man sieben Leichen. Eine davon war doppelt tot: Der Pedell hatte ein Messer im Rücken. Es war damals nicht die Zeit, sich groß Gedanken darüber zu machen, was für eine Tragödie sich da unten abgespielt haben mochte. Vermutlich waren die Sieben sich nicht einig gewesen, ob sie im Keller ersticken oder draußen verbrennen wollten. Am Ende wich nur noch einer vom Glaubenskurs der anderen ab. Er wurde geopfert. Denn die Herde kann Abweichler nicht dulden.

Um ein letztes Mal der „Sternenkinder" zu gedenken; da sie, wie ich annehmen will, unter uns nur ein winziges Häuflein bilden, vermögen sie es nicht, die skeptische Mehrheit zu bekehren und den verstockten Rest zu vertilgen. So zerfällt diese Herde schnell. Aber es scheinen sich jetzt andere Herden zu bilden, um irgendeinen Affekt herum, vielleicht um den Verdacht, daß der Künder des galaktischen Heils nicht nur Nutznießer, sondern auch Drahtzieher unserer Einsperrung sei: ein Proselytenmacher, ein Seelenfänger? Ich komme damit zu einer zweiten Gruppe von Exempeln, die wiederum Extremfälle vorstellt, einen historischen und einen aktuellen.

Zweite Exemplifizierung (Aggression)

Fall A

Als 1832 in Paris die Cholera wütete, geschah etwas Ungeheures. Ich zitiere Heinrich Heines Bericht aus Artikel VI der *Französischen Zustände:*

„...da vernahm man plötzlich das Gerücht: Die vielen Menschen, die so rasch zur Erde bestattet würden, stürben nicht durch eine Krankheit, sondern durch Gift. Gift, hieß es, habe man in alle Lebensmittel zu streuen gewußt, auf den Gemüsemärkten, bei den Bäckern, bei den Fleischern, bei den Weinhändlern. Je wunderlicher die Erzählungen lauteten, desto begieriger wurden sie vom Volke aufgegriffen... und ganz Paris geriet in die grauenhafteste Todesbestürzung... Die armen Leute wagten weder zu essen noch zu trinken und rangen die Hände vor Schmerz und Wut. Es war, als ob die Welt unterginge. Besonders an den Straßenecken, wo die rotangestrichenen Weinläden stehen, sammelten und berieten sich die Gruppen, und dort war es meistens, wo man die Menschen, die verdächtig aussahen, durchsuchte, und wehe ihnen, wenn man irgend etwas Verdächtiges in ihren Taschen fand! Wie wilde Tiere, wie Rasende fiel dann das Volk über sie her... Sechs Menschen wurden aufs Unbarmherzigste ermordet."

Canetti würde in diesen „wilden Tieren" vermutlich eine „Jagdmeute" sehen – die Grenze ist schwer zu ziehen. Entscheidend für meine Argumentation ist, daß hier nicht eine schon vorher bestehende Gruppe einen Lynchmord oder ein Pogrom begeht, wie es kürzlich im sächsischen Hoyerswerda geschah; vielmehr bildet sich die rasende Herde *ad hoc,* in einer Situation der Panik. Die Mitglieder sind beliebige, einander gleichgültige Bürger, die nach vollbrachtem Mord sofort wieder auseinanderlaufen und – so war es in Paris – am nächsten Tag schon ihre Wahnsinnstat bereuen. Ziel des Handelns war die Abwehr einer Bedrohung, die traditionell im ethnisch oder religiös Fremden vermutet wird: Giftmischer sind immer Andersgläubige. Oft verstecken sie sich in der Herde, dann muß man sie stellen, sie vernichten.

Anders sieht das René Girard. Seine Sündenbock-Theorie besagt, „daß sich die einmütige Gewalt der Gruppe (gegen eines ihrer Mitglieder) in die Epiphanie der Gottheit verwandelt".[11] Das heißt: Die Gewalt gegen das Opfer erzeugt das Heilige, was immer dies sei. Girard behauptet nun, die humanistische abendländische Kultur verleugne ihre opferkultischen Ursprünge. Dem mag so sein oder nicht. Interessanter für meine Argumentation ist die Frage, inwiefern auch in modernen Herden das Sündenbocksyndrom wirksam ist. Sind jene Sieben im humanistischen Luftschutzkeller vielleicht beseligt, versöhnt erstickt, nachdem sie den Pedell gemeuchelt hatten? Allgemeiner gefragt: Hat die durch gemeinsame Gewalt erzeugte Bindung (der Sartresche Eid) auch den Charakter des Heiligen, was immer es sein mag? Heine sagte von der Pariser Lynchmeute: „Es gibt keinen gräßlichern Anblick als solchen Volkszorn, wenn er nach Blut lechzt und seine wehrlosen Opfer hinwürgt. Dann wälzt sich durch die Straßen ein dunkles Menschenheer..., das heult und braust, gnadenlos, heidnisch, dämonisch." Das, so meine ich, wäre nicht die schlechteste Bestimmung des Heiligen. Es blieb Ernst Jünger vorbehalten, solchen heiligen Blutdurst ins Positive zu heben, als er 90 Jahre später, die Grabenkämpfe seines Sturmtrupps feiernd, von der „Wollust des Blutes" schwärmte. „Der Kampf", lautet sein Credo, „ist immer noch etwas Heiliges." Und: „Der Tod für eine Überzeugung ist das höchste Vollbringen. Er ist Bekenntnis, Tat, Erfüllung, Glaube, Liebe, Hoffnung, Ziel..."[12] Im Lichte von Girards Theorie gesehen: Jünger wäre der ideale Sündenbock, weil er seiner Opferung freudig zustimmt. Das ist der verinnerlichte Totalitarismus, und Jünger läßt keinen Zweifel daran, daß es ihm nicht um eine Ideologie geht, nur um den Glauben, um die Herde. – Kehren wir ins zivile Leben zurück, zur alltäglichen, sublimierten Gewalt:

Fall B

Der Schauplatz ist ein Schloßhotel irgendwo in Österreich. Hier findet im Herbst 1982 eines der modischen Manager-Seminare statt, auf gruppendynamischer Basis. Die wenigen Damen und mehreren Herren, die da für sechs Tage zusammengekommen sind, werden in Zwölfergruppen eingeteilt und bleiben im wesentlichen sich selbst überlassen, zwecks Selbstfindung. Ich folge der Reportage von Peter Sichrovsky, der das Seminar besucht und beschrieben hat.[13] Die Ereignisse der ersten Tage überspringen wir. Am Vorabend des letzten Tages bekommen die Gruppen diese Aufgabe gestellt: Sie sollen sich vorstellen, die ganze Gruppe wäre in der Wüste notgelandet und müßte nun entscheiden, ob sie bei dem Wrack des Flugzeugs bleiben oder eine Oase suchen solle. Jede Gruppe zieht sich in ihren Arbeitsraum zurück. Als spät am Abend die Trainer zurückkommen, sind die meisten Seminarteilnehmer in der Hotelbar versammelt, scherzend und immer noch streitend. Nur Gruppe vier fehlt. Man geht zu ihrem Raum. Durch die Glastür sieht man eine turbulente Szene. Stühle sind umgeworfen, Flaschen rollen herum. Ein paar der Teilnehmer liegen schluchzend auf dem Boden, andere rennen erregt hin und her und reden auf einen Mann ein, der in der Mitte auf dem Boden sitzt und nur mit verweigerndem Kopfschütteln reagiert. Einer kniet jetzt vor ihm nieder, ringt flehend die Hände – da schreiten die Trainer ein. Sie beruhigen die von Scham und Verzweiflung gepackten Gruppenmitglieder so weit, daß sie Schlaf finden können. Den ganzen folgenden Tag über versucht die Gruppe, das Geschehene zu rekonstruieren. Alles hatte friedlich begonnen. Dann bildeten sich zwei Fraktionen, die eine wollte beim Wrack bleiben, die andere wollte aufbrechen. Nun hatte man aber vorher abgesprochen, daß entweder alle gehen oder alle bleiben sollten, eine Spaltung der Gruppe komme nicht in Frage. So nahm das Verhängnis seinen Lauf. Die zweite Fraktion konnte von der ersten einen nach dem anderen für sich gewinnen, bis nur noch der Wortführer – Chef einer Computerfirma – sich weigerte, das Wrack zu verlassen.

Es folgten stundenlange Auseinandersetzungen voller Demütigungen und Demontagen. Die Teilnehmer begriffen bis zum Ende des Seminars nicht, was da mit ihnen geschehen war. Am Tag darauf, nach Hause zurückgekehrt, machte einer von ihnen einen Selbstmordversuch.

Das ist nicht, wie es scheinen könnte, die Selbstzerfleischung einer Herde, sondern der Prozeß ihrer Herstellung aus Individuen. Der letzte, der sich noch wehrte, hätte vielleicht mit einem Messer im Rücken kapituliert, wenn das Spiel nicht unterbrochen worden wäre. Man bedenke: ein Spiel! Eine Simulation! Der Herdentrieb muß heute gewaltig sein.

Blicken wir nun auf *unser* Spiel, *unsere* Simulation. Sie dauert erst knapp eine Dreiviertelstunde. (Aber was heißt das schon! Eine Stunde kann Jahre bedeuten, wie in der Höhle von Ephesos.) Es sieht übel aus in unserer Höhle. Und – mit Verlaub – es riecht auch übel, nach Angstschweiß und anderen Ausscheidungen. Aber wer weiß, vielleicht wirkt dieser Brodem ja wie ein mystischer Dunst, der uns berauscht. Jede Herde hat ihren Brodem – möglicherweise ist er es, der die Individuen zur Herde macht, indem er sie berauscht. Somit komme ich zur dritten und letzten Exemplifizierung.

Dritte Exemplifizierung (Rausch)

Fall A

„Gefunden im Geheimschrank des Chefs der III. Abteilung der Kanzlei der früheren Zaren zu Leningrad“, lautet der Untertitel zu *Michael Bakunins Beichte aus der Peter-Pauls-Festung an Zar Nikolaus I.,* die 1926 im Druck erschien.[14] Bakunin hatte seine „Beichte“ im Jahre 1851 auf Wunsch des Zaren geschrieben, und dieser hatte sie sehr genau gelesen, wie seine Marginalien auf dem Manuskript bezeugen. Nach dem „Wahrheitsgehalt“ brauchen wir nicht zu fragen, wichtig ist nur, was Bakunin bekennt. Im Zentrum steht sein Erlebnis der Februarrevolution 1848. Er kam zu spät nach Paris, um noch an den Barrikadenkämpfen teilzunehmen, aber er feierte dann den Sieg – gemeinsam mit „meinen edelmütigen Ouvriers“, wie er schreibt und wie der Zar es mit einem „Nota bene“ quittiert. Die Tage im Kreis dieser Arbeiter erlebt er geradezu als ein politisches Pfingsten, wie er dem Zaren gesteht: „HERRSCHER, ich versichere SIE, bei keiner Klasse, niemals und nirgends, habe ich soviel edelmütige Selbstaufopferung gefunden, soviel wirklich rührende Ehrlichkeit, soviel Herzenszartheit im Verkehr und soviel liebenswürdigen Frohmut, gepaart mit soviel Heroismus, wie bei diesen einfachen ungebildeten Menschen, die stets tausendmal besser waren und sein werden als alle ihre Führer! Besonders überraschend an ihnen war“ –

Ich unterbreche hier kurz, um an das zu erinnern, was Sartre[15] über eine derartige verschworene Gemeinschaft sagt: „... der grundlegende Status der vereidigten Gruppe ist Terror..., Terror, der *vereinigt,* nicht Terror, der *trennt.* Indem sich diese Menschen durch Eid als *gemeinsame Individuen* konstituiert haben, treffen sie nämlich ihren eigenen Terror beieinander als *den gleichen* an. Sie erleben *hier* und *überall...* ihr In-der-Gruppe-Sein als *das Sein* ihrer Freiheit“; und deshalb erscheint gar nicht mehr so überraschend, was Bakunin am Verhalten der revolutionären Arbeiter überraschte, nämlich:

– „der tiefe Instinkt für Disziplin. In ihren Kasernen gab es weder ein Reglement, noch

Gesetze, noch Zwang, aber gebe Gott, daß ein ausgemusterter Soldat soviel Gehorsam, eine solche Einfühlung in die Wünsche seiner Vorgesetzten und einen solchen Ordnungssinn mitbrächte wie diese freien Menschen. Sie forderten Befehle, forderten Vorgesetzte und fügten sich mit Pedanterie und Begeisterung... HERRSCHER, ich bin außerstande, IHNEN einen genauen Bericht über den Monat abzulegen, den ich in Paris verbrachte. Nicht nur ich allein, alle waren trunken..."

Auch in diesem Fall besteht eine gewisse Nähe zu Canettis „Meute" – zu einer „Kriegsmeute", die umschlägt in eine „Vermehrungsmeute". Allerdings wäre eine Vermehrungs*herde* ein soziales Monstrum. Es gibt sie nur im Imaginären, als Utopie oder als Theorie. Tatsächlich hat Bakunin, haben auch Proudhon, Kropotkin und andere Revolutionäre des 19. Jahrhunderts ihre berauschenden Barrikadenerlebnisse zum Modell der erträumten Neuen Gesellschaft gemacht – anders als Marx und Engels, die viel nüchterner waren, aber nicht verhindern konnten, daß die sozialistische Bewegung ihre Vorstellung vom „Rausch der Freiheit" auf die Erfahrung eines Ausnahmezustands, eines „Rauschzustands" gründete, in dem die Menschen „mit Pedanterie und Begeisterung", wie Bakunin sagt, ihre Entmündigung betreiben, wenn erst die Barrikade zum Staat, die Herde zur Partei geworden ist.

Diese Doktrin vom Alltag als Ausnahmezustand ist politisch gescheitert. Der Mensch hält den berauschenden Edelmut einfach nicht durch. Privatim aber blüht die Idee jetzt erst richtig auf, die Idee vom „Rauschzustand" mit „tiefem Instinkt für Disziplin". Man nennt das heute *Konsens.* Schon in den vorausgegangenen Beispielen ging es um Konsens. Und um die Kosten seiner Herstellung. Einig ist man sich, wenn die, die dagegen sind, nichts mehr sagen. Oder nichts mehr sagen können. Opfer müssen sein. Das ist eine genuin religiöse Haltung, wie der folgende Fall belegen soll:

Fall B

Im Herbst 1984 fanden in Mutlangen die durch eine Serie von Prozessen in Erinnerung gebliebenen Anti-Raketen-Demonstrationen statt, unter Beteiligung von mancherlei „Prominenz". Teilnehmen durften an den Sit-ins nur sogenannte Bezugsgruppen mit etwa einem Dutzend Personen. Wer allein kam, mußte sich von einer solchen Gruppe „adoptieren" lassen. Peter Schneider schrieb damals einen kritischen Bericht darüber, aus dem ich zitiere: „...da saßen sie wirklich, wie es auf Seite 3 der *Philosophie der Grünen* (von Manon Maren-Grisebach) versprochen war: ‚...so rücken wir zusammen, abends zu kleinen Gruppen, erdhockend oder im Gras, sind gern still miteinander... stehen zusammen in Schweigeminuten, Schweigestunden...' Was ist die Botschaft einer Gruppe, die sich ohne Not diese Form gibt? Sie lautet etwa so: Was wir wollen, ist so geartet, daß man sich am besten an den Händen hält, schweigt und singt. Spiele, laute Reden, Witze... sind in dem, was wir wollen, nicht vorgesehen. Seid lieb zueinander. Dasselbe überwältigende Harmoniebedürfnis drückt sich in der Sprachgebung der Friedensbewegung aus... Am ärgsten stößt mir das neue Zauberwort vom ‚Konsens' auf. Der Konsens wird in einem Handbuch gerühmt als eine ‚Form der demokratischen Entscheidung, ohne abzustimmen'... Ich möchte nicht darüber spekulieren, ob ein solches Entscheidungsmodell funktionieren kann. Schlimmer als der Gedanke, es sei unpraktikabel, ist mir die Vorstellung, es könnte sich in der Friedensbewegung bewähren. Denn eine Gruppe von 10 oder 15 Menschen, die vier Wochen zusammensitzt und nach dem Konsensprinzip, also einstimmig ihre Entscheidungen trifft, ist entweder betäubt oder hypnotisiert oder besoffen, jedenfalls nicht bei klarem Verstand. Auch wenn niemand sie manipuliert, ist sie Opfer einer Manipulation."[16]

Anders gesagt: Eine solche Gruppe ist eine Herde. Ihre Unanimität ist nicht (wie bei der auf einen Führer fixierten Masse) das Produkt von Suggestion seitens eines politischen Demagogen, eines Erweckungspredigers oder Rocksängers; hier ist kein sogenanntes Charisma im Spiel, eher könnte man von Besessenheit sprechen, auch wenn es oft schwerfällt, den dazugehörigen Dämon zu erkennen – es sei denn die Furie der Regression.

Emile Durkheim nennt in seiner Untersuchung der Grundformen des religiösen Lebens zwei Modelle der Genese von Kollektivbewußtsein: die politische Versammlung und die australische Totemzeremonie.[17] Im ersten Fall spricht ein einzelner zu einem Publikum; seine Sprache ist maßlos, seine Gesten sind herrisch, er hat das Gefühl, von einer moralischen Macht besessen zu sein, deren Sprachrohr er ist. Aber dieses Übermaß an Kräften, das er spürt, wächst ihm aus der Gruppe zu, an die er sich wendet. Die Gefühle, die er weckt, kommen vervielfacht und verstärkt zu ihm zurück. „Es spricht nicht mehr der einzelne, sondern die verkörperte und personifizierte Gruppe." Im zweiten Fall, bei der Totemzeremonie, steigern sich die Feiernden gemeinsam in eine allgemeine Erregung, bis der einzelne das Gefühl hat, „nicht mehr er selbst zu sein. Er glaubt sogar, ein neues Wesen geworden zu sein." Da sich die anderen ebenfalls verwandelt fühlen und dies, dem jeweiligen Kult entsprechend, durch Tanzen und Heulen, mit Masken und Verkleidungen zum Ausdruck bringen, glaubt sich bald jeder „in eine fremde, völlig andere Welt versetzt".

Dieses zweite Modell scheint für die westlichen Gesellschaften heute aktueller zu sein als das erste. Wir werden wieder „primitiv". Wir wollen lieber *berauscht* sein als *verführt* werden. Denn im Rausch, in der Besessenheit erleben wir im selben Augenblick das ganz Eigene und das ganz Andere: die „Authentizität" und das „Transpersonale", um es gut postmodern auszudrücken. Es ist das aktualisierte Erlebnis der Wandlung, der Wiedergeburt. In Besessenheitskulten und Erlösungsreligionen wird dieses Erlebnis ritualisiert und damit wiederholbar gemacht. In der Herde dagegen bleibt die Wandlung ein passageres Ereignis. Denn die Herde zerfällt schnell. Die Herde als *Institution* – das wäre schon eine Meute oder Masse, eine Kirche oder Partei. Aus dieser Hinfälligkeit der Herde erklärt sich auch das merkwürdige Phänomen des Erleuchtungs-Tourismus: das Wandern von Gruppe zu Gruppe, das Schweifen von Heil zu Heil, und jede Rast verspricht endgültige Erfüllung. Tatsächlich bietet die Herde ihren Mitgliedern die Illusion der Dauer oder der Wiederkehr, insofern sie es ist, die ihnen ein Überleben zu garantieren scheint, vielleicht sogar Unsterblichkeit.

„Nur Stämme werden überleben" – diese Parole, die in der Jugendrevolte von 1981 auftauchte und schnell um sich griff, drückt jene Illusion vortrefflich aus. Bei den Achtundsechzigern und anderen ordentlichen Linken hat sie viel Kopfschütteln erzeugt. Die Protestbewegung von 1968 stand im Zeichen einer universalistischen Moral, die wenigstens für diesen Planeten Geltung beanspruchte. Was die Jugend ein Dutzend Jahre später vertrat, war, wenn überhaupt noch eine Moral, dann eine ganz und gar partikularistische, nur für den „Stamm", für die eigene Herde bestimmt. Tatsächlich aber hatte schon die Neue

Linke, entgegen ihren großen Worten, die kleinen Fluchten zelebriert, Fluchten in die Geborgenheit der Wohngemeinschaft, der Schulungsgruppe, der politischen „Zelle". Die Devise „Reinheit geht vor Einheit", die in den frühen siebziger Jahren grassierte, als Aufforderung zu theoretischer Strenge und praktischer Radikalität, diente in Wahrheit der ständigen Aufspaltung der Gruppen in immer kleinere Einheiten mit immer mehr Haut- und Seelenkontakt. Gleichzeitig griff der Psycho-Boom um sich; aus den politischen wurden therapeutische Gruppen, Psychokommunen, Ashrams und schließlich Esoterik-Zirkel. Schon 1971, zehn Jahre bevor das Schlagwort von den Stämmen auftrat, sagte ein Sensitivity-Trainer: „Während des Kurses identifiziert sich der Teilnehmer nicht nur mit einzelnen Gruppenmitgliedern, sondern auch mit der Gruppe selbst... Die in der Gruppe zum Ausdruck kommenden Werte werden ihre Stammeswerte."[18] Und Carl Rogers, der Vater der Encounter-Gruppe, erklärte 1980 in einem Interview: „Ich glaube, daß die Encountergruppen die Menschen näher zusammenbringen, als das in der Vergangenheit jemals der Fall war, mit Ausnahme vielleicht von Krisensituationen, wo alle zusammenhielten."[19] Da haben wir es wieder, das Modell der Notgemeinschaft in einer Ausnahmesituation, das von der sich selbst so nennenden „humanistischen" Psychologie flugs zum Modell der „gesunden Gemeinschaft" erklärt wird, diesmal nicht zum Zwecke der Politisierung, sondern der Intimisierung aller Lebensbereiche.

Abgesegnet wird das alles von der großen Entlastungsideologie unserer Zeit, der Narzißmus-Theorie Heinz Kohuts,[20] deren Botschaft lautet: Niemand darf frustriert werden! Das „Gute" und „Gesunde" ist die innere Essenz eines jeden Menschen, sein „Kernprogramm", das ungestört soll ablaufen können; als „schlecht" und „unnatürlich" gilt alles, was diesen spontanen Prozeß behindert. Diese Frohbotschaft wird vieltausendfach reproduziert von der gruppentherapeutischen Gebetsmühle: „Ich bin o. k. – du bist o. k. – wir sind o. k." Ein ununterbrochener Zustrom von narzißtischen, d. h. von Größen-Strebungen soll „kreativen" Ausdruck finden, egal, was andere von dieser „Selbstverwirklichung" halten. Es kommt gar nicht auf das Produkt an, nur auf's Gefühl: man tritt den Blasebalg, als spielte man die Orgel. Die Gruppe will es so. Sie versteht sich als „repressionsfreies Reservat", das die Selbstentblößung der Mitglieder vor ihresgleichen fördert, ja erzwingt. Die Gruppe als Ganzes vollzieht diese Regression zur primären Grandiosität. Ihr leuchtet „der Glanz im Auge der Mutter", jenes ewige Licht auf dem Altar des Selbst, das Kohut entzündet hat. Falls sie nicht noch weiter regrediert, gleichsam ins Innere eines kollektiven Uterus, wo ihren Mitgliedern rauschhafte Erlebnisse des Selbstzerfließens zuteil werden, jenes „kosmische Gefühl", das auch das Versprechen der Beat- und Drogenszene ist. Wenn aber die Feier des Selbst gestört wird durch äußere Umstände, Widerstände, bricht „narzißtische Wut" aus, die in der Logik von Kohuts Lehre zwar blind, aber gerecht ist. Denn das Selbst, vor allem das Gruppen-Selbst, das dem Individuum seine Aufblähung zum Größen-Selbst erlaubt, ist ja letzten Endes – Gott.

Es waren freilich nicht die „humanistischen" Therapeuten, die dieses Herdenwunder vollbrachten; sie sind ihrerseits nur die Agenten eines Trends, der seit zwei Jahrzehnten um sich greift, gleichsam als Rache am Projekt der Moderne. Ich spreche von der allgemeinen Lust am „Abfallen", die wie das Gegenteil des Aggregationstriebs anmutet, aber seine Voraussetzung ist: eine Flucht aus dem „System" in die „Lebenswelt", ins Milieu, in den Kiez.

Anders gesagt: eine Flucht aus der Kälte der Massengesellschaft in die Wärme der Herde. Überall sehen wir heute dieses Scheitern des Ideals der *einen* Vernunft in der *einen* Welt, das sich allerdings zu oft als Unvernunft und Unmenschlichkeit materialisiert hat, um noch naiv vertreten zu werden. Doch die Gegenideologie des Partikularismus, die den Terror des Systems durch den Terror der Gruppe ersetzen will, die Absolutsetzung von Minderheiten und Besonderheiten und Abweichungen, kurz, diese Tendenz zur Aufspaltung der einen Menschheit in zahllose ethnische, religiöse, nationale, regionale, sexuelle und andere Nuklei mündet gewiß in einer neuen Barbarei. Die totalitären Systeme weichen den totalitären Herden.

Canetti schrieb 1960 in *Masse und Macht:* „Vieles Archaische im Leben unserer modernen Kulturen drückt sich in Gestalt von Meuten aus. Die Sehnsucht nach einem einfachen oder natürlichen Dasein, nach einer Ablösung aus den gewachsenen Zwängen und Bedingungen unserer Zeit hat eben diesen Gehalt: Es ist der Wunsch nach einem Leben in isolierten Meuten."[21] Meine These ist, daß dieser Wunsch sich in den vergangenen Jahrzehnten verstärkt hat, sich heute aber bequemer und billiger befriedigt – nicht in isolierten Meuten, die sich an den Rändern der Zivilisation aufhalten, sondern in Herden, die sich inmitten der Zivilisation bilden und meistens schnell wieder verschwinden, das ist das einzige Erfreuliche an ihnen. Das Individuum begibt sich – von Bedarfsfall zu Bedarfsfall – in eine dieser Herden, und es kann sie fast beliebig wechseln; es muß sie sogar wechseln, weil die jeweils gewährte Sinnstiftung gar nicht von Dauer sein kann: Sie hält der Realität nicht stand, besonders dann, wenn die Befriedigungen nicht real sind wie in unseren A-Fällen, sondern simuliert: Simulationen der Regression wie in der Rebirth-Gruppe, Simulationen der Aggression wie im Manager-Seminar, Simulationen des Rausches wie in den Bezugs- und Konsensgruppen von Mutlangen.

Ein letzter Blick auf *unsere* Simulation, die verschlossene Höhle. Das währt jetzt etwa eine Stunde. Wir haben inzwischen verschiedene Versuche gemacht, uns als *eine* Herde zu formieren, aber sie scheiterten, weil wir zu viele sind; und in mehrere Herden aufteilen können wir uns auch nicht, weil die Höhle dafür zu klein ist. Der Aggregationsdruck besteht jedoch weiter. Wir können nicht vereinzelt bleiben, uns nicht als Individuen verhalten wie beispielsweise in einem Wartesaal. Jeder Versuch, sich abzusondern, erzeugt bei den anderen Mißtrauen, sogar Haß – wie vorhin, als einem von uns das Buch, in das er sich versenken wollte, aus der Hand geschlagen wurde: Er störte die „vibrations" des Meditationskreises, der sich da hinten gebildet hatte, händchenhaltend, leise summend, ganz „positives Denken". Sie sind jetzt verdrängt worden von einer anderen Gruppe, die alle Wände abklopft; sie wollen den Ausbruch wagen. Aber sie haben kein Werkzeug, nur ein paar Taschenmesser und Nagelfeilen, was sich halt so fand in den Taschen. Deshalb können sie nur an *einer* Stelle die Wand bearbeiten, aber an welcher? Darüber entsteht Streit. Narzißtische Wut bricht aus, die Gruppe zerfällt, die Initiative erlischt. Lähmung verbreitet sich. Manchmal schreit jemand auf, wie im Alptraum. Andere schluchzen. Es gibt auch Fälle von Inkontinenz, aus Angst. Die Luft ist voller Angst, ein drückender Brodem. Das wäre die Stunde für einen Führer, der alle aus ihrer Lähmung reißt – aber wohin?

Wenn wir uns nun vorstellen, daß wir länger hier eingeschlossen bleiben, mehrere Stunden, vielleicht Tage... Nein, wir wollen uns das lieber nicht vorstellen. Denn wir ahnen: Wenn wir hier nicht bald rauskommen, werden wir später einander wohl nicht mehr in die Augen blicken können. Deshalb mag es jetzt genug sein. Ja, die Türen gehen auf – wir sind noch einmal davongekommen. Meine Damen und Herren, ich danke Ihnen für Ihre Disgregation.

Anmerkungen

1 Mittlerer Saal der Wiener Urania

2 Vgl. Erwin Rohde, *Psyche, Seelencult und Unsterblichkeitsglaube der Griechen,* Freiburg 1890 ff., Bd. II, S. 435

3 C. G. Jung, *Die Archetypen und das kollektive Unbewußte,* GW 9/I, Olten 1976, S. 149 f.

4 Zitiert nach der Übersetzung von Hugo Meier, *Die Elenden,* Zürich 1968, S. 1142 ff.

5 Jean Paul Sartre, *Kritik der dialektischen Vernunft,* Reinbek 1967, S. 462

6 Vgl. Axel Wermelskirchen, „Ashtars Sternenkinder", in: *FAZ* 31. 10. 1989

7 Celsus, *Gegen die Christen,* aus dem Griechischen von Th. Keim (1873), München 1991, § 1,1; 1,6; 3,16; 8,17. Die folgenden Zitate: 3,10; 3,44; 7,32

8 Zitiert nach Martin L. Gross, *Die Psychologische Gesellschaft,* Frankfurt am Main 1984, S. 338 f.

9 Paul Bindrim, „Aqua-Energetik", in: *Handbuch der Psychotherapie,* hg. v. R. J. Corsini, Weinheim 1983, Bd. I, S. 26, 40

10 Celsus, a. a. O., § 7,32 und 5,14

11 René Girard, *Hiob. Ein Weg aus der Gewalt,* Zürich 1990, S. 43. Vgl. *Das Heilige und die Gewalt,* Zürich 1987, passim

12 Ernst Jünger, „Der Kampf als inneres Erlebnis" (1922), SW 2. Abt., in: *Essays I,* Bd. 7, Stuttgart 1980, S. 17, 49, 100

13 *TransAtlantik,* Januar 1983

14 Herausgegeben von W. Polonski, übersetzt von Kurt Kesten; Berlin 1926, S. 19 f.

15 Jean Paul Sartre, a. a. O., S. 461

16 Peter Schneider, „Keine Lust aufs grüne Paradies", in: *Kursbuch* 74/1985, S. 183 f.

17 Emile Durkheim, *Die elementaren Formen des religiösen Lebens* (1915), Frankfurt am Main 1981, S. 290 ff.

18 R. W. Sikora et alii, *Sensitivity Training and Group Encounter,* New York 1971

19 „Gemeinsam alles verstehen". Ein Gespräch mit Carl Rogers, in: *Neue Formen der Psychotherapie,* Weinheim 1980, S. 105

20 Zum folgenden vgl. Heinz Kohut, *Die Heilung des Selbst,* Frankfurt am Main 1981, und „Überlegungen zum Narzißmus und zur narzißtischen Wut", in: *Die Zukunft der Psychoanalyse,* Frankfurt 1975. – Psychoanalytisches Seminar Zürich (Hg.), *Die neuen Narzißmustheorien: Zurück ins Paradies?,* Frankfurt am Main 1981. – A. Hehn, H. Willems, R. Winter: „Beichte und Therapie als Formen der Sinngebung", in: *Die Seele,* hg. v. Gert Jüttemann u. a., Weinheim 1991. – Stefan Breuer: „Sozialpsychologische Implikationen der Narzißmustheorie", in: *Psyche* 1/1992. – Louis A. Sass: „Das Selbst und seine Schicksale", in: *Psyche* 1/1992

21 Elias Canetti, *Masse und Macht,* Hamburg 1960, S. 131

Kommunion und Verwandlung

Katholische Gedanken zur Religionstheorie Canettis

Adolf Holl

Vor ziemlich genau 20 Jahren saß ich über der Niederschrift meines Buches „Tod und Teufel“,[1] dessen Schlußkapitel „Die Wandlung“ einige Reflexionen zu Canettis „Masse und Macht“ enthält. Die Gelegenheit, Ihnen meine damaligen Gedanken vorzulegen, benütze ich gerne, zumal ich sie noch immer für nützlich halte. In einem zweiten Schritt werde ich versuchen, meine späteren Überlegungen zum Wandlungsgeschehen zur Sprache zu bringen. Dabei möchte ich versuchen, einige Bemerkungen zur Religionstheorie Canettis zu formulieren.

I

In den ersten Abschnitten des Schlußkapitels von „Tod und Teufel“ vergleiche ich bestimmte Erfahrungen und Erlebnisse, die ich 1945 als 15jähriger Ministrant hatte, mit bestimmten Erfahrungen und Erlebnissen Canettis in Wien zwischen 1924 und 1938, und zwar so: „Zuerst müssen Hostien geholt werden. Der Ministrant holt Hostien im Jahre 1945. Der Krieg ist zu Ende, die Weltmächte sind in Wien militärisch vertreten. Auch im 14. Bezirk (Pfarrkirche zum heiligen Laurentius) sind fremde Soldaten zu sehen. Ich habe einen Rucksack, darin ist ein leerer Pappkarton für die Hostien. Im 10. Bezirk sind Hostien erhältlich in einem Frauenkloster. Die geistlichen Schwestern in der Alxingergasse backen Hostien nach dem Krieg, der Karton wird gefüllt. Hostien wiegen leicht. Sie werden aus Weizenmehl und Wasser hergestellt, ohne Hefe, und dann schnell gebacken. Die Zusammensetzung der Hostien entspricht jener der jüdischen Mazzen, diese werden zum Pessachfest gereicht. Das Pessachfest heißt bei den Christen Ostern, die Mazzen heißen bei den Christen Hostien. Vor dem Krieg haben in Wien viele Juden gewohnt, u. a. auch Dr. Freud. Nach dem Krieg gab es in Wien keine Juden mehr. Ich trage die Hostien in die Pfarrkirche zum heiligen Laurentius. Auf den Parkbänken steht geschrieben: Nur für Arier. Ohne Hostien (lateinisch hostia = Opfer) gibt es keine Wandlung.

Elias Canetti notiert: ‚1924 bezog ich die Universität von Wien. Die Abende verbrachte ich mit Schreiben. Ich war etwas über 20 Jahre alt, als mir eines Tages auf der Straße der erste Gedanke zu einem Werk über die Masse kam. Es war eine Erleuchtung. Ich beschloß, mein Leben der Erforschung der Masse zu widmen.‘ Canetti fährt fort: ‚Die Nazis kamen 1938 nach Wien, und obwohl alle meine Freunde es mir dringend rieten, konnte ich mich doch nicht entschließen, sofort zu fliehen, trotz der Gefahr, in der ich mich als Intellektueller jüdischer Herkunft befand.

Ich blieb bis nach der sogenannten Kristallnacht in Wien, also bis Ende November 1938. Und in diesem halben Jahr war ich überall, auf der Straße, in Lokalen, und unterhielt mich mit den Menschen, die ich traf. Und ich möchte behaupten, daß ich in diesem halben Jahr ganz konkreter Erfahrung mit dem Nationalsozialismus mehr über ihn gelernt habe als in den früheren Jahren.'

Der Speisekelch faßt etwa 300 Hostien, diese werden später an die Gläubigen ausgeteilt. (Die Hostie für den Priester ist etwas größer als die Hostien für die Gläubigen.) In der Sakristei wird der Speisekelch mit Hostien gefüllt. Der Ministrant schichtet die Hostien sorgfältig in den Speisekelch, Lage auf Lage. So lerne ich den Umgang mit Hostien. Es ist eine Auszeichnung und ein Vertrauensbeweis für den Ministranten, daß er den Speisekelch mit Hostien füllen darf. Denn es besteht die Vorschrift, daß die heiligen Gerätschaften nur vom Priester berührt werden dürfen. So entsteht eine Scheu im Ministranten bezüglich heiliger Gerätschaften, inklusive Speisekelch, es darf in diesem Zusammenhang von Berührungsangst gesprochen werden, diese ist aus der Erforschung primitiver Völkerschaften hinlänglich bekannt. Der Ministrant muß lernen, daß die Gottheit furchtbar ist. Alles, was mit der Gottheit in Berührung kommt, muß mit großer Scheu behandelt werden. Die Innenwand des Speisekelchs ist vergoldet, sie kommt mit der Gottheit in Berührung. Das deutsche Volk hat keinen Führer mehr. Der Führer hat 1945 in Berlin den Tod gefunden. Achtsam lege ich die Hostien in den goldenen Speisekelch."[2]

Der Schreiber dieser Zeilen lebte zur Zeit ihrer Abfassung als katholischer Geistlicher in einem Pfarrhaus im 16. Wiener Gemeindebezirk. Das Buch, an dem er arbeitete, sollte das letzte sein, dessen Erscheinen er in Amt und Würden erleben würde. Im Schlußkapitel meines Buches „Tod und Teufel" ging es um das Zentrum meiner priesterlichen Befugnisse, die sogenannte Wandlungsgewalt. Sie ermächtigt die Priester, durch das Aussprechen der Wandlungsworte das Brot in den Leib und den Wein in das Blut Christi zu verwandeln. Ich schrieb: „Daß die Wandlung nur von befugten Personen bewerkstelligt werden darf, ist das Ergebnis einer Entwicklung im Lauf der ersten christlichen Jahrhunderte. Diese Entwicklung ist widerrufbar. Das Vorhandensein befugter Personen im Zusammenhang mit der Wandlung gehört (zusammen mit Macht und Herrschaft und Panzerschrank und gotischem Stil und Orgeln und Stufen zum Hochaltar etc.) zum menschlichen Bereich. Die Wandlung gehört zum göttlichen Bereich."[3]

Und weiter: „Mit sehr viel Glück findet sich der eine oder andere Befugte gelegentlich bei den Unbefugten wieder, die Wandlung hat sein Pochen auf Befugnisse zersetzt."[4]

Rückblickend läßt sich sagen, daß ich mich vor 20 Jahren aus meinen priesterlichen Befugnissen herausgeschrieben habe. „Masse und Macht" von Elias Canetti war an diesem Prozeß mitbeteiligt. Ich hatte das Buch im Sommer 1968 gelesen. Ich zitierte es bereits in meinem „Jesus in schlechter Gesellschaft",[5] weil es mich stark beeindruckt hatte. Für das Schlußkapitel meines Buches „Tod und Teufel" zog ich zwei Passagen aus Canettis „Masse und Macht" heran: „Katholizismus und Masse"[6] und „Ergreifen und Einverleiben".[7]

Beide Passagen wirkten auf mich wie ein Vorwurf, und dieser Vorwurf richtete sich gegen das, was mir am wichtigsten war: Wandlungsgeschehen und Kommunion. Ich schrieb: „Canetti sagt: ‚Ich habe versucht nachzuweisen, daß das Kerngefühl der Macht einem Triumph des Lebenden über den tot vor ihm Daliegenden entspringt. Es ist einfach so, daß jeder Mensch, der einen anderen überlebt, ob er es sich nun eingesteht oder nicht (und er wird es meist nicht zugeben, weil es mit Recht als ein häßliches Gefühl gilt), eine Art Triumph empfindet, weil er noch am Leben ist. In manchen Menschen wird dieses

Triumphgefühl zu einer Art Leidenschaft, die zu einer ständigen Wiederholung ruft. Die gefährlichsten Politiker, insbesondere die faschistischen Politiker unserer Zeit, sind Menschen, die einen massenhaften Tod geradezu wünschen und postulieren. Denn je mehr Tote, Feinde und oft auch Freunde sie überleben, desto stärker wird ihr Machtgefühl.'

Alter böser UNF (N wie Neandertaler, F wie Faschismus) hat eine Hostie in der Hand, an dieser sind schwere Ringe. Auf dem Kopf trägt er eine dreifache Krone. Seit etwa 1510 ist er so zu sehen, an der Kanzel des Domes zu St. Stephan in Wien. Bitterer alter Mann mit schmalem Mund, sein Blick geht an der Hostie vorbei. Er glaubt nicht an die Erlösung. Er ist aus Stein. Der Ministrant wird ihn später kennenlernen. Vorläufig legt er kleine weiße runde Hostien in den goldenen Speisekelch, ehrfürchtig und zärtlich. Mazzen bzw. Hostien können als pflanzliche Kost bezeichnet werden. Mit der Viehzucht oder der Jagd, mit dem Essen des Fleisches getöteter Tiere sind die ungesäuerten Brote nicht verwandt, sie entstammen dem Ackerbau und seinen Bräuchen im vorgeschichtlichen Kanaan.

Canetti beobachtet die menschlichen Ernährungsvorgänge mit tiefem Mißtrauen: Warum muß unaufhörlich Fleisch durch die Eingeweide eines anderen Fleisches gehen? In seiner Abhandlung über Masse und Macht hat Canetti einige sehr eindringliche und peinliche Beobachtungen über das Essen mitgeteilt. Er schreibt: ‚Die eigentliche *Einverleibung* der Beute beginnt im Mund. Dorthin führte ursprünglich der Weg alles dessen, was genießbar war, von der Hand in den Mund... Das auffälligste Instrument der Macht, das der Mensch und auch sehr viele Tiere an sich tragen, sind die *Zähne*. Die Reihe, in der sie angeordnet sind, ihre leuchtende Glätte, sind mit nichts anderem, was sonst zu einem Körper gehört und an ihm in Aktion gesehen wird, zu vergleichen. Man möchte sie als die erste *Ordnung* überhaupt bezeichnen, eine, die nach allgemeiner Anerkennung förmlich schreit; eine Ordnung, die als Drohung nach außen wirkt, nicht immer sichtbar, aber immer sichtbar, wenn der Mund sich öffnet, und das ist sehr oft... *Glätte* und *Ordnung*, als manifeste Eigenschaften der Zähne, sind in das Wesen der Macht überhaupt eingegangen... Die Zähne sind die bewaffneten Hüter des *Mundes*. In diesem Raum ist es wirklich eng, er ist das Urbild aller *Gefängnisse*. Was da hineingerät, ist verloren... Es ist ein langer Weg, den die Beute durch den Körper geht. Auf diesem Wege wird sie langsam ausgesogen; was immer verwendbar an ihr ist, wird ihr entzogen. Was übrigbleibt, ist Abfall und Gestank.'

Wenn es soweit ist, erhält der Ministrant als erster die Hostie vom Priester. Täglich legt der Priester eine kleine weiße Hostie auf meine Zunge. (Nur dem Priester ist es erlaubt, die Hostie mit den Händen zu berühren, wenn er sie beim Gottesdienst an die Gläubigen verteilt.) Der Ministrant bemüht sich, die Hostie nicht mit seinen Zähnen zu berühren. Er läßt sie auf der Zunge weich werden und schluckt sie dann hinunter. Auf diese Art lernt der Ministrant das Besondere dieser Art von Nahrungsaufnahme. Er lernt, daß es den Versuch gibt, eine Ausnahme von der Regel zu finden, derzufolge Fleisch durch unsere Eingeweide gehen muß. Der Nährwert der Hostie ist so gering, daß sie den Verdauungsapparat nur geringfügig in Anspruch nimmt. Die Hostie hat den Charakter der Beute, wie er vielen anderen Nahrungsmitteln eignet, so weit wie möglich verleugnet."[8]

Wahrscheinlich wollte ich damit, so würde ich heute meinen, die Unschuld dessen retten, was ich tagtäglich am Altar zelebrierte, wenn ich die heilige Messe las. Wandlung und Kommunion, die beiden wichtigsten Akte im Geschehen der heiligen Messe, sollten den gewöhnlichen Schweinereien der Machthaberei entzogen bleiben. Aber Canetti war unerbittlich. Er hatte die katholischen Christen beim Empfang der heiligen Kommunion beobachtet, und was er dabei wahrgenommen hatte, betrübte mich sehr, weil ich wußte, daß Canetti richtig gesehen hatte. Also zitierte ich die entsprechende Passage aus Canettis „Masse und Macht" und konfrontierte sie danach mit dem katholischen Verständnis der priesterlichen Vollmachten: „‚Aber selbst die Art, wie die Kommunion verabreicht wird, trennt den Gläubigen von den anderen, die sie mit ihm empfangen, statt sie an Ort und Stelle miteinander zu verbinden. Für sich empfängt der Kommunikant einen kostbaren Schatz, für sich soll er ihn behüten. Wer die Reihen derer, die sich zur Kommunion anstellen, betrachtet hat, kann nicht umhin zu bemerken, wie sehr jeder einzelne mit sich allein beschäftigt ist. Wer vor und nach ihm kommt, geht ihn noch weniger etwas an als der Mitmensch, mit dem er es im gewöhnlichen Leben zu tun hat, und die Verbindung mit diesem ist schon lose genug. Die Kommunion verbindet den Empfänger mit der Kirche, die unsichtbar und von gewaltigen Ausmaßen ist; sie entrückt ihn den Anwesenden. Die Kommunikanten untereinander fühlen sich so wenig als ein Leib wie eine Gruppe von Menschen, die einen Schatz gefunden und soeben unter sich aufgeteilt hat.'[9]

Canetti – von ihm ist der letzte Absatz – bemerkt als unbeteiligter Beobachter die Vorsicht der Priester beim Austeilen der Hostien. Der Ministrant begleitet den Priester beim Austeilen der Hostien, er hält vorsichtshalber einen goldenen Teller unter das Kinn der Gläubigen, damit keine einzige Hostie durch ein Versehen zu Boden fallen kann. Nach der Beendigung der Kommunion muß der Ministrant den Teller auf den Altar bringen, damit er vom Priester gereinigt werden kann. Nicht der geringste Splitter einer Hostie darf verlorengehen. Der Priester schließt den Speisekelch mit den restlichen Hostien in einen kleinen Kasten über der Mitte des Altares ein. In der Pfarrkirche zum heiligen Laurentius ist dieser Aufbewahrungsort nach der Art eines Panzerschrankes konstruiert. Ich weiß, daß es mir verboten ist, den Schlüssel auch nur ins Schloß zu stecken. Die Regeln für den Umgang mit Hostien sind allgemein und sehr streng. Hinter ihnen steht ein profundes Mißtrauen von seiten der Priester. Diebe könnten kommen und den goldenen Kelch stehlen, sie könnten die Hostien achtlos ausschütten dabei, solche Vorkommnisse werden mit Schaudern erzählt. Gott muß vor den Menschen geschützt werden. Nur die Priester sind befugt, den Schlüssel zum Panzerschrank mit den Hostien im Schloß zu drehen. Die Gläubigen sind hierzu unbefugt. Die Befugnisse der Gläubigen in bezug auf die Hostien sind äußerst gering, sie beschränken sich auf das Darbieten der Zunge.

So lernt der Ministrant eine Menge über die menschlichen und die göttlichen Angelegenheiten und über die entscheidenden Befugnisse. Alle Macht konzentriert sich für ihn in der Hostie. Es entsteht in ihm der Wunsch, in den Kreis der Befugten aufgenommen zu werden. Das Verfügungsrecht über die Hostie bringt einen ungeheuren Zuwachs an Macht. Wer diese Macht ausüben will, muß sich äußerst strengen Prüfungen unterziehen. Unter ihnen ist die Forderung nach Keuschheit die wichtigste. Es ist undenkbar, nacheinander den Leib Christi und den Leib einer Frau zu berühren. Solches auch nur zu denken, ist schwere Sünde für den Ministranten. Die schwere Sünde wird auch Tod-Sünde genannt. Dem Leichtsinnigen droht im Umgang mit der Hostie der Tod."[10]

Das Problem, gegen das ich vor 20 Jahren anschrieb, war theoretisch nicht zu lösen. Es bestand in der Tatsache, daß Wandlungsgeschehen und Kommunion von Amtspersonen verwaltet wurden. Ich war eine Amtsperson und ahnte, daß es für mich keine Unschuld gab. Ich half mir durch die Unterscheidung zwischen „menschlichem Bereich“ und „göttlichem Bereich“. Ich schrieb: „Das Sterbenmüssen gehört (zusammen mit Lawinen, Überschwemmungen, Automobilismus, Tourismus, blühenden Blumen, Krebs, Weltall etc.) zum menschlichen Bereich. Die Anzweiflung des menschlichen Bereichs und seiner Ordnungen kann gelegentlich und vorübergehend dazu führen, daß der göttliche Bereich als vorhanden anerkannt wird. Es ist sinnvoll, die Haltung zur Wandlung als Anzweiflung des menschlichen Bereichs und seiner Ordnungen zu beschreiben. Der menschliche und der göttliche Bereich sind gemeinsam da. Man soll beide Bereiche nicht vermischt denken. Man soll sie nicht getrennt denken. Man soll den einen Bereich nicht auf Kosten des anderen außer acht lassen.“[11]

Mein Problem wurde, wie bereits angedeutet, praktisch gelöst. Im Februar 1976 erhielt ich ein dienstliches Schreiben aus der Kanzlei des Wiener Kardinalerzbischofs, das mir die Ausübung des Priesterdienstes untersagte. Seither habe ich aufgehört, in die Kirche zu gehen. Gleichwohl bin ich in meinen Büchern, die ich seit damals veröffentlicht habe, gelegentlich auf das Wandlungsgeschehen zurückgekommen.[12]

„Die Fähigkeit des Menschen zur Verwandlung“, hat Canetti geschrieben, „ist noch kaum ins Auge gefaßt und begriffen worden... Wenige legen sich Rechenschaft darüber ab, daß sie ihr das Beste von dem, was sie sind, verdanken.“[13] Das ist auch meine Auffassung.

II

Lassen Sie mich zunächst zwei Passagen aus meinem Buch „Der Fisch aus der Tiefe oder Die Freuden der Keuschheit“ zitieren: „O ja, die Welt war aus Lügenfäden gewebt, gar schön. Zupf nur ja keinen Faden heraus. Ich mußte erkennen, daß meine berufliche Identität als geweihter Diener Gottes auf eher wackligen Beinen stand, gestützt auf eine fragwürdige Auslegung des Evangeliums Christi. Der Nazarener hatte andere Dinge im Kopf gehabt, als eine Priesterkirche zu stiften. Die Christenmenschen aßen koschere Hostien und haßten die Juden. Ich verteilte die koscheren Hostien an die Gläubigen und bildete mir ein, wegen der Frauen befleckt zu sein. Dann begriff ich, daß der Altar, dem ich diente, vom Blut der unschuldigen Opfer verunreinigt war, der ermordeten Juden, der verbrannten Ketzer und Hexen. Es gab keine Unschuld... Huren und Priester gehörten seit alters her zusammen, im heimlichen Einverständnis mit dem Herrn dieser Welt, dem Gewalttäter und Menschenfresser. Seine Riten hatten mich bezaubert, mit ihrer düsteren Pracht, ihrem gemessenen Ernst, den endlosen Litaneien, dem langsamen Tempo der Hochämter, auf Teppichen zelebriert, beim Brausen der Orgeln und dem Läuten der Glocken. Wer den Zauber störte, wurde verflucht und verstoßen. Ich mußte das Pfarrhaus verlassen, die Geborgenheit unter den Gleichgesinnten, entlassen in eine Welt, die mit ihrer Ölkrise beschäftigt war.“[14]

„In der Welt des Heiligen, die ich hatte verlassen müssen und von der ich hartnäckig träumte, gab es keine Veränderung. Es war dort so still wie in einer Kathedrale am frühen Nachmittag. Ernste Gestalten blickten zum Himmel. Was zu geschehen hatte, war längst vollbracht, was zu sagen war, längst niedergeschrieben... Es war alles schon dagewesen. Nackte Jüdinnen wurden in die Gaskammern getrieben. Es mußte so sein. Manchmal, wenn ich auf die konsekrierte Hostie blickte, die vor mir auf dem Altar lag, hatte ich den Eindruck, in die Gottheit zu versinken. (...) Das Geheimnis der heiligen Wandlung, des Zentrums meiner priesterlichen Verrichtungen, lag im Wunsch, den sinnfälligen Weltkörper als unsichtbaren Gottesleib aufzufassen. Der Weltkörper war nach der Wandlung identisch mit dem Gottesleib. Der Wunsch nach Wandlung kam von der hellen Seite. Der Teil meiner selbst, den ich verloren hatte, als ich die Welt des Heiligen verließ, war die dunkle Seite meiner Männlichkeit, die Liebe zum Tod."[15]

In diesen meinen Texten ist der Abschied von der „Welt des Heiligen", wie ich sie nenne, deutlicher geworden als in meinem „Tod und Teufel". Am Wandlungsgeschehen wird gleichwohl festgehalten, ohne daß gesagt wird, wie es ohne rituellen Kontext statthaben soll. Das ist ein Widerspruch, der nicht aufgelöst wird. Die stillschweigende Voraussetzung meines Textes liegt in der Maxime, man habe als Christ die Judenvernichtung im Auge zu behalten, wenn öffentlich über die Religion nachgedacht werden soll. In der akademisch betriebenen Religionswissenschaft wird diese Maxime überhaupt nicht beachtet, während sie im sogenannten christlich-jüdischen Dialog zwar beachtet wird, aber folgenlos bleibt. In dieser Situation hat „Masse und Macht" von Elias Canetti wenig Chancen, in der Gewissenserforschung der etablierten Religionen eine nennenswerte Rolle zu spielen. Die Religionstheorie Canettis geht von folgender Feststellung aus: „Der Mensch will töten, um andere zu überleben."[16] An keiner einzigen Stelle seines Buches, wenn ich mich recht erinnere, spricht Canetti von der Judenvernichtung während des 2. Weltkrieges. Er spricht von Buschmännern, Moguln und Dirigenten – nicht jedoch von Papst Pius XII. und dessen Schweigen zur Judenvernichtung während des Krieges. Statt dessen hat er das katholische Ritual, wie es tagtäglich überall auf der Welt zelebriert wird, sehr genau beobachtet und beschrieben, mit dem Blick eines Menschen, der zum Opfer bestimmt ist.

Für mich ist die Religionstheorie Canettis deshalb so beklemmend, weil sie aus dieser Perspektive geschrieben ist, und eben nicht aus der Perspektive der Priester. Die Priester haben sich, seit es sie gibt, stets um die Darbringung von Opfern gekümmert. Wie den Opfern zumute ist, braucht die Priester nicht zu kümmern. Bekanntlich ist im katholischen Priestertum der Opfergedanke lebendig geblieben. Nach den Lehren des Konzils von Trient ist jede heilige Messe ein wahres und eigentliches Opfer. Der Geopferte ist jüdischer Herkunft, was das Konzil von Trient allerdings nicht erwähnt.

Meine schriftstellerische Arbeit in bezug auf das Wandlungsgeschehen und die Kommunion der Gläubigen wird das Konzil von Trient nicht ungeschehen machen. Die „sakrifiziellen Vogelscheuchen", wie René Girard sie genannt hat, stehen noch immer herum. Sich von ihnen zu befreien, ist ein langwieriger Prozeß.

Anmerkungen

1 Adolf Holl, *Tod und Teufel,* Stuttgart 1973
2 Ebd., S. 235 f.
3 Ebd., S. 242
4 Ebd., S. 244
5 Adolf Holl, *Jesus in schlechter Gesellschaft,* Stuttgart 1971
6 Elias Canetti, *Masse und Macht,* Hamburg 1960, S. 175–179

7 Ebd., S. 231–240

8 *Tod und Teufel,* S. 236–238

9 *Masse und Macht,* S. 177

10 *Tod und Teufel,* S. 239 f.

11 Ebd., S. 242 f.

12 Siehe Adolf Holl, *Mystik für Anfänger,* Stuttgart 1977; *Der Fisch aus der Tiefe,* Reinbek bei Hamburg 1990, und *Wie ich ein Priester wurde,* Reinbek bei Hamburg 1992

13 *Masse und Macht,* S. 383

14 Adolf Holl, *Der Fisch aus der Tiefe,* S. 143

15 Ebd., S. 179 f.

16 *Masse und Macht,* S. 287

Architektur der langsamen Masse

Bernd Hartmann

Die Figur Jesus war Ausgangspunkt einer neuen Religion, von deren heutiger Hauptströmung, der katholischen Kirche, Canetti feststellt, daß an ihr gemessen „alle Machthaber wie traurige Stümper“[1] erschienen und sie eine charakteristische „Abneigung gegen alles heftig Massenhafte“ besäße. Die besondere Langsamkeit der Masse gäbe dieser religiösen Bewegung ihren Grundzug.

I Klage und Umkehrung: zentrale Aspekte der christlichen Religion

Canettis Untersuchungen erlauben es uns, die gestellte Thematik in zwei verschiedenen Zugängen zu betrachten: dem der Meuteformen und ihrer Neigung, ineinander umzuschlagen, und jenem der Masse und ihrem Drang zu Umkehrungen.

Die Meute, „die sich aus der Gruppe von Zeit zu Zeit bildet“ und eine begrenzte Zahl an Menschen umfaßt, versteht Canetti als eine Vorform der Masse. Wachstum und Dichte werden hier aber nur im Rituellen vorgetäuscht und heftig herbeigewünscht, Gleichheit und Richtung auf ein Ziel sind aber vorhanden.[2]

Vier hauptsächliche Formen der Meute unterscheidet Canetti, je nach Überwiegen des Aspekts der Jagd, des Krieges, der Klage und der Vermehrung, wobei aber die jeweils übrigen Aspekte immer in irgendeiner untergeordneten Form vorhanden bleiben. Diese so verstandenen Hauptformen der Meute haben, so behauptet Canetti, die Neigung ineinander überzugehen. Bei diesem Umschlag der Meute wechselt diese den für ihr Tun zentralen Hauptaspekt. Ohne die genaue Kenntnis dieses Umschlags der Meuten wäre die Entstehung der Religionen und jeglicher sozialer Ereignisse nicht zu verstehen.

Manche dieser Umschläge werden in ihrer jeweils besonderen Form durch ihre rituelle Fixierung zum eigentlichen Gehalt, zum Kern jedes bedeutenden Glaubens. Die Besonderheit dieses Umschlags gibt den Weltreligionen ihre jeweilige Charakteristik, aus seiner Dynamik erklärt sich ihr Aufstieg.[3]

Der mit der Meute seiner Jünger Herumziehende wirkte offenbar mit einigem Erfolg als Massenkristall einer religiösen Umkehrbewegung zur Erneuerung des Glaubens. Die schließliche Jagd und Verfolgung wird in der überlieferten Legende „in allen Einzelheiten ausgemalt, es ist eine genaue Geschichte, sie wird ganz persönlich gehalten, immer fließt Blut“. „Die Jagd oder Hetze aber wird immer vom Opfer aus empfunden. Um sein Ende bildet sich eine Klagemeute, aber ihre Klage hat eine besondere Note: der Tote ist den Menschen zuliebe gestorben, die um ihn klagen.“ Und wie hinzuzufügen ist, auch seinen Tod nicht zu verhindern wußten.

Die Klagemeute der getreuen Jünger und nahen Verwandten hätte sich wohl bald verstreut, aber die erfolgreiche Wiederbelebung des Beklagten nach den drei Tagen und das Versprechen des nahen Kommens des Reiches Gottes auf Erden erhielten ihren Bestand. Schließlich – durch die regelmäßige rituelle Wiederholung der Klage – „öffnet sich die Klagemeute und erweitert sich zu einer Masse, die unaufhaltsam wächst". Über längere Zeiträume vermehrt sich so die Zahl der Gläubigen: „Es beginnt mit den wenigen Getreuen, die am Kreuze stehen, als Kern der Klage. Am ersten Pfingstfeste mögen es ihrer 600 Christen sein, zu Zeiten des Kaisers Konstantins sind es zehn Millionen. Der Kern der Religion ist aber derselbe geblieben, ihr Zentrum ist die Klage."

Die Anziehungskraft dieser Klage für den einzelnen sieht Canetti darin, daß sich hier die Jagd- oder Hetzmeute als Klagemeute „entsühnt": „Als Verfolger haben die Menschen gelebt, und als Verfolger leben sie auf ihre Weise immer weiter... sie nähren sich von der Qual der schwachen Geschöpfe. In ihrem Auge spiegelt sich das brechende Auge des Opfers, und der letzte Schrei, an dem sie sich ergötzen, gräbt sich unauslöschlich in ihre Seele... Schuld und Angst in ihnen nehmen unaufhaltsam zu, und so sehnen sie sich ahnungslos nach Erlösung. So schließen sie sich einem an, der für sie stirbt, und in der Klage um ihn fühlen sie sich selber als Verfolgte... Er befreit sie von der angesammelten Schuld des Tötens und der Angst, daß der Tod sie selber trifft... und, indem sie ihm treu und ohne Rücksicht anhängen, entgehen sie, so hoffen sie, der Rache."[4]

Die Anziehungskraft der christlichen Märtyrer besteht in der erlebten oder überlieferten Wiederholung dieses Opfertodes, und so spielen sie zur Aufrechterhaltung der Klage stets eine wichtige Rolle, umso mehr, als sich aufgrund der Ferne des Ziels die Klage zunehmend verdünnte und sich im Ritual ihrer Wiederholung mumifizierte.[5]

Neben diesem Umschlag der Hetz- in die Klagemeute und deren Öffnung zur Vermehrung – man könnte die ersten Jahrzehnte des Christentums auch als eine quantenhafte Vermehrung der Klagemeute[6] in Form der sogenannten Gemeinden bezeichnen – beginnt eine weitere von Canetti beschriebene Umschlagsform eine bedeutende Rolle zu spielen, welche ebenfalls, aber in direkter Weise, auf Vermehrung abzielt: die *Kommunion*.

Im gemeinsamen rituellen Mahl wird der durch die Klage ins Leben zurückgerufene Verstorbene genossen, einem jeden einverleibt und somit alle untereinander eng verbunden. Der Genossene soll so geehrt werden und wiederkommen. Der Glaube an die Klage über ihn wird gestärkt, er greift um sich „und mehr und mehr Bekenner werden zu ihm stoßen". Und schließlich werden alle auferstehen im versprochenen Reich Gottes.

Die Kommunion ist also der Umschlag der Jagdmeute in eine der Vermehrung. Dabei handelt es sich zugleich um eine *Verinnerlichung* der Meute, sobald sie sich den Gott (hostia: lat. Opfertier) einverleibt hat. „In diesem Zustand kann sie dann seine Wiederbelebung und vor allem seine Vermehrung" in Form von weiteren Gläubigen *erwarten* und ersehnen.

Ursprünglich sind die Knochen des dabei rituell verzehrten Opfers nicht zerbrochen und sorgfältig aufbewahrt worden.[7] Als Reliquien der Märtyrer und Heiligen spielen sie im Christentum dann in der Verehrung durch die Gläubigen eine nicht unbeträchtliche Rolle.

Man könnte also im Falle des *Entstehens* des Christentums von einem Umschlag der Jagdmeute in jene der *Klage* und im weiteren in jene der *Vermehrung* sprechen, wobei die Klage aber Ausgangspunkt und Zentrum dieses Vorgangs bildet.

Dieser doppelte Umschlag hat sich als Kern des christlichen Ritus in den Formen der heiligen Wandlung und der Kommunion bis heute erhalten: die Klage bringt das Opfer zurück ins Leben, und seine Einverleibung festigt und vermehrt die Gemeinschaft. Durch die Regelmäßigkeit der Wiederholung wird die Klage aufrechterhalten, die Vermehrung erwünscht.

Die der erfolgreichen Jagd oder Vermehrung sich anschließende *Verteilung* ist anfangs durch Aufteilen des persönlichen Besitzes der Gläubigen geschehen, was sich aber aus begreiflichen Gründen später zunehmend zur Form des Almosens und schließlicher karitativer Spende abgeschwächt hat bzw. zu einer der Quellen der Reichtümer religiöser Macht wurde.

Die Konstanz und Bestimmtheit dieser besonderen Umschlagsdynamik bleibt auch später bei den geschlossenen Massen während der Meßrituale in der Meutenhaftigkeit der am Ritual unmittelbar Beteiligten, der Geistlichen und ihrer rituellen Gehilfen, als Kern der Versammelten erhalten.

Die übrigen Formen der Jagd und des Krieges fehlen verständlicherweise allerdings nicht völlig. In der Kommunion ist man „von der Vorstellung aller späteren Jagden erfüllt“, und bei diesen Jagden auf bekennende Seelen oder einzelne Häretiker und Ketzer steht man sich dann nicht selten Meute gegen Meute bzw. in Form derer massenhafter Abkömmlinge gegenüber: in heiligen Kriegen.

Die wenigen Nachrichten über die christlichen Gemeinden der ersten Zeit zeigen uns ein Bild intensiver Zustände der Erregung, die sich in einzelnen Fällen zur Ekstase zuspitzen konnten: Weissagungen wurden von sich gegeben, Beschwörungsformeln in unbekannten Sprachen ausgestoßen. Der nicht selten in Übermaßen genossene Wein tat sein übriges. Aber alles hatte eine einzige Richtung: die Klage um den Tod des Messias und die rituelle Beschwörung seiner erwarteten Wiederkunft zur Errichtung des Reiches Gottes auf Erden. Die Vermehrung wurde anfangs eigentlich nicht ernsthaft ins Auge gefaßt, da durch das bevorstehende Kommen dieses Reiches ein plötzliches Wachstum der Gläubigen und ihre Erlösung in unmittelbarer Aussicht standen.

Mit dem Wirken ihres Predigers Paulus und anderer Kirchenlehrer, mit den verschiedenen Niederschriften der Gründungslegende, wurden jene Glaubenselemente entwikkelt, welche dem Schock des Ausbleibens der göttlichen Niederkunft, dem Zerfall der Klage, vorzubeugen wußten. Dem praktisch schon als Gott Verehrten wurde dieser Rang nun gewiß, seine Niederkunft in weit entfernte Zukunft, in 1.000 Jahren, ans Ende der Welt, aber in jedem Falle in die Zeit nach dem Tod des Einzelnen verlegt. Durch die jetzt erst erfolgte Betonung des gemeinsamen rituellen Mahles, den zu bekehrenden Heiden entlehnt, erfolgt der die Klage ergänzende, ihr aber untergeordnete Umschlag zur Vermehrung. Die Grenzen des Wachstums wurden niedergerissen, bekehrte Heiden brauchten sich an die überlieferten jüdischen Gesetze nicht mehr zu halten; die Macht des Glaubens wird durch die Usurpation, oder besser Einverleibung der jüdischen Schöpfungs- und Glaubensgeschichte vermehrt und – angesichts der drückenden Übermacht anderer Kulte – der Glaubenseifer durch seine Verbindung mit ungeheueren unsichtbaren Massen angefeuert: die Heerscharen des Himmels und der Hölle. So war der Gläubige von unsichtbaren Massen ganz erfüllt und konnte es mit dem Meer des ihn umgebenden Unglaubens leichter aufnehmen.

Wenden wir uns daher an dieser Stelle von der charakteristischen Dynamik des Meutenumschlags, welche den Beginn und Aufstieg der christlichen Religion kennzeichnet, hin zu jenem Zugang, den uns Canetti in den Ausführungen zur Masse bietet.

Der Katholizismus, der, wie sein Name es ausdrückt, es auf alle Seelen abgesehen hat und damit auf seine Ursprünge aus dem Sand verweist, hat laut Canetti mit den anderen Weltreligionen das Bestreben der *Zähmung der Masse* gemein. Die folgsame Herde ist ihr gemeinsamer Wunsch und diese sehen sie am liebsten als geschlossene Masse in eigens dafür erbauten Kultgebäuden. Und mit Canetti ist eine solche Beherrschung der Gläubigen ihnen „nur möglich *durch eine bewußte Verlangsamung* der Massenvorgänge".[9]

Die katholische Kirche scheint sich aber in ihrer „Abneigung gegen alles heftig Massenhafte" und insbesondere gegen die offene Masse, die sich ja auch gegen sie selbst richten könnte, gegenüber den anderen Religionen in besonderer Weise abzuheben.

Zur langsamen Masse gehört die Ferne des Ziels, an dem sie zu ihrer Entladung kommen kann. Dieses liegt im Jenseits, ist in diesem Leben unerreichbar, daher aber auch unzerstörbar, solange der Glaube daran besteht. „Die *Entladung* ist der langsamen Masse versagt."

Der *langsamen Masse* entspricht eine Verzögerung ihrer Entladung auf weite Sicht hin. Ein *Bestand* der langsamen Masse ist aber nur in ihrer Form als verlangsamte Masse zu begreifen, auf die ich nun die Aufmerksamkeit richten will.[10]

Zum Verständnis dieser Beziehungen muß hier die *Umkehrung* der Massen oder eigentlich der Befehl ins Auge gefaßt werden. „Jeder Befehl", so Canetti, „hinterläßt in dem, der gezwungen ist, ihn auszuführen, einen peinlichen *Stachel* zurück." Solche Stacheln können sich zu bedrückenden inneren „Distanzlasten", zu ungeheuren Monstern, wie etwa sogenannten psychischen Krankheiten, ansammeln, sodaß der Drang, sie alle wieder los zu werden, überhandnimmt. Die Gelegenheit dazu sieht Canetti, neben der Befehlsweitergabe nach „unten", in der Situation der Umkehrung. Die einzelnen haben dazu in der Regel selten Gelegenheit oder nur für einzelne Stacheln, aber zusammen in der Masse „können sie sich gegen die wenden, die ihnen bisher befohlen haben… Die Masse aber, deren Entladung hauptsächlich aus einer gemeinsamen Befreiung von Befehlsstacheln besteht, ist als Umkehrungsmasse zu bezeichnen." Diese Umkehrung bezeichnet Canetti wohl zu Recht als „eine der großen Quellen seelischer Energie im Leben des Menschen".

Canetti führt aber auch eine dazu *entgegengesetzte Art der Umkehrung* aus, welche für die christliche Religion seit der Bergpredigt von wesentlicher Bedeutung ist und die kurz gesagt darin besteht, daß die Umkehrung bzw. die Entladung der Stacheln sich nicht gegen den Befehlsgeber richtet, nämlich Gott, sondern erst für eine *entfernte Zukunft,* in 1.000 Jahren oder fürs Jenseits versprochen wird: Dort werden dann die letzten die ersten sein.

Um diesen langen Marsch durchhalten zu können, muß im jetzigen Leben eine spezifische Form der Umkehrung stattfinden, bei der es „sich um das Verhältnis der Menschen zu den göttlichen Geboten" handelt. Mit entsprechenden Drohungen, den Befehlen des Gottes (den Geboten) nachzukommen, wird zur irdischen moralischen Umkehr in eindringlicher Weise aufgerufen: mit beindruckenden Strafpredigten, ekstatischen Anfällen, öffentlichen Bekenntnissen vor den anderen und furchtbaren Bußen der Sünder und schließlich neugeborener Glaubensinbrunst: man läßt sich vom Prediger zum gehorsamen Diener Gottes zähmen. Solche Umkehrungsprozesse können in Massenveranstaltungen vor sich gehen, finden sich jedoch später zunehmend – und besonders in der Spätzeit dieser Religion – in der Einrichtung der privaten Beichte in sozusagen domestizierter Form.[11]

Es ist eine Umkehrung, die nicht in der Befreiung von Befehlstacheln, sondern im Gegenteil in der Unterwerfung unter die Gebote Gottes besteht: die angehäuften Stacheln sollen bereitwillig gespeichert werden. Die Bereitschaft dazu läßt sich nur mit der gleichzeitig versprochenen schließlichen Befreiung von diesen Stacheln im Jenseits verstehen.

Es handelt sich hier also um eine Art von *doppelter Umkehrung* mit einer ebensolchen Wirkung auf die betroffene Masse: Die ferne Umkehrung *im Jenseits* bewirkt die äußerste *Langsamkeit* ihrer Bewegung. Für die dort versprochene Entladung wird zugleich eine *innere Umkehrung* abverlangt durch stets neuerliche Unterwerfung unter Gottes Befehl: dies ist der Prozeß der Zähmung des einzelnen in der Masse, ihrer *Verlangsamung* zu einer den Stellvertretern Gottes gegenüber zahmen Herde.

Es ist dieser Zusammenhang, welcher die wechselseitige Bindung der Gläubigen und der sie beherrschenden Gottes-Wächter bedingt. Schon die Figur des Jesus setzt sich zwischen die Gläubigen und die Macht des Gottes: Er war des Gottes Messias und sein Sohn, *nur er* verstand daher dessen Gebote, nur über *ihn* ist der Zugang zu seinem Vater möglich und *sein* Opfertod ist es, der alle schließlich retten wird. Daß nach seinem Tod Apostel und schließlich sehr rasch die wohlbekannte kirchliche Hierarchie an seine Stelle treten, ihn sozusagen bis zum Augenblick der jenseitigen Entladung vertreten, hängt so an der Figur Jesus selber und nicht an einzelnen Worten der Legende, aus denen diese Macht, kümmerlich genug, zu legitimieren oder zu widerlegen versucht wird.

In unmittelbarem Zusammenhang mit der besonderen Art der Umkehrung in der christlichen Religion steht so begreiflicherweise die Entwicklung einer hierarchischen Priesterkaste bzw. des von ihr verfeinerten und ausgebauten Kanons der Gebote, Verbote und Sakramente, der Strafen und Begnadigungen bzw. der spezifischen rituellen Formen der geschlossenen Masse, deren betonte Langsamkeit und Steifheit Canetti treffend skizziert, und wo selbst in diesen geschlossenen Massen alles daran gesetzt wird, eine unmittelbare Verbindung unter den Gläubigen tunlichst zu verhindern bzw. eine solche nur in indirekter Weise über die Verehrung Gottes und die Vermittlung seiner Stellvertreter zuzulassen.

Diese Art von verlangsamter Masse, der es auf innere Umkehr ankommen muß, um jene in der Ferne zu erlangen, bietet ein besonders klares Bild einer möglichen Beziehung zwischen Masse und sie beherrschender Macht.

Der skizzierte Prozeß kommt zugleich auch in einer zweiten Richtung, nämlich jener der *Vermehrung* und des Wachstums der verlangsamten Masse zur Wirkung und leistet einen wichtigen Beitrag zur offensichtlichen Anziehungskraft dieser religiösen Bewegung. Es handelt sich kurz gesagt um den *Augenblick der Bekehrung,* also den Abfall vom Unglauben und den Eintritt in den christlichen Glauben. Zahllos sind die Berichte über solche wundersamen Bekehrungen einzelner und ganzer Versammlungen. In ihrem Ursprung sind sie mit dem Wandel vom Saulus in den Paulus in der Legende fixiert.

In der Bekehrung wird der Heide oder Andersgläubige dazu aufgefordert, dem bisherigen Gott und dessen Befehlen nicht mehr nachzukommen und sich dem als überlegen und mächtiger empfundenen Christengott und seinen Befehlen zu unterwerfen zwecks Erlangung des zukünftigen Heils. In seiner Bekehrung wirft der einzelne so alle Stacheln ab, die er im Gehorsam gegenüber seinem früheren Gott – und sei dieser auch der Teufel – angesammelt hatte, und unterwirft sich den Geboten des mächtigeren Gottes. Der Augenblick der Bekehrung wird so zu Recht zunächst auch als einer der Befreiung empfunden, welche alsbald in reuige Frömmigkeit und im Eifer des neuerlichen Stachelanhäufens münden mag, wo der Umkehrungsprozeß daher wieder vorwiegend als Zähmung wirksam wird. Mit der Einführung der Taufe wurde dieser Aspekt des Umkehrungsvorganges auch rituell deutlich markiert.

Es ließe sich also sagen, daß der Umkehrungsprozeß im Falle der Bekehrung die Zähmung mit der Vermehrung verknüpft, während er im Falle der schon Gläubigen diese Zähmung mit der Erwartung auf jenseitige Befreiung verbindet und aufrechterhält.

Die Einrichtung der Beichte – nicht umsonst steht sie oft im Mittelpunkt der Diskussion – markiert den Schnittpunkt dieser beiden Wirkungsrichtungen auf das Genaueste. Sie dient nicht nur als Mittel der Unterwerfung unter die Befehle Gottes und als Instrument der Bestrafung von Befehlsverweigerungen, wie es schon umrissen wurde, sondern auch der Aufforderung zu dauernder Bekehrung oder besser Rückkehr des Ungehorsamen: Abfall vom Gott der Hölle, neuerlicher Gehorsam für den Gott des Himmels. Im Augenblick der Sünde weicht der Gläubige dem Befehl Gottes aus, vermeidet damit den entsprechenden Stachel in seinem Fleische. Im Augenblick der neuerlichen Bekehrung, der Buße, wandelt sich durch erneuten Glauben der Ungehorsam gegen Gott zu einem Ungehorsam gegen den Teufel; so stößt er nun dessen Stachel aus und nimmt willig wieder Gottes Befehlsstacheln in sich auf.

Das befreiende Moment, die Entladung, die der Teufel in der Lust der Sünde bot, bietet nun Gott seinerseits in Geständnis und Buße der Beichte und macht so die Zähmung möglich.

Im Laufe der Jahrhunderte hat sich dieser Vorgang durch dauernde Wiederholung als das sogenannte katholische Gewissen in den Köpfen festgesetzt, und wird als solches wohl auch seine Urheber überleben.

II Massenkristalle in der christlichen Religion

Die Verlangsamung der Masse geschieht also über die Unterwerfung jedes einzelnen unter die Befehle Gottes und die Speicherung der so angesammelten Befehlsstacheln. Da Gott nicht selbst spricht, sind irdische Stellvertreter unverzichtbar. Diese verkünden seine Gebote und suchen deren Einhaltung zu erzwingen und deren Übertretung unter Strafe zu verhindern. Es läßt sich also behaupten, daß die Verbreitung der christlichen Religion nicht ohne eine solche kirchliche Macht erfolgt wäre.

Mannigfaltige Gefahren aber lauern in der Dynamik der Masse, sodaß zu ihrem Bestand weitere Elemente hinzutreten müssen. Zum ersten ist der Glaube an das ferne Ziel der befreienden Umkehrung zu erhalten. Nimmt er ab, zerfällt die Masse. Der hartnäckige Drang, den Befehlen auszuweichen, ist nur verständlich: Laxheit und Glaubensverfall sind die Folge, selbst bei den Wächtern der Gebote. Damit aber ergibt sich zum anderen die Gefahr, daß neue Aspiranten aufzutreten vermögen, welche diese Befehle besser, und dies meist unter Berufung auf die Ursprünge, zu befolgen glauben und sich so als Rivalen der herrschenden Seelen-Machthaber erweisen.

In der Regel – also von den Häresien einzelner abgesehen – treten solche Gegenmachthaber im Zusammenhang des Umschlags von Teilen der langsamen Masse in *offene Massen,* mit raschem Wachstum und ungewissem Bestand, auf: Die Stacheln wogen in jedem zu schwer, und im Umschlag zu den Formen der offenen Hetzmasse können sie nun in der Vernichtung von Feinden und in der Zerstörung ihrer Symbole abgeworfen werden. Solche offene Massen treten in der Geschichte des Katholizismus seit seinen Anfängen als sogenannte Ketzerbewegungen immer wieder in eruptiver Weise auf: von den Montanisten der 2.-Jahrhundert-Mitte, den Arianern, Pelagianern, Donatisten und Monophysiten, über die Bogumilen des 10. Jahrhunderts, den späteren Katharern und Waldensern bis hin zu den reformatorischen Massenbewegungen, die im christlichen Konfessionalismus endeten.

Die Last der gespeicherten Befehlsstacheln, welche zu diesem gefährlichen Umschlag in die offene Masse führt, ist aber gleichzeitig auch die Quelle eines entgegengesetzt wirkenden und daher zentralen Elements, das für den Bestand der langsamen Masse und der Macht ihrer Verlangsamer Entscheidendes zu leisten vermag. Es sind dies die klösterlichen Mönchsgemeinschaften und Orden, in welchen sich die ursprüngliche Meutenform dieser Religion in disziplinierten und gottgehorsamen *Massenkristallen* verdichtet. Die striktest mögliche Ausführung der göttlichen Befehle ist von jedem einzelnen Mitglied gefordert, dessen gespeicherte Stacheln sich zu inneren Burgen auftürmen und sich in das Innerste des Frommen als eine ungeheuere Distanzlast versenken. Dieser ist bald derart mit Stacheln beschwert, daß man glauben möchte, er bestehe nur noch aus ihnen. Eine Befreiung von dieser Last durch Umkehrung, ein Ausstoßen der Stacheln aus dem Innern, erscheint so völlig aussichtslos. Man greift daher zum äußersten – und stößt gleich die ganze Last des Körpers aus: dieser soll nichts zählen und wird in vielfältigster Weise auf das Schrecklichste gequält. Es ist dies der Vorgang der Distanzierung vom so gehaßten Körper und dessen Fleisch.

Die Gleichsetzung der überbordenden Stachellast mit dem Körper macht diesen und alles, was mit ihm zu tun hat – insbesondere die geschlechtliche Lust und ihre Ziele –, zu einer unerträglichen Qual und Last, zu einem Teil der höllischen Verdammnis, zur Sünde und zum Fluch. Distanzierung von der Distanzlast des Körpers und dessen Tortur machen den frommen Mönch zum erfahrbaren und äußerst möglichen Zeichen der Befolgung göttlicher Befehle und zur Quelle der Erneuerung für die Gläubigen. In seinem Körper: der Sitz des Teufels / in seiner Entsagung: ganz bei Gott.

Die unsichtbare Doppelmasse der himmlischen Heerscharen und der höllischen Dämonen sind so unmittelbar *in ihm:* Befehlsgehorsam sein himmlischer Wille, Stachelspeicherung seine Verdammnis. Als Gottes treuester Soldat steht er inmitten dieser unzähl- und unsichtbaren Doppelmasse, hier zieht er seine Kraft, hier wird er schier zerrissen, aber ohne sie wäre er verloren.

Soweit er sich mit den Massen der Seligen eins weiß, haftet ihm friedliche Ruhe und mystische Versenkung an; droht ihn sein Körper in die Masse der Verdammnis zu ziehen, trägt er den Stempel rasender Gewalt. Im Gefühl, ganz Gottes Befehl zu sein, zeigt sich sein heilig unbarmherziger Zorn, im Gefühl, vor Stacheln zu erstarren, seine quälende Demut.

Durch äußerste Zucht und strikte Regelung vermag der einzelne Fromme in der Gemeinschaft die Dauer dieses Glaubenseifers über längere Zeit zu erhalten. Klage und Unterwerfung werden in solchen Massenkristallen auf das äußerste konzentriert: Mahnmale des Glaubens.

Die Quelle dieser Glaubensintensität ist demnach dieselbe, welche zu Glaubenszerfall und häretischen Bewegungen führt: die Stachellast der Befehle. Der fromme Mönch nimmt diese gänzlich an, der liederliche Bischof oder Priester hält sie in bescheidenen Grenzen, und in der offenen Ketzermasse werden sie von den Abtrünnigen als Ganzes abzuwerfen versucht.

Die Entstehung der mönchischen Massenkristalle steht so seit ihrem Beginn gegen Ende des 3. Jahrhunderts stets in Zusammenhang mit Verfallserscheinungen des Gehorsams unter den Gläubigen bzw. mit dem drohenden Zerfall der Masse und sei es durch ihre äußere Gefährdung. Ihre Bedeutung für den Bestand der christlichen Bewegung scheint zweifelsfrei.

Als Kristallisation des Befehlsgehorsams vermögen sie durch ihr Beispiel nicht nur stets den Eifer der Gläubigen aufs Neue zu schüren, sie füllten dabei auch eine Reihe unterschiedlicher Funktionen aus: So dienen sie das einemal der Verfolgung und Vernichtung einzelner Ketzer oder Feinde im Auftrag kirchlicher Machthaber, wie etwa die Zerstückelung der Hypathia durch die Mönchsmeute des alexandrinischen Bischofs Kyrillos, oder ein andermal als Kristall der Bildung offener Hetz- und Kriegsmassen gegen den Unglauben und das Ketzertum, wie es aus der Geschichte der Kreuzzüge und der Albigensergemetzel überliefert ist.

Neben diesen Funktionen der *Glaubensstärkung,* der *Bildung offener Hetzmassen* und jener des *Gewaltvollzugs,* besteht eine weitere darin, den Kreis der Seelen-Machthaber mit neuen Mitgliedern zu versorgen; ein Kreis, der infolge der Nichtanerkennung des Erbrechtes seine strenge hierarchische Ordnung zu entwickeln und zu sichern vermochte. Nicht wenige Bischöfe und Päpste – und von diesen meist die bedeutendsten – waren Mönche gewesen.

Eine andere wichtige und die künftige Entwicklung entscheidend selektierende Funktion muß in der Tätigkeit der schriftlichen Niederlegung und Erläuterung der Befehle und Gründungslegenden gesehen werden, welche für die Wahrung der Einheit des Glaubens und den Machterhalt des Klerus gegenüber den Laien eine nicht zu überschätzende Rolle spielte. Als dieses Monopol der Schrift im Verlaufe des europäischen Mittelalters ins Wanken kam, wurde es durch das Verbot des Besitzes religiöser Schriften für die Laien zu erzwingen versucht und lebt bis heute in Form des Index und der Zensur weiter.

Kein Wunder, daß diesen Zentren des Befehlsgehorsams daher stets der größte Haß der Gegner galt: so ließ der siegreiche Saladin den großen Haufen der Christen großmütig laufen, aber die Templer und Johanniter ließ er, so es ging, alle niedermachen.

III Gehäuse der geschlossenen Masse

Die Weltreligionen erhalten ihren Bestand durch die Zähmung und Verlangsamung der Masse ihrer Gläubigen. Der Zerfall dieser Masse wird durch die Regelmäßigkeit ihrer *Wiederholung* in geschlossenen Räumen[12] auszugleichen versucht.

Keine dieser Religionen scheint daher ohne eigens dafür geschaffene Räume auszukommen, Räume der Vorstellung, welche aus der Verbindung von steingehäuftem Bau, Glaube und Ritual entstehen. Der Ferne des Zieles entsprechend kommt es besonders auf ihre Dauer an, die zugleich auf die Unzerstörbarkeit des Zieles verweist, solange es der Glaube aufrecht hält.

Solche Orte müssen zahlreich sein und weit sichtbar, sodaß sich jeder Gläubige allerorts der Möglichkeit des wohldosierten Massenerlebnisses gewiß sein kann. Der Befehl Gottes, durch den Klang der Glocke weithin hörbar, ruft den einzelnen zum Gehorsam, aber erweckt auch die Erinnerung an das gemeinsame Erlebnis: denn in der Masse und sei es in ihrer milden abgegrenzten Form, hinterläßt der Befehl keine Stacheln.

Man könnte fast glauben, daß sich die Eigenart des Wachstums der verzögerten Masse des christlichen Glaubens in der Vervielfältigung ihrer Kultstätten zeigt. Die Vermehrung mag dem einzelnen Bekehrten gelten, kaum werden daraus mehrere, wird sofort eine Stätte zu ihrer Eingrenzung errichtet. Metzelt ein zum Kaiser und zum Heiligen Ernannter die Sachsen nieder, wird den Übriggebliebenen kaum der kurze befreiende Moment der Bekehrung gegönnt, schon werden sie schleunigst in die Stätten zur kultischen Wiederholung einer milden Erregung eingegrenzt und so beherrscht.

Das Wachstum der verzögerten Masse könnte in dieser Hinsicht als ein quantenhaftes bezeichnet werden. Als Ganzes sind diese Massenquanten durch die zahlreichen Kirchen als ihre Symbole verbunden, in denen sie sich der gemeinsamen Klage in Hinblick auf das ferne Ziel gewiß sein können. So stehen diese Massensymbole entweder in den Zentren menschlicher Ansiedlungen – deren inneren Flucht- und Mittelpunkt sie in der Regel bilden – oder an exponierten Stellen der natürlichen Topografie.

Die langsame Masse, soll sie Bestand haben, ist unverzichtbar mit dem ihr äußerlichen Geschäft der Verlangsamung verbunden.

„Alle sollt ihr dem Bischof gehorchen", weiß man schon aus der Zeit des Kaisers Hadrian, in der sich der Bischof vom Verwalter gemeinsamer Besitztümer und Schenkungen schon zum lokalen Machthaber und Kultführer aufgeschwungen hatte und den übrigen Klerus nach seinem Gutdünken ein- und absetzte. Im 2. Jahrhundert jedenfalls sitzt er der Gemeinde schon „in typum Dei" vor, ist also praktisch wie Gott selber zu verehren. Darüber stülpen sich schließlich dann die Metropoliten und über diese im 4. Jahrhundert wiederum die Patriarchen der wichtigen Zentren der römischen Welt. Die schon von den Aposteln in patriarchalischer Macht geführten und zum Gehorsam getriebenen Schafe hatten eine zunehmend schwerere soziale Distanzlast zu tragen, sodaß ihr Drang nach Umschlag in häretische Gruppen und offene Ketzermassen reichlich Nahrung finden konnte. Schon im 2. Jahrhundert waren so in Rom schismatische Gemeinden die Regel und die montanistische Ketzerbewegung setzte den Beginn einer langen Reihe von Ausbrüchen in die offene Masse.

Die Häresien, von denen Augustinus Anfang des 5. Jahrhunderts immerhin achtzig aufzählte, wurden unterdrückt und teils grausam verfolgt: eine Ketzerverbrennung wird schon für 385 in Trier erwähnt. Im Kampf um die Bischofsmacht bildeten sich zeitweilig Doppelmassen, wie etwa 366 in Rom, als dutzende Getötete aus der Basilika getragen werden mußten.

Seit der Tolerierung und Bevorzugung der christlichen Religion durch Kaiser Konstantin im Jahre 313, unter deren Zeichen dieser seinen entscheidenden Kampf um die Macht gewonnen haben soll, ist die Welt, was dies auch immer jeweils bedeutete, mit solchen Kirchen übersät worden. Es sind dies im eigentlichen Sinne nicht „Häuser Gottes" – dieser hatte schon dem Salomon gegenüber einen solchen Bedarf entschieden bestritten –, sondern Gehäuse der verlangsamten Massen, die hier in der geschlossenen Form ihren Bestand durch Wiederholung zelebrieren.

Dazu waren die rituellen Arsenale der überlebten Kulte, insbesonder des verbreiteten Mithras-Kultes, für die eigenen Zwecke geplündert worden. Festtage, Weihrauch, Weihwasser, Kerzen, Prozessionen, Meßgewänder und dergleichen wurden aus dem reichen Fundus der Mysterien und des Hofzeremoniells entlehnt und Hymnen eingeführt, „damit das Volk nicht der langen Seelenpein überdrüssig werde und ermatte" (Ambrosius). Zunehmend wurde das ganze Jahr als einzige Wiederholung der ursprünglichen Klage und Legende genauestens eingeteilt und schließlich – nach Ende des Weströmischen Reichs – die gesamte geschichtliche Zeit ihrer Macht unterworfen. Die Kernsätze des religiösen Glaubens wurden auf Konzilen verteidigt und umrissen, die Befehlsübertretungen und ihre Bestrafungen sorgsam abgestuft, das System der Begnadigungen auf Zeit entwickelt und die liturgische Zeremonie zusehends vereinheitlicht und verfeinert.

Der Grundriß der charakteristischen Basilika-Form der Kultbauten hat in der Entwicklung des westlichen Teils der Religion eine prägende Rolle gespielt. In der Zeit der allgemeinen Dominanz der 330 nach Konstantinopel verlegten Hauptstadt des Reiches, trifft die auf verschiedene Patriarchen noch oligopolistisch verteilte Christen-Macht auf das Monopol des römischen Kaisertums und findet in der alten *Petersbasilika* von Rom und der *Hagia Sophia* in Byzanz ein je unterschiedliches und jeweils bezeichnendes Ergebnis.

Die christliche Basilika verdankt ihre Grundform im wesentlichen der Palastbasilika, welche dem römischen Kaiser als Thronsaal diente. Es handelt sich um einen langgestreckten Bau, der in der Regel aus drei Schiffen besteht, wobei das mittlere die beiden seitlichen deutlich überragt. An der Westseite – wo die Sonne untergeht und welche der ursprünglichen Stätte der Religion entgegengesetzt liegt – zieht der Bischof mit großem Pomp und mit von Hieronymus kritisiertem gelocktem Haar und Parfümierung an der Spitze des Zuges seines geistlichen Gefolges durch das Hauptportal in die Kultstätte ein. Dort sind schon Gläubige in den Seitenschiffen versammelt und warten, bis der Bischof, durch die horizontale Gerichtetheit des flachgedeckten Schiffes gelenkt, schließlich die Apsis an der Ostfront erreicht hat. Diese besteht aus einer halbrunden Verlängerung des Mittelschiffes, ist oben überkuppelt und diente ursprünglich dem göttlichen Kaiser als Sitz.

Jetzt findet sich dort jener, dem die Klage gilt, als thronender Weltenherrscher in ein prächtiges Fresko oder Mosaik stilisiert. Der Nimbus des römischen Kaisers umrahmt das bärtige Gesicht eines nun schon älteren Herrschers. Die runde Ausnehmung und die leichte Erhöhung der Apsis hebt diesen Pantokrator besonders hervor und setzt ihn zugleich in Gegensatz zum eckigen übrigen Raum der Masse. Ein gleichmäßiges Licht fällt durch halbrunde Fenster und gibt den zahlreichen goldbemalten Fresken und Mosaiken an den Wandflächen, dem Silber des Altars und der Leuchter, einen erhabenen Glanz: Es ist der Thronsaal des Gottkönigs Christus, einer unnahbaren hoheitsvoll leidenden Majestät als Flucht- und Endpunkt allen Tuns.

Die den Raum füllende Masse ist durch den Bau scharf nach außen abgegrenzt, ihre Bewegung zum Stillstand in der Geschlossenheit gebracht. Nur die das Mittelschiff tragenden Säulen geben in ihrer rhythmischen Arkadenreihe, aber zugleich auch streng disziplinierten Anordnung – hier noch ganz auf die soldatische Ordnung verweisend –, eine Vorstellung von dieser Bewegung, die abrupt vor der Apsis als dem Sitz Gottes und seiner Stellvertreter endet.

Anstelle des Kaisers oder Tribuns sitzt jetzt der Bischof unter dem Bild seines Gottes hinter dem Altar, auf dem der Opfertod und dessen Beklagung regelmäßig wiederholt werden. Vor dem Altar grenzen Chorschranken den Apsisraum ab und trennen den Klerus und die Sänger scharf von den Laien.

Auf eine andere Art der Minderung der Gemeinschaft unter den Gläubigen verweisen zwei Lesepulte (Ambonen) an der Chorschranke: die südseitige, also rechtsliegende Ambone war für die Epistellesung (Belehrung der Gläubigen), die nord- oder linksseitige für die Evangelien (Bekehrung der Ungläubigen) eingerichtet. Der Norden aber war nicht nur die zu dieser Zeit den Heiden zugewandte Seite, von dort scheint auch nicht die Sonne. Auf dieser nördlichen, linken Seite werden auch die Frauen von der rechten Männerhälfte der Masse getrennt oder, bei Vorhandensein von Emporen, aus dem eigentlichen Kultraum verdrängt. Es ist der alte Glaube von der Linken als der Unheilvollen und Unreinen.

Die Gläubigen dieser Zeit *stehen* in der Regel und fallen nur bei besonders heiligen Handlungen auf den Boden in die Knie. Im Laufe der Zeit werden dann die Kniebänke dazukommen, schließlich auch die Sitzbänke. Der damit verbundene Wechsel in den körperlichen Stellungen der Kultanhänger steht nicht nur in besonderer und streng geregelter Verbindung zu ihrem jeweiligen rituellen Anlaß, sondern setzt auch die geschlossene Masse in eine geordnete und rhythmische Vertikal-Bewegung, durch welche sich Unterordnung und Gehorsam der inneren Motorik jedes einzelnen einschreiben.

Der Bischof dagegen thront *sitzend* hinter dem Altar. Wenn er steht, steht er allein. Wenn die Gläubigen stehen, stehen sie eng zusammen, wie die Schafe in der Koppel.

Während zu Zeiten kleinerer Gemeinden die Gläubigen selbst sangen, wurde ihnen dies nun durch die Einrichtung einer eigenen klerikalen Sängergruppe im Laufe des 4. Jahrhunderts verwehrt. Zu sehr vermag wohl die Musik als „das Hohlmaß des Menschen“[13] die Rhythmik der Masse in gefährlichem Ausmaße zu steigern. Der akustische Raum wurde auf diese Weise in die Hände Berufener gelegt, welche die rituellen und religiösen Charakteristika der Verlangsamung in entsprechenden Tonfolgen zu gestalten wußten.

Mit der Errichtung der Peters-Basilika in Rom, mit der zum Gedenken an Petrus im 4. Jahrhundert begonnen wurde und die im 16. Jahrhundert dem heutigen Dom weichen mußte, ist eine für die weitere Geschichte folgenreiche Entwicklung verknüpft.

Bei dieser Basilika wird es besonders augenfällig, daß die christlichen Kultstätten häufig über denjenigen besiegter Kulte errichtet wurden oder über dem vermeinten Grab eines Märtyrers oder Heiligen. Im einen Falle wird der Besiegte sich einverleibt, im anderen Falle bieten die Gestalten außerordentlichen Befehlsgehorsams und dementsprechender Stachelberge ein sicheres Glaubens-Fundament.

Die Petersbasilika erhebt sich aber nicht nur über dem behaupteten *Grab des Petrus,* sie setzt sich auch triumphierend auf den *Circus des Nero,* welcher dort den in Rom unbeliebten Christenhaufen erstmals den Tieren vorgeworfen hatte, bzw. auf die Gräber der römischen Heiden kaiserlicher Blütezeiten. Es handelt sich hier kaum um ein zufälliges Zusammentreffen, sondern verweist auf die besondere Bedeutung all dieser Toten.

Naturgemäß mußten sich in Rom, insbesondere unter den Soldatenkaisern, die in der Regel dem Sol invictus frönten, die erstaunlich seltenen (dann aber blutigen) Hetzjagden auf die langsame Masse des Christentums am konzentriertesten auswirken, zählte man dort doch schon in der Mitte des 2. Jahrhunderts etwa 30.000 Gläubige und 155 Kleriker.[14]

Und es war immer der Bischof von Rom, der diese „militia Christi“, so nannte Tertullian die „ecclesia martyrum“, in diesen Kampf und so auch in den sicheren Tod schickte, da er die von der Staatsmacht verlangte Ehrenbezeugung, die man wohl kaum als hart bezeichnen konnte, dem Christen unter Strafe seiner ewigen Verdammnis untersagte. Die Bischöfe dieser Stadt hatten daher viele in die Schlacht geführt und so die Passion des Überlebens frühzeitig entwickelt und lange eingeübt, eine Leidenschaft, die nach Canetti den Machthaber auszuzeichnen pflegt.

Es ist diese Masse der in den Tod gesandten Gläubigen, die des römischen Bischofs eigentliche Macht und seine Passion begründet und die im Überleben vieler Feinde weitere reiche Nahrung gefunden hat. Fein säuberlich sind diese Überlebten in der Erde unter der Peterskirche aufbewahrt und bilden dort das wahre Fundament seiner Macht und seinen Anspruch auf das „ewige Rom“ als Beherrscherin der Welt. Und es ist dieser Anspruch, der sich in seinem zunehmenden Drang auf religiöse und damit weltliche Vorherrschaft äußert. Kein Wunder, daß es erst im 4. Jahrhundert zu entsprechenden Rechtfertigungen dieser Vormachtstellung aus der Legende gekommen ist.

Noch mußte zwar der Kaiser als irdischer Treuhänder göttlicher Macht anerkannt werden; aber die Gerichtetheit der christlichen Basilika auf den kaiserlichen Christus und seine irdisch-bischöflichen Stellvertreter, der wenig übernatürlich aber umsomehr königlich wirkende Raum, stellt eine einzige Nichtanerkennung der kaiserlichen Macht dar; deren Grundriß hatten sich die Machthaber der Seele schon einverleibt: im Raum ihrer Kultstätten wie in der hierarchischen Organisation ihrer Macht im Alltag des Reiches; sichtbar duldeten sie den Rivalen nur als bloße Hülle und als das noch notwendige Übel äußeren Schutzes.

Es sollte bis zum 11. Jahrhundert Gregors VII. dauern – nach einer Phase erfolgreicher Zähmung der germanischen Völker bis hin zum schismatischen Abfall des byzantinischen Konkurrenten im Jahre 1054 –, bis ernsthaft mit der Umsetzung dieses Anspruchs auf Weltherrschaft, dem „Dictatus Papae“, begonnen werden konnte. Es ist dies die Usurpation des römischen Weltmachtanspruchs durch die bischöflichen Machthaber von Rom in Form des Papsttums, welche in jenen Überlebten ihren Ausgang nahm, die von diesen in den sicheren Tod geschickt worden waren.

Mehrere Wege führen nach Rom, also zur Vorherrschaft. So auch im Falle von Byzanz. Das antike heidnische Antlitz Roms war schwer zerstörbar – dies gelang erst viel später, wenn auch ohne vollen Erfolg –, und so gründete man kurzerhand ein „neues christliches Rom“. Eine wenig bedeutende aber nunmehr strategisch wichtige Ansiedlung am Bosporus war 330 als Konstantinopel zur Hauptstadt des „Imperium Romanum Christianum“ geworden, eine Stadt, in der andere religiöse Kulte nicht erlaubt waren. Unter dem Kaiser Justinian gelang es, weite Teile des ehemaligen römischen Reiches zumindest für kurze Zeit wiederzuerobern: ein letzter Glanzpunkt des Reiches und zugleich der Beginn seiner eigenartigen weiteren Geschichte.

Justinian, als Sohn illyrischer Bauern geboren, folgte seinem Onkel im Jahre 527 auf den Thron. Laut dem damaligen Geschichtsschreiber Prokop war er ein „Meister der Verstellung“ und „stets mit aller Leidenschaft auf Mord und Güterraub bedacht“. Keine fünf Jahre nach seiner Machtergreifung brachen in der Stadt Kämpfe zwischen den Parteien der Grünen und Blauen aus, die sich so nach der Farbe ihrer Jockeys im Hippodrom nannten und den unteren Schichten angehörten. Als der Kaiser mehrere Rädelsführer verhaften ließ, errinnerten sich die Streitparteien plötzlich der gewohnten Bindung in der Einheit der Ringmasse des Hippodroms; gemeinsam besetzten sie erst dieses, stürmten dann die Gefängnisse, erschlugen Beamte und Ordnungshüter und legten eine Reihe von Palästen, Villen, einen Teil des Kaiserpalastes und insbesondere die Basilika der Heiligen Sophia in Feuer und Asche: Nika! Sieg! war ihr Ruf im Augenblick der Entladungen.

Justinian hingegen mußte um sein Leben zittern, konnte sich aber bald durch die gotische Truppe seines Feldherrn Belizar grausam rächen: 30.000 sollen im Hippodrom durch diese niedergemetzelt worden sein. Mit dieser Masse an Getöteten, die die Leidenschaft des Überlebens stets zu nähren weiß, begründet sich seine eigentliche Macht und der Bau der Hagia Sophia.[15]

In kurzer Zeit waren alle Trümmer und somit alle Ruinen – als Symbole der offenen Masse – beseitigt und innerhalb von nur 5 Jahren die nunmehr der heiligen Weisheit gewidmete Hagia Sophia von tausenden Menschen neu errichtet worden. Für Justinian sollte die Stadt schöner als Rom werden und die neue Kultstätte alles Dagewesene in den Schatten stellen, bei deren Einweihung er dann ruft: „Oh Salomon! Ich habe dich übertroffen!" Das Nebeneinander von Übertreffen und Zerstören, das Canetti an anderem Beispiel[16] festhält, tritt hier deutlich zutage: Zerstörung meint die Auslöschung und Einverleibung des Besiegten, Übertreffen „steht für Sieg", also für das Überleben durch Töten und die Verschiebung des eigenen Todes. Sein Leben, das so in Gefahr war, schien mit einem Schlag und weithin sichtbar auf Dauer gesichert.

Die Hagia Sophia ist ein auf beinahe quadratischer Grundform errichteter Zentralbau. Die riesige Kuppel über dessen räumlichem Zentrum setzt sich in Richtung Eingang und Apsis, also der Ost-West-Achse, in jeweils einer Halbkuppel fort, die sich wiederum je in drei kleinere Halbkuppeln weiterführen, wobei diese letzteren die oberen Abschlüsse dreier Apsiden im Osten und der Eingänge im Westen bilden. Durch diese Kuppelanordnung erhält der zentrale Innenraum eine leichte Längsrichtung angedeutet, welche durch eine doppelstöckige Säulenarkade gerade noch eine Ahnung von gerichteter Horizontal-Bewegung – hin zur Apsis, dem Altar – vermittelt.

Das wichtigste Element ist jedoch die Kuppel mit ihrem Durchmesser von 30 und ihrer Scheitelhöhe von 61 Meter, welche nicht nur von außen betrachtet den Raum unter ihr in zentraler Weise beherrscht, sondern auch im Inneren eine spezifische Räumlichkeit für den Gläubigen erzeugt, welche sich aus einer eigenartigen Verwebung zweier unterschiedlicher Wirkungsweisen auf die Raumvorstellung ergibt.

Zum einen bewirkt die neuartige Zwickelkonstruktion der Kuppel ihr im Inneren stützenloses, sich scheinbar nur sacht an den Rändern der sie fortsetzenden Halbkuppeln anhaltendes Schweben, das ein damaliger Beobachter so beschrieben hat: „Es ist ein wunderbares und erschreckendes Werk, ...das nicht auf dem Mauerwerk unter ihm zu ruhen, sondern an goldenen Ketten vom Himmel herabzuhängen scheint."[17] In seinem Empfinden wird der Gläubige, wie durch geheimnisvolle Sogwirkung, von seiner Haftung am Boden gelöst, vom Alltag seiner Befehls- und Urteilsgewißheiten abgehoben und in die Schwebe des Ungewissen gezogen.

Diese Dezentrierung des inneren Empfindes erfährt aber im gleichen Sog eine eindeutige Richtung, die sich durch die vertikal betonte Innen-Zentrierung des Raumes gegenüber dem Außen verbindet. Der Sog ins Ungewisse wird so mit der Richtung auf die göttliche Macht verschmolzen: Erzeugung von Ungewissem, um dem Befehl umso mehr Nachdruck zu verleihen.

Füllt sich dieser Raum mit den Gläubigen und zieht der Regent durch das Kaisertor im Westen mit Gefolge ein, ist der Patriarch und der Klerus hinter dem Altar an der östlichen Apsis deutlich durch eine Schranke von der Masse abgegrenzt. Kaisereingang und Altar Gottes in der gegenüberliegenden Apsis sind durch die räumliche Zentralität erzeugende Hauptkuppel gleichgewichtig gebunden. Aber es ist der Kaiser, der sich durch das Tor zum Altar hinbewegt, während der Klerus an seinem zugewiesenen Platz der eigentlichen Kulthandlung beinahe wie gefangen sitzt. Jener ist Gottes Beweger auf Erden, sein selbsternannter „Erzpriester", während diese zu Notaren des göttlichen Ritus versteifen. Und dazwischen ist die zu ihrer geschlossenen Form verlangsamte Masse zum völligen *Stillstand der Erwartung* gebannt. Es ist die von aller Macht *umzingelte* Masse.

Im Raum der Hagia Sophia ist die Welt durch höchste Macht zum Stillstand gebracht. Die vertikal beherrschende Zentralität des Raumes und der Sog in die dunklen Weiten des himmlischen Gewölbes und in die Tiefen des Wassers im Spiegel des Selbst geben der doppelten Umkehrung der Masse ihre Gestalt.

Es ist ein beinahe vollkommener Sieg dieses Kaisers, der sich den „Herrn der Erde" nannte und seine Würde allein von dem des Himmels empfing, mit dem er sich das All so teilte. Treue galt nur diesem, also der Religion, nicht aber seinen kultischen Verwaltern, über die er nach Gutdünken befand. Die offene Masse der Byzantiner aber, die ihm frühzeitig nach dem Leben trachtete, konnte er Gott nun täglich als rituelle Opfermasse bieten.

Basilika und Hagia Sophia sind so Gestaltungen unterschiedlicher Wege der christlichen Religion zur Macht, wenngleich ihnen dabei auch eines immer gemeinsam ist: die Verzögerung und Zähmung der Masse.

Die weiteren architektonischen Marksteine in der Entwicklung dieser Religion wären die gotischen Kathedralen und schließlich der neuerbaute Petersdom. Sie markieren jedenfalls den Höhepunkt des Glaubens und zugleich den Beginn eines Zerfalls der christlichen Massen.

In ihrem Wahn zur Weltvormacht schien den römischen Bischöfen der heilige Krieg das geeignete Mittel zu sein, den sie und ihre Massenkristalle mit intensivster Klage zu verbinden wußten. Es blieb ihnen aber verborgen, daß sie damit den innersten Kern ihres Glaubens – den Umschlag von der Jagd in die Klage und dann auch in die Vermehrung –, von dem ihre ganze bisherige Entwicklung im wesentlichen ausging, grundlegend veränderten: nicht mehr die Klage sondern der Krieg gegen den sogenannten Unglauben schien das Zentrum des Glaubens zu bilden. Die Klagemeute ging in die Kriegsmeute über. Davon hat sich diese Religion im Grunde nicht mehr erholt. Der spätere Anlauf zur Wiederherstellung der ursprünglichen Dynamik des Meutenumschlags in ihrem Glauben – Gegenreformation genannt – hatte zwar neue Höhepunkte gebracht, aber letztlich nur aufschiebende Wirkung gehabt.

Wollte man die Entwicklung der christlichen Bewegung dagegen unter dem Aspekt der Macht resümieren, dann begann sie mit einem Gott ohne Papst, um bei einem Papst zu enden, dem der Gott seit geraumer Zeit verlustig ging und der sich deshalb an seine unfehlbare Stelle setzte.

Anmerkungen

1 Elias Canetti, *Masse und Macht, Frankfurt a. M. 1982, S. 173*
2 Ebd., S. 101 f.
3 Vgl. ebd., S. 140
4 Ebd., S. 159 ff.
5 Vgl. ebd., S. 173
6 Canetti verwendet diesen Begriff: ebd., S. 102
7 Siehe Ebd., S. 125–128
8 Zur Kommunion: ebd., S. 125 ff.; zur Verteilung: ebd., S. 139
9 Ebd., S. 41; der Wunsch zur geschlossenen Masse bei den Weltreligionen S. 21
10 Dazu ebd., S. 40
11 Zum Gedanken der Umkehrung: Ebd., S. 61 ff.
12 Ebd., S. 12
13 Elias Canetti, *Die Provinz des Menschen. Aufzeichnungen 1942–1972,* Frankfurt a. M. 1981, S. 178
14 K. Deschner, *Der gefälschte Glaube,* München 1988, S. 182
15 Vgl. Will und Ariel Durant, *Kulturgeschichte der Menschheit,* Bd. 5, Köln 1985
16 Elias Canetti, „Hitler nach Speer", in: *Das Gewissen der Worte,* Frankfurt a. M. 1981
17 Durant, a. a. O., S. 252

Mit Canetti nach Tschenstochau

Der Wallfahrer und die langsame Masse

Hubert Orlowski

Mit Elias Canetti nach Tschenstochau zu pilgern wäre ein faszinierend-verlockendes Unternehmen. Um ihn dabei zu beobachten und zu belauschen. Nämlich bei seinem verifizierenden und womöglich auch falsifizierenden Vorgehen dem eigenen theoretischen Konzept gegenüber. Wortwörtlich läßt sich dieser Wunsch leider nicht realisieren. Versuchen wir es also in Form eines intellektuellen Sandkastenspiels. Mit Hilfe unter anderem eines zweiten, nämlich eines polnischen Nobelpreisträgers.

Im Kapitel „Zähmung der Massen in den Weltreligionen" legt Canetti fest: „In bestimmten Räumen, zu bestimmten Zeiten werden die Gläubigen versammelt und durch immer gleiche Verrichtungen in einen gemilderten Massenzustand versetzt, der sie beeindruckt, ohne gefährlich zu werden, und an den sie sich gewöhnen. Das Gefühl ihrer Einheit wird ihnen *dosiert* verabreicht. Von der Richtigkeit ihrer Dosierung hängt der Bestand der Kirche ab."[1] Die Richtigkeit dieser ersten Verallgemeinerung sowie einer zweiten, nämlich: „Wo immer Menschen sich an dieses präzis wiederholte und präzis begrenzte Erlebnis in ihren Kirchen... gewöhnt haben, können sie es nicht mehr entbehren",[2] würde der Verfasser von „Masse und Macht" bei einer ersten Vogelperspektive-Schau des polnischen Wallfahrtswesens bestätigt finden.

Nicht jedoch seine Unterscheidung zwischen langsamer und rascher Masse, die auf unterschiedlicher Zielorientierung beruhen soll: „Sehr verschieden von" den sportlichen, den kriegerischen oder den politischen Massen „sind die religiösen Massen des *Jenseits* oder die der *Pilger;* das Ziel bei diesen ist in der Ferne, der Weg ist lang und die wahrhaftige Bildung der Masse ist in ein weit abgelegenes Land oder in ein Himmelreich verschoben."[3] Canettis Typologie beruht auf der Annahme eines „sauber" unterscheidbaren Zielrasters. Und dies stimmt mit der historischen Topographie des polnischen Wallfahrtswesens einfach nicht überein. Insbesondere ein Blick auf den historisch-sozialen Wandel des Charakters der Wallfahrten nach Tschenstochau beweist, daß es in diesem konkreten Falle kein „rein" religiöses Ziel gegeben hat.

Unter den fast unzähligen katholischen Kultstätten Polens nehmen die der Maria gewidmeten die mit Abstand zentralste Stellung ein. Von supralokaler und dabei keineswegs nur religiöser Bedeutung waren und sind die Gnadenorte Piekary in Schlesien,[4] Kalwaria Zebrzydowska in Galizien, Ostra Brama in Wilna sowie Gietrzwald (Dietrichswalde) im Ermland. Insgesamt sollte es in polnischen Landstrichen an die 1.000 Mutter-Gottes-Gnadenbilder gegeben haben! Tschenstochau mit dem Paulanerkloster auf dem Hügel Jasna Góra (Mons Clarus, Heller Berg) nimmt dabei im gesamten System der symbolischen Kultur Polens eine national-religiöse Schlüsselstellung ein. Zu erklären ist das aus der Geschichte des Sanktuariums.

Die Ikone der Schwarzen Madonna wurde zwar schon seit Beginn des 16. Jahrhunderts verehrt, doch erst nach der vom Prior Augustyn Kordecki erfolgreich durchgeführten Verteidigung der Festung Mons Clarus im Jahre 1655 vor den lutheranischen (!) Schwedenheeren, insbesondere aber nach ihrer symbolhaften Überhöhung und Mythisierung[5] sowie nach der Ernennung von Maria zur Königin Polens durch den polnischen König Jan Kazimierz – wie auch nicht zuletzt im Zuge der sarmatisch-katholischen Gegenreformation – gewannen der Kult der Schwarzen Madonna und die darin integrierten Wallfahrten eine nationalkatholische Schlüsselstellung. Der Mons Clarus wurde zu einem sowohl dekretierten als auch faktischen nationalen Heiligtum. Tschenstochau erlebte im Zuge der Gegenreformation einen Umfunktionierungsprozeß vom christlichen Universalismus zum Regionalismus einer Nation. Die aufklärerische Kritik hatte zwar auch den Mutter-Gottes-Kult recht stark „angekratzt“, die Romantik dagegen, die Ideologie des nationalen Messianismus, insbesondere aber die national-religiösen Repressionen zweier Teilungsmächte haben die Massenhaftigkeit des Wallfahrtswesens gefördert und den Kult erneuert. Tschenstochau wurde von nun an als eine Art Palladium apostrophiert.

Das Wallfahrts-Einzugsgebiet für Tschenstochau als nationales Heiligtum weitete sich – was Massenbeteiligung betrifft – insbesondere nach dem verlorenen Jänneraufstand 1864 deutlich aus. Aus allen Teilungsgebieten Polens wallfahrteten, trotz Erschwernissen – nämlich Stolypins und Skalons russifizierenden Repressionen und Bismarcks Kulturkampfmaßnahmen –, Pilger in großen, immer deutlicher organisierten Scharen zur Schwarzen Madonna, zur Königin Polens. (Repressionen gab es übrigens auch im Fall von weniger bekannten Wallfahrtsorten. Erinnert sei hier nur – für den wilhelminischen Machtbereich – an Marpingen (1875–76) in der Nähe von Trier und an Gietrzwald im Ermland (1877). In beiden Fällen wurde gegen die Erscheinungen der „Unbefleckten Empfängnis“ vorgegangen. Im zweiten Fall waren es zugleich deutliche antipolnische Maßnahmen.) Um die Jahrhundertwende (1885–1914) pilgerten zum Mons Clarus jährlich zwischen 700 und 1.000 Wallfahrergruppen mit insgesamt 300.000 bis 500.000 Pilgern. Die Besonderheit des Massencharakters bezeugen Daten zu einzelnen Wallfahrtsunternehmen. Zu Beginn des 20. Jahrhunderts gab es Pilgergruppen sogar aus dem fernen Wilna (2.000 Pilger) und aus Bialystok (3.200)!

Für die Zeitspanne von Polens Dreiteilung wird der Wallfahrtsbewegung Volkscharakter grundsätzlicher Art zugeschrieben. Das Charakteristische der Volksreligiosität wird von katholischer Seite vor allem in der Verhaltensweise der Wallfahrer selbst erblickt, nämlich in ihren außerordentlich tiefen Religionserlebnissen. Im Kapitel „Langsamkeit oder die Ferne des Ziels“ werden von Elias Canetti auch die Parameter einer wallfahrenden Masse bestimmt: „Zur *langsamen* Masse gehört die *Ferne* des Ziels. Man bewegt sich mit großer Beharrlichkeit auf ein Ziel hin, das unverrückbar ist, und bleibt unterwegs auf alle Fälle zusammen. Der Weg ist weit, die Hindernisse unbekannt, Gefahren drohen von allen Seiten. Eine Entladung ist nicht erlaubt, bevor man das Ziel erreicht hat.“[6] Auf eine annähernd modellhafte Weise wird der Status einer Pilgerschar von Wladyslaw Reymont, dem Verfasser der Bauernsaga „Die Bauern“, und vom Lodz-Roman „Das gelobte Land“ erfaßt. Der Nobelpreisträger (1924) Reymont veröffentlichte nämlich im Jahre 1894 eine aufgrund persönlicher Erfahrungen entstandene und auch in katholischen Kreisen vielbeachtete Reportage: „Pielgrzymka do Jasnej Góry“ („Die Wallfahrt nach Jasna Góra“).

Es ist der erste, literarisch bedeutsame Annäherungsversuch an das Phänomen kollektiver Erlebnisse, mit unübersehbaren Hinweisen auf die kollektiven Emotionalisierungen, den Affektaufruhr sowie die Rauschhaftigkeit der Masse. Die einschlägige Forschungsliteratur meint dieser kompakten Erzählung einen unanimistischen Einschlag bescheinigen zu können. Der Unanimismus, formuliert nach Jules Romains Gedichtsammlung „La vie unanime", proklamierte die Verflochtenheit des Einzelmenschen mit der Gruppe, mit dem Kollektivbewußtsein als geschlossener Einheit und verwies auf die Gruppenseele als eine Art Teiloffenbarung einer Allseele.

Der Ich-Erzähler der Erzählung bzw. literarisierten Reportage, zweifelsohne zugleich alter ego von Reymont, registriert vor allem das Aufgehen der pilgernden Individuen in der Masse: „Und wieder Gesänge, und das Kreuz irgendwo vorne. Und wir marschierten, an Wäldern vorbei, durch Dörfer, an wogenden Roggenfeldern und Flüssen. Und wir stürmten wie eine losgelassene elementare Kraft zu diesem Anziehungspunkt, der im Hirn eines jeden steckte und im Herzen eines jeden immer stärker wuchs, der uns immer stärker beeinflußte... Individualitäten verstummten und flossen ineinander... Ich ließ mich vom Strom erfassen und fließe – wohin? ... Ich frage nicht danach, denn mir ist wohl. Es ist mir, als ob ich mit ihnen zusammenwachsen würde. Ich gehe auf eine warme, mystische Wahlverwandschaft mit diesen Seelen ein, ich beginne ähnlich zu fühlen, d. h. die nur allereinfachsten Dinge... Ich selbst verfüge über keinen Willen mehr. Ich bin lediglich ein Pulsschlag dieses einen Herzens, das viertausend Köpfe zählt."[7] Wie heißt es doch bei Canetti? – „So bleiben diese Pilger im weiten Maße Individuen, die separiert für sich dahinleben wie Menschen überall. Aber solange sie an ihrem Ziele festhalten..., sind sie auch immer Teile einer langsamen Masse, die... weiterbesteht und bestehenbleiben wird, bis sie an ihr Ziel gelangt."[8] Ein weiteres Charakteristikum der Pilgermasse ist die Zielorientierung: „Die Masse braucht eine Richtung. Sie ist in Bewegung und bewegt sich auf etwas zu. Die Richtung, die allen Angehörigen gemeinsam ist, stärkt das Gefühl von Gleichheit. Ein Ziel, das außerhalb jedes einzelnen liegt und für alle zusammenfällt, treibt die privaten, ungleichen Ziele, die der Tod der Masse wären, unter Grund. Für ihren Bestand ist die Richtung unentbehrlich. Die Furcht vor Zerfall, die immer in ihr rege ist, macht es möglich, sie auf irgendwelche Ziele zu lenken. Die Masse besteht, solange sie ein unerreichtes Ziel hat."[9] Wladyslaw Reymont nimmt Canettis Konzept vorweg: „Ich blicke sie (die Pilger) an und frage mich selbst: Was befiehlt ihnen, das Haus zu verlassen, und die Kinder, und die Wirtschaft und das Geldverdienen..., und diese vielen Meilen bei trockenem Brot zu pilgern, am Wegrand zu schlafen... Was ist das für eine Kraft, die sie vom Nest wegreißt und in eine bunte Masse hineinwirft... Aus aller Brust erhebt sich ein Lied, und alle Herzen legen irgendwie den ganzen Glauben in diese Worte, und alle Seelen scheinen zu schwanken und zusammenzufließen in diesem weiten... drei Jahrhunderte alten Lied."[10]

Kein Wunder, daß der Ich-Erzähler irritiert ist über sein „dummes Kostüm", das ihn aus der Masse „aussondert", wie auch über die Kultur, die ihn „so einschnürt", daß er „kein einfaches und natürliches Wort findet, um in deren Seelen einzudringen".[11] Je näher dem Mons Clarus jedoch, umso besser meint der Erzähler die Masse zu verstehen: „Ich sehe und fühle durch die harten Schalen, durch die ausgemergelten Gesichtsmasken; ich habe ein fast vollkommenes Bewußtsein ihres Seelenzustandes und ihrer Leiden. Ich sehe, daß das für sie kein Spaziergang ist, ich weiß, warum sie gehen. Und mein skeptisches, ironisierendes ‚Ich', da im engen Gehäuse des städtischen Lebens gezüchtet, verzieht sich in Furcht und Ehrfurcht... Ich sehe und fühle, daß es hier, in dieser Masse, kaum ein Herz, eine Seele, einen Kopf gibt, die nicht eine Unglücksbürde schleppen würden."[12]

In der letzten Wallfahrtsphase, am vorletzten Tag, verfällt die Pilgermasse fast in einen Rauschzustand: „Wir gingen todmüde, und schwiegen... Fiebrige Blicke aus Augen mit blutigem Glanz der Müdigkeit, schneller Pulsschlag der Herzen, potenziertes Fühlen bei allen. Alle, wegen Intensität heisere Stimmen flossen gemeinsam wie ein Feuerfluß... Der Schauer, der sie jeden Augenblick durchdrang, blendete sie und ließ sie ohnmächtig werden, so daß sie voran stürmten. Es gab immer mehr blutige Stigmen auf Sand und Steinen, doch sie gingen, ohne auf Schmerzen zu achten, noch auf das Blut von den Füßen; sie waren dem Ziel nahe."[13]

Eben: „...dem Ziel nahe..." Mit einer kaum zu überbietenden Präzision und Glaubwürdigkeit, für Canettis Konzept bilderbuchartig sozusagen, veranschaulicht Reymont schrittweise die These von der langsamen Entladung von Affekten in der religiösen Masse. Die Wallfahrer erblicken die Silhouette von Mons Clarus: „...und alle Augen stürmten den Berg mit dem Turm. – Maria! – loderte es wie eine Flamme aus tausenden Brüsten, und tausende Körper ließen sich mit einem Freudenschrei auf den Boden fallen. Dieser Anblick drückte alle Häupter in den Sand. – Mutter! – riefen Stimmen vor Freude und Aufwallung erstickend, und ließen Tränen vor Entzücken fließen. Alle schluchzten zitternd, was die Herzen bis zum Bersten gefährdete. Es gab kein einziges Herz, keine einzige Seele, die nicht am Boden liegen würde in schluchzendem Entzücken."[14]

Nach diesem ersten optischen Begegnungsakt mit Mons Clarus, diesem Inbegriff „des Guten und des Trostes", begibt sich die langsame Masse auf ihre letzte Wallfahrtsetappe: „Sie tönten das Lied an die Mutter Gottes an und brachen mit einer Kraft merkwürdigen Glanzes in den Augen auf, mit einem Lächeln in den ausgemergelten, verhärmten Gesichtern. Und die triumphalen Akzente dieser Hymne, weit wie die Welt, tönten wie das Erz der Herzen und klangen über einer Erde voll Frühling und Sonne."[15]

Die Entladung ist, laut Canetti, „der langsamen Masse (zwar) versagt. Man könnte sagen, daß dies ihr wichtigstes Kennzeichen ist." Doch, so Canetti in differenzierender Fortführung des Gedankens, es „ist nicht so, daß man auf die Entladung ganz verzichten kann... In der langsamen Masse hat man es darauf abgesehen, den Prozeß, der zur Entladung führt, auf weite Sicht hin zu verzögern."[16] Nun also, in der Klosterkirche selbst, vor der Ikone der Schwarzen Madonna, erfährt die Masse ihren Höhepunkt der Extase. Ein leidendes Mädchen ruft aus der Menge Maria an: „Maria, heile mich! Und sie stürzt auf den Boden wie ein gefällter Baum, doch sogleich rafft sie sich auf. Und, schon ohne Krücken, aufgerichtet und voll Helligkeit, ruft sie: – Maria! – Ich sehe! – Maria! – Ich komme! ... Und sie ging zum Altar, und ein Orkan eines fast unmenschlichen Schreies erhob sich aus allen Herzen und schlug zu Füßen derjenigen, die mit solcher Güte hinunterschaute... Und das ganze Volk lag schreiend und brüllend. Und mit weinenden Herzen, mit Blut und mit Liebe pries es die Güte und bettelte um Hilfe."[17]

Der Volksreligiosität aus der Zeit nationaler Unterdrückung wird eine tiefe, intensive Erlebnisqualität bescheinigt. Ausdruck dieser intensiven Erlebnisse ist vor allem das Weinen. Es wird, laut Berichten, fast immer geweint, wenn auch in verschiedener Form: es wird geschluchzt, gejammert, geseufzt, man bricht in Tränen aus. So heißt es im Bericht des Priesters Daniel Olszewski: „Das religiöse Gefühl sammelte sich derartig in den Herzen dieser Leute (Wallfahrer), daß der Name Maria allein genügte, um einen Tränenfall zu verursachen und tiefe Seufzer. All dies bildete ein gemeinsames Weinen, ein herzliches Gerührtsein“, eine Haltung eigentlich, die allen Wallfahrern, auch denen der Gegenwart, eigentümlich sei. Kein Wunder also, daß Reymont den Topos vom „spasmischen“ Weinen der Wallfahrer verwendet und von „kurzen Weinwellen“ spricht, die wie ein „Sturm hinwegfegen“. „Im Lachen“, heißt es bei Helmuth Plessner, „quittiert der Mensch eine Situation... Im Weinen gibt der Mensch auch eine Antwort... Nur bezieht sich der Mensch selbst in diese Antwort mit ein. Er ist innerlich dabei beteiligt – ergriffen, gerührt, erschüttert.“[18]

Meine wohl nicht nur punktuellen Erfahrungen als Meßdiener im Wallfahrtsort Gietrzwald,[19] während einer bis zur Matura währenden Ministrantentätigkeit eingesammelt, bestätigen diese Verallgemeinerungen und erweitern sie zugleich. Die Optik eines Meßknaben aus den 50er Jahren, nachvollzogen Anno Domini 1992, erlaubt nämlich in der Praxis der Weinkultur der Pilger zugleich einen organisierten Kern zu entdecken. Die zu den wichtigsten Gnadenfesten herbeigeholten Missionäre und Prediger galten insbesondere dann als effektiv und gut, wenn sie in der geräumigen (neu-)gotischen Hallenkirche der Gnadensstätte Gietrzwald ein allgemeines, ein massenhaftes Weinen hervorzubringen vermochten. Das Weinen der Masse galt als Verifikationsregel für die Effektivität der Predigt. Je vollgepfropfter die Halle, die Nebenschiffe und Seitengänge sowie die Emporen, je größer das Gedränge und je übler die schwüle Hochsommerluft, insbesondere wenn es dann noch zwei bis drei spektakuläre Ohnmachtsanfälle gegeben hatte, umso höher konnte der Erfolg verbucht werden. Wir Ministranten wetteten gerne, wem unter den herbeigerufenen Missionären der erste Platz gehöre.

Die Volkshaftigkeit des Kultes der Schwarzen Madonna wird grundsätzlich mit seinem nationalen Charakter in Verbindung gebracht. Der schon zitierte Priester Daniel Olszewski meint, verallgemeinern zu dürfen: „In der Frömmigkeit der Wallfahrer kamen die am meisten charakteristischen Züge der polnischen Religiosität zum Ausdruck: ihr Massen- und Volkscharakter, der Mariazentrismus in Verbindung mit Christozentrismus, die Beziehung religiöser Erlebnisse zu nationalen. Und wohl darauf beruht die Bedeutsamkeit der Wallfahrerfrömmigkeit im religiösen Leben der polnischen Gesellschaft um die Jahrhundertwende.“

Der Ankunft am Ziel geht also der (meistens recht weite) Weg der „langsamen Masse“ voraus. Dieser Weg, das Wallfahren „als solches“ also, unterlag und unterliegt einer weitgehend gleichen, wenn wohl auch unterschiedlich gehandhabten Kodifizierung. Im Fall Polens wurde sie notwendig ab diesem Zeitpunkt in den letzten Jahrzehnten des 19. Jahrhunderts, als der Massencharakter des Wallfahrens nicht mehr zu übersehen war. Ediert worden sind, vor allem in Tschenstochau selbst, regelrechte Wallfahrtskodizes, deren Titel allein die Intentionen der Autoren verraten: „Die vorteilhafteste Art, um fromm zum Hellen Berg nach Tschenstochau zu pilgern“ (1882), „Geistiger Führer zu heiligen Stätten“ (1902). Die relevanten Phasen einer jeden Wallfahrt waren (und sind) dabei: der Ausmarsch, der Weg und die Ankunft. Umfunktioniert worden ist jedoch im Laufe der Zeit – in Richtung auf politisches Ritual – vor allem die Ankunft.

Der „Pilgerweg“ soll (und kann) als Reinigungs- und Sühne-Wallfahrt gedacht werden, als Erfüllung eines Gelübdes, Abstattung eines Dankes, als Leistung freiwilliger Sühne, als

Vollzug einer auferlegten Buße. Dadurch nämlich bedingt, ob er „dem Konzept der Wallfahrt als Vertiefung des Glaubens und einer Feier nach der Reinigung" entspricht, oder ob die Wallfahrt als ein Weg der Buße, „als eine Bußwanderung, eine Vorbereitung auf die Reinigung an einem heiligen Ort" programmiert ist. Der „Pilgerweg" soll einem Durchbrechen mehrerer Initiationskreise gleichen, auf die Sphäre des Sacrum zu: „Das Ankommen beim Heiligtum wird beschrieben als Übertreten von nacheinander folgenden Kreisen um die heilige Stätte..."[20]

Da die Wallfahrt der Pilger in einer „sakralen Landschaft" stattfindet, auf Landstraßen voll von Wegkreuzen, Marterstöcken und Kreuzwegstationen, begleitet von einem zumindest partiellem Wohlwollen der Bevölkerung, sollte die Einwanderung in eine katholische Ikonosphäre gewährleistet sein. „Immer mehr Grünes. Figuren und Kreuze stehen immer dichter, und vor jedem bleibt der Älteste (der Pilgerschar) stehen. Nach einem kurzen Augenblick der Stille neigen sich alle Köpfe, die Knie beugen sich und aus aller Brust tönt ein Huldigungslied..."[21] Selbst Forscher, die sich zum Katholizismus bekennen, geben zu, daß das Fußwallfahren eine Resultante sowohl von Konzepten der Kirche als auch von Traditionen der Pilgermassen ist.[22] Die Bräuche und Sitten werden sowohl von den die „Kompanien" anführenden Priestern als auch von altbewährten Pilgereliten mitbedingt. Nach 1900, wohl im Zusammenhang mit dem Wandel der Religiosität der Landbevölkerung, gerät diese Kodifikation ins Schwanken.

Ein nicht uninteressantes Beispiel einer überregionalen, wenn auch nicht expressis verbis nationalen Wallfahrtspraxis bietet die sog. „losiera", eine ermländische „Tschenstochau-Pilgerfahrt" aus dem 17. bis 19. Jahrhundert, die sich bis in die unmittelbare Nachkriegszeit erhalten hat. Es ging um Bitt- und Dankwallfahrten in Angelegenheiten von Plagen und Unglück, wie Kriege, Brände, Seuchen und Hungersnot, Epidemien, Dürre, Hagel und Sturm. „‚Losiery' (Opfergang) bedeutet soviel wie Gelöbnisse, die in der Vergangenheit von den Einwohnern einzelner Dörfer abgelegt worden sind in der Situation eines aktuellen oder auch androhenden Unheils. In solch einem Falle legte das gesamte Dorf ein Gelöbnis ab, Jahr für Jahr an einem bestimmten Tag eine Wallfahrt durchzuführen, wo der Schutzheilige, als Fachmann für entsprechendes Unheil oder entsprechende Krankheit, beheimatet war."[23] Als Wallfahrtszentren (Süd-)Ermlands galten und gelten Gietrzwald und Swiéta Lipka (Heiligenlinde).

Ritualisiertes Verhalten und Tun begleitete die Bewegungen der kleinen, „langsamen Masse": „Bevor die Interessierten sich an der ‚losiera' beteiligen, sammeln sie Geld für die Messe sowie für zwei, vier oder auch für mehr Kerzen ein... Vor dem Kriege wurde die ‚losiera' von einem Anführer (‚prowodyr') angeführt, dem alle Wallfahrer untergeordnet waren... Die ‚losiera' wurde mit Glockengeläut begrüßt... und vom Priester in Begleitung von Meßdienern empfangen, ...um danach in die Kirche hineingeführt zu werden."[24] Solch ein Empfang konnte zweifelsohne in einem kleineren Wallfahrtsort konsequenter und exakter durchgeführt werden als in Tschenstochau. An lokalen Wallfahrten nahmen (im 19. Jahrhundert, und selbst noch vor 1945) im Schnitt hundert und mehr Dorfeinwohner teil. Nach dem Kriege verminderte sich die Zahl der Teilnehmer. Mit einer Ausnahme, nämlich dem „ermländischen Tschenstochau" Gietrzwald. Dorthin nämlich zogen nicht nur die ‚losiery', sondern auch sonstige Wallfahrtsmassen. Zu bestimmten Festtagen (Himmelfahrt am 15. August, Maria Geburt am 8. September), insbesondere aber in bestimmten historischen Phasen und geschichtsträchtigen Jahren strömten in das kleine Dorf an die 50.000 Wallfahrer.

Nach 1945 erlebte die Wallfahrt zum Mons Clarus eine neue, spezifische Renaissance. Die zur Königin Polens strömenden Massen wollten und sollten zunehmend ihre national-religiöse Identität wiederfinden. Es lassen sich drei deutliche Phasen der Massenführung nach Tschenstochau unterscheiden: eine in der Zeit des relativ stabilen Realsozialismus (bis Sommer 1980), eine des sich sukzessiv zuspitzenden Machtkampfes zwischen Staat (bzw. Partei) und Kirche sowie Nation (bis 1989/1990), und eine dritte nach 1989 bis 1990, nachdem die (römisch-katholische) Kirche, zumindest partiell, zur faktischen Staatskirche geworden ist. War diese Wallfahrt knapp vier Jahrzehnte eine bewegliche Schaubühne unterschiedlich gehandhabter Kirchen- und Glaubensindizierungsmaßnahmen seitens des Staates wie auch geschickt theatralisierter Gegenaktionen der katholischen Kirche Polens, so ist sie heute Schauplatz und zugleich Instrument eines imperialen Gehabes der Ecclesia Triumphans, mit dem Mons Clarus als der Stätte für national-katholische Staatsakte.

Die bisher bequem verwendeten Kategorien vom Typus „langsame Masse“ nach Elias Canetti lassen sich nicht mehr wie bisher handhaben. Man sollte sich eher an Canettis „Anwendungsregel“ der vier Eigenschaften der Masse orientieren: „1. Die Masse will immer wachsen... 2. Innerhalb der Masse herrscht Gleichheit... 3. Die Masse liebt Dichte... 4. Die Masse braucht eine Richtung... Jede dieser vier Eigenschaften... kann in größerem oder geringerem Maße vorhanden sein. Je nachdem man die eine oder die andere von ihnen ins Auge faßt, gelangt man zu einer verschiedenen Einteilung der Massen.“[25] Eben! Die „langsame“, die religiöse Masse übernimmt in diesem historisch eigentümlichen Augenblick Eigenschaften anderer Massen.

Im Auseinandersetzungsterrain der relativ stabilen realsozialistischen Zeit, in welcher die Aktionen und Handlungen der Institution Kirche und des renitenten Volkskatholizismus einerseits und der verschiedensten Institutionen des Staates und der Partei andererseits wie Flut und Ebbe aufeinanderstießen, waren Massen, insbesondere langsame Massen, sehr gefragt. Der öffentliche Machtkampf nämlich sollte nicht zuletzt im Duell zwischen den Massen und im Gerangel um die Massen theatralisiert werden, nicht ohne den Hintergedanken von der Ausbildung und vom Erhalten alternativer Wertideen. Besonders deutlich wird dies insbesondere bei der Vorbereitung und Durchführung der Warschauer Fußwallfahrt. Schon in Reymonts Wallfahrtsreportage wird die Wallfahrt nach dem Neun-Tage-Rhythmus eingeteilt; soviel Tage nämlich zählte die Warschauer Pilgerfahrt, also die bis auf den heutigen Tag gewichtigste polnische Fußwallfahrt nach Tschenstochau. In dieser Fußpilgerfahrt wird das spektakulärste Kapitel einer Massenmontage dargeboten.

Die Warschauer Fußwallfahrt verifiziert übrigens recht anschaulich einen weiteren Hinweis von Canetti, nämlich den vom Flußcharakter der „langsamen Masse“. Neben der „Form eines Zuges“[26] unterscheidet Canetti eine zweite Form, nämlich die, die „eher mit einem Flußsystem zu vergleichen (wäre). Sie beginnt mit kleinen Bächen, die allmählich zusammenrinnen; in den Fluß, der entsteht, münden von allen Seiten andere Flüsse; das ganze wird, wenn genug Land vor ihm liegt, ein Strom...“[27] Auf die Warschauer Wallfahrermasse stoßen nach dem Ausmarsch, logistisch vorbereitet, in den nächsten Tagen weitere Sub-Massen. Aus größeren und kleineren Städten sowie Pfarrgemeinden der Landstriche zwischen Warschau und Tschenstochau.

Tschenstochau nahm – und nimmt – im Laufe der historisch, tragisch-verworrenen Geschicke Polens in der Hierarchie kulturschöpferischer Zentren nationaler Symbole und Werte eine immer höhere Position ein. Eine besondere Bedeutung erlangte dieses Zentrum hinsichtlich der Inspirierung von Volkskultur. Es ist berechtigt, von Tschenstochaus Wirkung und Qualität im Sinne von la longue durée zu sprechen: für die Volkskultur, für die postadlige Kultur sowie für die politische Kultur. Berechtigt ist die Hypothese, daß „das lange Fehlen von säkularen Symbolen, die die nationale Bindung artikuliert hätten, im Kult der Mutter Gottes... eine Ersatzform gefunden" hätte.[28] Der Charakter der Zeit nach 1945 hat diese Qualität ausgeweitet, nämlich auf den Bereich der politischen Streit- und Argumentationskultur. Die Zahl und die Größe der Pilgermassen sowie deren Organisiertheitsgrad galten für beide Seiten des Konflikts als Atute in der öffentlichen Auseinandersetzung. Canettis Gedanken zum Wachszwang der (offenen) Masse: „Der Drang zu wachsen ist die erste und oberste Eigenschaft der Masse... Die natürliche Masse ist die offene Masse: ihrem Wachstum ist überhaupt keine Grenze gesetzt",[29] ließen sich hier, nicht ohne einen ironischen Seitenblick, auf die Massenmonteure, also auf den Klerus ausweiten.

Es fehlt nicht an Versuchen, die in die erste Phase fallenden Wallfahrten zu reflektieren, übrigens von unterschiedlicher Seite. Für das Jahr 1962 gibt es eine Untersuchung der 246. sogenannten Warschauer Wallfahrt, durchgeführt von pilgernden Studentinnen aus dem Seminar des Warschauer Kultursoziologen Edward Ciupak. Die Ergebnisse bestätigen, daß es ein wallfahrtsstereotypes Verhaltensraster gibt, nach dem sich der Kern einer jeden Schar bestimmen läßt.[30] Es gibt den „Landstreicher", den „Frommen", den „Berufswallfahrer", den „philosophierend-reformatorischen, den asketischen, den masochistischen, den die Welt verneinenden und nicht zuletzt den sentimentalen", d. h. den gekränkten Pilger.[31] Ciupak definiert die Wallfahrerschar als „eine große Menschenansammlung, organisatorisch in eine Reihe von formellen, sowie in eine Reihe kleinerer, lockerer, nichtformeller Gruppen" organisiert. Die Wallfahrermasse ist zugleich „eine dynamische Menge, in welcher kulturelle Fakten, die ein spezifisches Bild der Wallfahrt ausmachen, sukzessiven Änderungen unterliegen".[32] Für die Bildung der Wallfahrermasse „als solche" sei dabei, so Ciupak, das Spezifikum der religiösen Haltung von einer nicht zu überschätzenden Relevanz. „Die quantitative Frömmigkeit (in der Wallfahrtsmenge) setzt voraus, daß individuelle religiöse Anstrengung nicht ausreichend sei. Sie postuliert irgendwie die ideelle Negation des Individuums im Kontakt zum Absoluten. Das Bedürfnis, die religiösen Lebensremanente in einer größeren Menge zu realisieren, deutet darauf hin, daß die Wallfahrt für die Pilger eine geistige Unterstützung, eine Prothese ist."[33]

Ciupak akzentuiert die ausgezeichnete Logistik dieser konkreten Wallfahrt; die organisierende Tätigkeit des „Aktivs", des „harten Kerns" der Wallfahrtsmenge also, die Vorlogistik der Paulaner vom Mons Clarus. Nur auf den ersten Blick stelle die „Wallfahrerschar eine chaotische Masse dar. Als Teilnehmer ist man imstande, deren spezifische Morphologie und Physiologie festzustellen: sie bildet eine feste Menge, die sich von ihren eigenen Regeln des inneren Lebens leiten läßt."[43] Dem Gesang wird große Gewichtigkeit zugemessen, den Kultformen sowie den Symbolen. Bischof Julian Wojtkowski dagegen lieferte die Deskription eines Paradebeispiels der Massenführung der späten 70er Jahre, nämlich der – wie es offiziell hieß – 268. Warszawska Pielgrzymka Piesza. Diese fast generalstabsmäßig organisierte, unter der Schirmherrschaft des Primas (zu jenem Zeitpunkt: Wyszynski) stehende Wallfahrt,[35] die in diesem Jahr ihren 281. Jahrestag feiert, hat eine Route von 280 Kilometern durchzumachen. (Nur die Stettiner Wallfahrtsroute mit 520 Kilometern, die Danziger mit 460 und die Posener mit 290 sind noch imposanter.) Mit den ab 1966 eskalierenden Auseinandersetzungen um die Herrschaft über die Massen, nämlich im Zusammenhang mit den säkularen und kirchlichen Jahrtausendfeiern zur Entstehung des polnischen Staates bzw. der Taufe Polens, nahmen auch die (Warschauer) Wallfahrten einen intensiven theatralisierten Charakter an. Erinnert sei nur an das Konzept der sogenannten Tschenstochau-Appelle (Apel Jasnogórski), die Flankierung (insbesondere) der Sub-Pilgergruppen von Jugendlichen und Studenten durch die Mitarbeiter von Jasnogórski Osrodek Powolan (Neuberufungszentrum von Mons Clarus) und Instytut Slubów Narodu (Institut Nationaler Gelübde), also sozusagen von Organisations- und Führungskernen um die Einlösung von „Gelübden der Nation", ähnlich denen des Königs Jan Kazimierz im 17. Jahrhundert nach dem Sieg über die Schweden.

Mit Nachdruck wird auf die Anwesenheit und Bedeutsamkeit von Pilger-Veteranen hingewiesen; mit den Spitznamen „Novene", „Kreuzweg" oder „Rosenkranz" wird auf die Zahl der von ihnen absolvierten Fußwallfahrten hingewiesen. Für das Jahr 1979 zählte man in der neuntägigen Warschauer Fußwallfahrt 31.000 Pilger bei dem Abmarsch und 38.000 bei der Ankunft in Tschenstochau. Im Jahre 1980 waren es entsprechend: 38.000 und 52.000 Wallfahrer. Die traditionellen 53 Gruppen der Warschauer Fußwallfahrt nehmen insgesamt zwölf Kilometer Weg in Anspruch. Und so nähert man sich dem Reich der Zahlenmagie, der Magie der großen Zahlen. Für die 268. Warschauer Wallfahrt wird u. a. exakt aufgezählt: 30.000 Verbände gemacht, 6.300 ärztliche Beratungen erteilt, 17.000 wunde Beine betreut, „4.530 Messen gehalten, 230.000 Kommunikanten, also 25.000 täglich, das heißt 67 Prozent aller Pilger. 1.545 Konferenzen wurden gehalten, darunter 990 programmatische, 495 Novenekonferenzen, 60 Berufungskonferenzen…"[36]

Die Warschauer Wallfahrt ist – laut Bischof Wojtkowski – „Ausdruck spontaner Mariasität (maryjnosc) der polnischen Nation. Nirgendwo anders kann man ununterbrochen neun Tage zu Maria gehen, von Maria singen, zu Maria beten, für Maria leiden sowie Maria nachahmen." Die Umgangs- und Anredeformen („Bruder", „Schwester", „Vater") sind zugleich Bindungsformen. „Da die Fußwallfahrt im 20. Jahrhundert ihre Renaissance erlebt, so sollte man einfach die traditionellen Fußwallfahrten zu Mariasanktuarien in Westeuropa aufleben lassen. Solche Wallfahrten, laut Vorbild der Warschauer, würden dann dreierlei sein: eine Familie in Gott, ein mobiles Kloster, eine Schule des Betens."[37] Es fehlt verständlicherweise an distanzierteren Reflexionen über die Evolution der Funktionen des Wallfahrtswesen in der zweiten, vor allem aber in der letzten Phase. Eins jedoch ist nicht zu übersehen: die Einbeziehung religiöser Massenveranstaltungen ins Offiziell-Offiziös-(Staats-)Politische sowie – zweitens – das Auftrumpfen mit Zahlen. Eine erste religionssoziologische Untersuchung von 159 religiösen Feiern aus der Zeit vom August 1980 bis Dezember 1981 ergab, daß unter dreizehn aufgelisteten Formen öffentlicher Aktionen eben die Wallfahrt von Solidarność-Gruppen nach Tschenstochau zu den symbolträchtigsten gehört hat. „Wegen der komplexen Form dieser Feier" wurden solche Wallfahrten nach Tschenstochau „als religiös-nationale oder religiös-patriotische Mysterien bezeichnet".[38] Schon zu dieser Zeit wurden die Massen der Wallfahrer strukturiert, nicht zuletzt nach beruflichen und sozialen Rollen (6. September 1981 – Wallfahrt der Einzelbauern).

Das „ferne Ziel“ bedeutete in diesem Falle die Verbalisierung einer Verpflichtung: „Gelübde ehrlicher Arbeit und Treue christlichen und nationalen Idealen gegenüber“.[39] „Ein mit einer Wallfahrt koordiniertes Präzedenzereignis war der am 21. Oktober 1981 stattgefundene Ergebenheitsakt des Gewerkschaftsführers Lech Walesa... vor der Mutter Gottes von Tschenstochau, der in den nächsten Jahren viele Nachahmer finden sollte.“[40] Inzwischen ist es schon (fast) selbstverständlich, wenn Sub-Wallfahrtsmassen, straff nach Berufen, Staatsfunktionen oder sozialen Rollen organisiert und logistisch aufbereitet, die aus bestimmten Anlässen an den Füßen des Mons Clarus zusammengekommene Zielmasse der Fußwallfahrer statistisch entsprechend bereichern und stärken.

Wie hieß es doch bei Canetti: „Das Zentralproblem der Universalreligionen ist die Beherrschung ihrer Gläubigen über weite Erdstriche hin. Diese Beherrschung ist nur möglich durch eine bewußte Verlangsamung der Massenvorgänge. Die Ziele in der Ferne müssen an Bedeutung gewinnen, die der Nähe müssen immer mehr an Gewicht verlieren und schließlich wertlos erscheinen. Die irdische Entladung ist nie von Dauer, was ins Jenseits verlegt wird, hat Bestand.“[41]

Anmerkungen

1 Elias Canetti, *Masse und Macht,* München 1976, Bd.1, S. 21 f.

2 Ebd., S. 22

3 Ebd., S. 28

4 Vgl. Czeskaw Wawrzyniak, „Pozareligijne znaczenie pielgrzymowania do miejsc patniczych w swietle relacjie pamietnikarskich Opolan“, in: *Przeglad Zachodni,* H. 2, 1990

5 Vgl. Augustyn Kordecki, *Nova Gigantomachia contra sacram imaginem Deiparae Virginam,* Kraków 1657

6 *Masse und Macht,* S. 38

7 Wladyslaw St. Reymont, *Dziela wybrane,* Kraków 1957, Bd. 1, S. 194 f.

8 *Masse und Macht,* S. 40

9 Ebd., S. 26 f.

10 *Dziela wybrane,* S. 138

11 Ebd., S. 140

12 Ebd., S. 162

13 Ebd., S. 201 f.

14 Ebd., S. 202

15 Ebd., S. 203 f.

16 *Masse und Macht,* S. 40

17 *Dziela wybrane,* S. 204 f.

18 Helmuth Plessner, *Lachen und Weinen. Eine Untersuchung nach den Grenzen menschlichen Verhaltens,* Bern und München 1961, S. 155

19 Gietrzwald galt nicht nur ab 1877 als Gnadenstätte. Seit dem frühen 18. Jahrhundert ist für den damals noch bescheidenen gotischen Hallenbau die Ikone einer wundertätigen Mutter Gottes von Tschenstochau belegt.

20 Maciej Mycielski, *Droga patnika do Sanktuarium Jasnogórskiego na prezlomie XIX i XX wieku,* S. 135

21 *Dziela wybrane,* S. 142

22 *Droga patnika do Sanktuarium Jasnogórskiego na prezlomie XIX i XX wieku,* a.a.O., S. 122 ff.

[23] Wladyslaw Piwowarski, *Praktyki religijne w diecezji warminskiej. Studium socjograficzne,* Warszawa 1969, S. 169

[24] Ebd., S. 170

[25] *Masse und Macht,* S. 26 f.

[26] Ebd., S. 38

[27] Ebd., S. 39

[28] Edward Ciupak, *Kult religijny i jego spoleczne podloze,* Warszawa 1965, S. 101

[29] *Masse und Macht,* S. 11

[30] *Kult religijny i jego spoleczne podloze,* S. 141

[31] Ebd., S. 167

[32] Ebd., S. 148

[33] Ebd., S. 170

[34] Ebd., S. 151

[35] Vgl. Teodor Surrey, *Die Warschauer Bußwallfahrt zur Schwarzen Madonna nach Tschenstochau. Ein Beitrag zur volkskundlichen Wallfahrtsforschung,* Paderborn 1978

[36] Julian Wojtkowski, „Odnowa duszpasterska przez coroczna Pielgrzymke Maryjna wiernych z Warszawy na Jasna Góre", in: *Studia Claromontana,* Jg. 2, 1981, S. 112

[37] Ebd., S. 114

[38] Vgl. Jadwiga Królikowska, „Uroczystosci religijne organizowane przez NSZZ ‚Solidarnosc' od sierpnia 1980 r. do grudnia 1981 r.", in: *Religijnosc polska w swietle badan socjologicznych,* Warszawa 1990, S. 145

[39] Ebd., S. 144 f.

[40] Ebd., S. 145

[41] *Masse und Macht,* S. 41

Kirche und Gesellschaft: Eine Fragestellung

Carlos Lackington Fuentes

In Chile geschieht etwas, was auch in vielen anderen lateinamerikanischen Ländern passiert, aber besonders ist es auf dramatische Weise in Chile sichtbar. Dort kann das Gewicht der katholischen Kirche, die Rolle, die sie in unserer Gesellschaft spielt, ihr bedeutender Einfluß in verschiedenen Bereichen und über verschiedene Gruppen nicht verstanden werden, wenn man nicht analysiert, wie entscheidend die Handlungen der Kirche in den letzten 25 oder 30 Jahren für unser Land waren, besonders seit dem Staatsstreich, der im September 1973 in Chile stattgefunden hatte.

In den darauffolgenden Monaten und Jahren nach der Machtübernahme durch die Militärs wurde das Parlament geschlossen, die politischen Parteien wurden verboten, die Universitäten kontrolliert und die Gewerkschaften unterdrückt. Die einzige wichtige Institution, die ihre interne Organisation aufrechterhalten konnte und eine kritische und unabhängige Haltung gegenüber den Übergriffen im Bereich Menschenrechte bewies, war die katholische Kirche. Sie widersetzte sich ganz entschieden der Doktrin der nationalen Sicherheit und widerstand auch dem Aufkommen einer starken politischen Polizei. Sie stellte sich auf die Seite vieler Personen, die gefoltert wurden, die im Gefängnis landeten, und sie gab auch Auskunft über Leute, die verschwunden waren. Sie hat diesen internen „Kriegszustand" verurteilt und hat das Leben weiterhin befürwortet. All das ist Teil einer komplexen Geschichte, heute sehr gut dokumentiert.

Was uns hier interessiert, ist hervorzuheben, wie die Kirche als Symbol auferstand. Ein wichtiger Teil der Katholiken war auf der Seite der Militärs und hat damals diese Rolle der Kirche, diese „Politisierung", negativ gesehen. Er hat sie als Vertreterin einer radikalen Strömung betrachtet, die sich dem Marxismus anhängt, er hat auch eine Infiltration der Kirche durch die Kommunisten angeklagt und sich entrüstet, daß sich die Kirche in fremde Angelegenheiten einmische und daß ihre Aufgabe nicht soziale Probleme wären.

Viele Katholiken aber haben die Kirche als Licht und Hoffnung innerhalb einer Welt der Schatten betrachtet, als „die Stimme derer, die keine Stimme haben", wie sie später genannt worden ist, als die einzige Kraft, die imstande war, das Gute in einer kriminellen Gesellschaft, die sich gegen sich selbst gerichtet hatte, weiter aufrechtzuerhalten. Viele, die sich nicht als Katholiken betrachteten oder sich als Agnostiker oder Atheisten bezeichneten, kamen zur Kirche, weil sie sich dort vertreten fühlten und auch ihren Schutz suchten. Die Kirche bedeutete ein Symbol des Lebens in einem toten Universum. Die Kirche war auch ein Licht der Liebe in einer Gesellschaft des Hasses. Das hatte zur Folge, daß es heute in Chile sehr schwierig ist, einen offenen Dialog über die Rolle der Kirche in unserer jetzigen Gesellschaft zu führen. Eine solche Diskussion würde starke Emotionen und unvorhersehbare Reaktionen hervorrufen.

Andererseits wäre es naiv, letztendlich sogar falsch, anzunehmen, daß die Macht der katholischen Kirche nur auf ihren Kampf gegen die Diktatur gegründet ist. Der ewige Kampf der Kirche gilt dem Atheismus, richtet sich gegen die Abweichungen von der offiziellen Doktrin und der Kirchentradition, die von der kirchlichen Hierarchie aufrechterhalten werden. D. h., sie gibt der breiten Masse der Gläubigen von Urzeiten her Leitbilder vor und schöpft aus den verschiedenen historischen Ereignissen die Kraft, die ihr das Überleben durch Jahrhunderte hindurch ermöglicht hat. Seien es nun die Vertreter des Opus Dei, die sich auf eine sozioökonomische Elite stützen, die vor allem konservativ ausgerichtet ist; seien es nun Priester, die eine Pfarre in einem Arbeiterviertel am Rande der Hauptstadt betreuen und die Zeugen der politischen Verfolgung und des Leidens dieser Randschichten geworden sind: Unsere Hirten, wo immer sie auch hingehören innerhalb der Kirche und welches Weltbild sie auch haben, tragen zur politischen Intelligenz der Kirche bei, zu ihrer Überlebenslogik und zu ihrem Wachstum.

Alle sehen in der Kirche aber sehr wohl eine Macht, die sich auf weltliche Pfeiler stützt. In einer Abhandlung von Samuel Huntington mit dem Titel „Die Religion und die dritte Welle“ wird behauptet, daß die Teilnahme der Kirche an der Demokratisierung der verschiedenen Länder der Welt in der letzten Zeit entscheidend war. Dieser Schriftsteller meint u. a., daß auf der iberischen Halbinsel, in Lateinamerika und in anderen Teilen der Welt die Kirche von je her zu der lokalen Macht in einem besonderen Verhältnis stand. Sie stand auf Seiten der mächtigen Grundbesitzer, der Oligarchie und der Regierenden. In den 60er Jahren aber veränderte sich die Kirche. Sie wurde zu einer sozialen Opposition gegen diktatorische Regime, und sie stellte sich an die Seite derer, die Schutz von ihr verlangten, die auch Führung von der Kirche im Rahmen des Aufkommens demokratischer Kräfte erwarteten. Die Massenmedien der Kirche liehen der Opposition gegen das Militärregime ihre Stimme, und sie artikulierten die Sache der Opposition. Als Institution des Volkes gelang es ihr, wie in Brasilien, ein nationales Netz von Angehörigen der Kirche zu errichten, das jederzeit mobilisiert werden konnte. Tausende Priester und Klosterfrauen konnten sich mit dieser Linie identifizieren und sich in die Reihen der Opposition stellen. Papst Johannes Paul II. hat laut Huntington dazu beigetragen, daß der Vatikan diese Bewegungen anführt. Die päpstlichen Reisen haben anscheinend immer in entscheidenden Momenten dieser Länder, in Momenten ihrer Demokratisierung stattgefunden. Er besuchte Polen im Juni 1979, im Juli 1983 und im Juli 1987; er reiste nach Brasilien im Juli 1980, auf die Philippinen im Februar 1981; nach Argentinien im Juni 1982. Er reiste nach Guatemala, Nicaragua, nach El Salvador und Haiti im März 1983 und nach Korea im Mai 1984. In Chile war er im April 1987, während er im Mai 1988 nach Paraguay gekommen war. Die Absicht dieser Reisen und vieler anderer in andere Teile der Welt seien immer von einer pastoralen Idee geleitet, aber die Wirkungen dieser Papst-Reisen seien fast immer politische gewesen.[1]

Hier muß man mit Huntington vielleicht hinzufügen, daß die politischen Wirkungen der Papst-Reisen auf die Medien zurückzuführen waren und sind. Der Papst, der den Boden des Landes küßt, in dem er gerade ankommt, oder der die Massen von seinem „Papamobil“ aus grüßt, das sind Bilder, die von Millionen von Menschen via Fernsehen empfangen werden. Das bezeugt eine ganz neue Haltung der Kirche den Massenmedien gegenüber, die sich sehr von ihrer einstigen ablehnenden, bürokratischen Haltung unterscheidet.

In diesem Zusammenhang muß man einige wichtige Aspekte der Enzyklika „Centesimus Annus“ von Johannes Paul II. hervorheben. In diesem päpstlichen Rundschreiben wird die hundertjährige Enzyklika „Rerum Novarum“ von Leo XIII. gefeiert, die nach Erklärungen des Papstes das Problem des Konflikts zwischen Kapital und Arbeit herausgearbeitet hat. Es ist klar, daß schon vor hundert Jahren von der Würde des Arbeiters, von der sozialen Gerechtigkeit, von Privateigentum etc. gesprochen wurde. Damals gab es schon das Problem des Marxismus als politische und ideologische Alternative zur Lösung der Probleme der Epoche und eine grundsätzliche Rivalität zwischen ihm und der Kirche. Hundert Jahre nach der Enzyklika, in einer Zeit, in der der Realsozialismus fast von der Erde verschwunden ist und keine Bedrohung mehr für die Kirche bedeutet, geht der Papst näher auf das ein, was die marxistische Alternative gewesen war: „Man muß hinzufügen, daß der fundamentale Irrtum des Sozialismus anthropologischen Charakter hat.“ Und der Papst meint weiters, daß, wenn wir uns fragen, woher dieser Irrtum stammt, man antworten müsse, daß der Atheismus die Grundursache dieser Haltung sei. Er fügt hinzu: „Der Atheismus, von dem man hier spricht, hat eine enge Verbindung mit dem Rationalismus der Aufklärung, der die menschliche und soziale Wirklichkeit aus einem mechanistischen Weltbild interpretiert.“ Später behauptet er, daß aus dieser selben Wurzel alle Aktionsmodelle des Sozialismus stammen. Er sagt auch, daß der Klassenkampf im marxistischen Sinne und der Militarismus dieselben Wurzeln aufweisen. Der Atheismus und die Verachtung der menschlichen Person werden von beiden geteilt.[2]

Der Begriff „Atheismus“ wird hierbei durchwegs mit negativen Eigenschaften in Verbindung gebracht. Der Papst spricht z. B. von der Betrachtung der menschlichen Wirklichkeit aus einem „mechanistischen Weltbild“, oder er spricht vom „Klassenkampf und Militarismus als Ideologien derselben Wurzel“. Dabei verbleibt der Atheismus als der Ursprung furchtbaren Übels, das man bekämpfen muß. Anders gesagt: Der Begriff „Atheismus“ hat hier eine ideologische Funktion, es existiert keine historische Beschreibung noch ein Beitrag zur philosophischen Diskussion. Selbstverständlich bedeutet Atheist zu sein nicht, daß man die Wirklichkeit auf mechanistische Weise sieht, schon gar keine Unterstützung des Militarismus. Es ist nicht schwer, einen Ausdruck des Atheismus als legitime spirituelle Haltung zu finden, die überhaupt nichts zu tun hat mit den moralischen Unzulänglichkeiten, die ihm von der Enzyklika zugeschrieben werden. Die Anerkennung der geistigen Legitimität des Atheismus bedeutete über die bloße Toleranz eine positive intellektuelle Akzeptanz, die die Arroganz der Gläubigen ausschließt, welche die gesamte Wahrheit gepachtet zu haben glauben und deren wichtigste Aufgabe es ist, die verlorenen Schafe wieder in den Schoß der Kirche zurückzuführen. Aber der wirklich „andere“ in Bezug auf die Kirche wird weiterhin als Bedrohung der Grundfesten der Kirche selbst angesehen. Was man jetzt vor dieser Bedrohung retten will, ist die Seele des Gläubigen, sein Glaube, sein religiöses Leben, was sich konkret als Unterwerfung unter Kirchenmacht ausdrückt. Es gibt wohl einige Sektionen innerhalb der Kirche, die zum Dialog auch mit Nichtkatholiken bereit sind, aber eine echte Öffnung ist weiterhin eine bloße Forderung geblieben, weil man nicht bereit war und ist, auf einen Teil des gesellschaftlichen Einflusses zu verzichten. In einem weiteren Sinne hat das laut Canetti mit dem tiefen Mißtrauen zu tun, das die Weltreligionen bezüglich der Masse immer an den Tag gelegt haben. Canetti sagt: „In den Abfallsbewegungen, die die Kirchen fürchten und verfolgen, richtet sich dieselbe Art von

Wunder gegen sie, und die Verletzungen, die ihnen so am eigenen Leibe zugefügt werden, sind schmerzlich und unvergeßlich. Beides, das rapide Wachstum in ihrer Frühzeit und die nicht weniger rapiden Abfälle später, erhalten ihr Mißtrauen gegen die Masse immer am Leben.

Was sie sich wünschen, ist im Gegensatz zu dieser eine folgsame *Herde*. Es ist üblich, die Gläubigen als Schafe zu betrachten und für ihren Gehorsam zu loben."[3]

Wichtig ist hervorzuheben, daß der „Atheismus" das neue Feindbild der Kirche ist, oder vielleicht nur das alte, das neue Formen angenommen hat. Das bedeutet eine enorme Neuordnung aller Tätigkeiten der Kirche selbst, von den Anpassungen, Definitionen, Berichtigungen in Bereichen der Doktrin her, wofür die Enzyklika „Centesimus Annus" einen Beweis gibt – in Chile gab es mehrere Dokumente, die im Rahmen einer Kampagne veröffentlicht wurden und die von einer „moralischen Krise" sprechen –, bis zu dem Wandel, der innerhalb des Klerus durch die Neuernennungen des Vatikans stattgefunden hat. Es wurden Männer ernannt, deren Hauptaugenmerk der Pastoralarbeit und der Bewahrung der Theologie gilt und die eine ziemliche Distanz zu den Vertretern der sogenannten „Befreiungstheologie" aufweisen.

Auf den Einfluß, im Kampf gegen autoritäre Regierungen gewonnen, wird nicht uneingeschränkt oder gar freiwillig verzichtet. Die Zerstörung der Diktaturen hat zusammen mit dem Bedeutungsloswerden der jetzigen politischen Linken dazu beigetragen, daß wir uns einer Situation gegenübersehen, in der die Kirche keine wichtigen Opponenten mehr innerhalb des Kulturbereiches unserer Gesellschaft hat.

In Chile hat der Erzbischof von San Diego kürzlich gesagt, daß es nicht nur solche Leute seien, die dem katholischen Glauben fernstehen und die keine anderen religiösen Ausdrucksformen gefunden haben, sondern daß „es auch Katholiken gibt, die die Gebote Gottes zurückweisen und die moralische Autorität der Kirche nicht anerkennen. Sie behaupten von sich, katholisch zu sein, aber sie akzeptieren nicht die Moral der Kirche, weder im privaten noch im öffentlichen Bereich."[4] Was der Erzbischof behauptet, geht ein wenig über den unendlichen Streit hinaus, was eigentlich einen Christen bzw. Nichtchristen ausmacht. Er spricht von einer Realität der wachsenden Straflosigkeit im Bereich der Worte: Für viele Menschen ist der gewöhnliche Diskurs der Erzieher, der Politiker und der Priester bedeutungslos geworden; man widersetzt sich diesem Diskurs nicht, aber man mißt ihm auch keine Bedeutung mehr zu. Die Macht liegt irgendwo anders, und die materiellen Grundbedingungen der Mehrheit haben mit ihm nichts zu tun. Es stimmt wahrscheinlich, was Huntington behauptet, daß nämlich die wirtschaftliche Entwicklung und der Katholizismus die wichtigsten Kräfte sind, die hinter dem Demokratisierungsprozeß stehen – Chile scheint ein gutes Beispiel zu sein –, und auch, daß dieser Prozeß zu dem führen kann, was der Erzbischof warnend als „permissive Gesellschaft" genannt hat. Doch ist es selbstverständlich, daß der „permissive Charakter" der Gesellschaft nicht mehr ist als die Möglichkeit des Konsums, die diese Gesellschaft bietet, wenn sie ein bestimmtes Entwicklungsniveau erreicht hat.

Aber auf welche Weise kann man das, was von der Kirche hier geäußert wurde, mit den spezifischen Ideen Canettis über die Religion in Verbindung setzen? Auf welche Weise können Canettis Ideen wesentliche Merkmale des Kirchenlebens erleuchten? Diese Überlegungen sind allgemeinen Einschränkungen unterworfen, die wir hier definieren wollen.

Es ist nicht möglich zu denken, daß Canetti uns eine definitive und vollkommene Antwort auf das komplexe Problem der Religion geben kann. Wie er selber sagt: „Aus der Dynamik der Meuten und der besonderen Art, wie sie ineinander spielen, erklärt sich der Aufstieg der Weltreligionen.

Eine erschöpfende Deutung der Religionen ist hier nicht möglich. Sie wird der Gegenstand eines besonderen Werkes sein."[5]

Hier müssen wir uns auch mit dem Problem des Glaubens beschäftigen. Ein Problem, das sich rationalen Terminologien entzieht. Die Übersetzung des Glaubens auf der Ebene der Ratio riskiert ihre eigene Zerstörung und ist nicht sehr überzeugend. Die Religiosität ist ein entscheidendes Element innerhalb der Ratio, und ihre Position liegt zwischen Mystik und Logik. Für manche bedeutet der Glaube einen Weg, eine Wahrheit zu erlangen, die die Vernunft nie erreichen kann. Der Glaube, von manchen gefeiert und von anderen zurückgewiesen, ist aber weiterhin ein komplexes, ausweichendes Problem.

Eine Organisation, die man betrachten muß, will man Kirchenleben verstehen, sind die sogenannten Basisgemeinden. Es wurde gesagt, daß die Verschiedenartigkeit dieser Basisgemeinden auf ihre Mikrostrukturen zurückgeführt werden muß, die organisch eine Pfarre beleben und die dazu führen, daß mit ihrer Stärkung ein säkularer Kampf begonnen wurde, ein Kampf im sozialpolitischen Bereich.[6] Das heißt, jede Basisgemeinde nimmt eine andere Form an, je nachdem, welche Richtung ihre Führungspersönlichkeiten innerhalb der katholischen Kirche einnehmen und in welchem politischen und gesellschaftlichen Umfeld sie sich befindet.

Die Basisgemeinden haben sicher einen Impuls zur Erneuerung der Kirche gegeben, aber man muß auch bedenken, daß das nur im Kampf um die Demokratisierung der Gesellschaft besonders wirksam war, als andere Arten von Gemeinden innerhalb der Kirche keine Bedeutung hatten und als andere politische Kräfte noch keine ideologische Wirksamkeit für sich einfordern konnten. Eine Reihe von Personen, die zu diesen Gemeinden gestoßen sind, hatten die Überzeugung, daß sie ein gemeinsames christliches Leben suchen müßten und sich dabei auf das Wort Gottes stützen sollten. Sie interpretierten die Schriften und fühlten, daß die christliche Botschaft in ihrem Leben wirksam wird. Der Sinn ihres Lebens, der manchmal in Frage gestellt wurde, wird jetzt durch das Leben in der Gemeinde erleuchtet. Jedes Mitglied der Gemeinde hört dem anderen zu. Die wichtigen Ereignisse werden gemeinsam besprochen. Wenn sich jemand freut, dann teilt er diese Freude auch den anderen mit. Wenn jemandem Leid widerfährt, dann fühlt er sich von den anderen gestützt, wenn jemand die Hoffnung verliert, dann helfen ihm die anderen, damit er sich nicht von Gott entfernt. Hier gibt es ein enges Band zwischen den Menschen, die innerhalb der Gemeinde sich gegenseitig Schutz und Unterstützung gewähren. In der Gemeinde ist niemand allein, es gibt immer jemanden, der sich für einen verantwortlich fühlt, und dies geschieht unter dem Schutzmantel der Kirche. Die wichtigsten Wünsche einer Gemeinde sind folgende: Das Leben der Mitglieder der Gemeinde soll immer christlicher werden, und es sollen neue Gemeinden entstehen, die dasselbe anstreben.

Diese Basisgemeinden wurden von kleinen Gruppen von Leuten gebildet. Sie sind in weiten Bereichen Lateinamerikas wirksam geworden. Manchmal war das Anwachsen dieser Gruppen so stark, daß ihren Forderungen nach mehr Raum und nach einer expliziten Anerkennung von seiten einer mißtrauischen kirchlichen Hierarchie nicht widersprochen werden konnte. Es stimmt, daß das schnelle Anwachsen und die rasche Verbreitung der katholischen Basisgemeinden eine Ausweitung eines spezifischen Aspekts der christlichen Kultur, des christlichen Lebensbildes und der christlichen Lebensart mit sich brachten; es stimmt auch, daß diese Gemeinden mit ihrer eher provokanten Sprache die „Herzen der Menschen“ erreichten. Ihre allgemeinen Eigenschaften unterscheiden sich bezüglich ihrer Orientierung innerhalb der Kirche nicht wesentlich voneinander, trotz ihrer sonstigen Verschiedenheit. Bei allen findet man, mehr oder weniger stark, eine Kritik der christlichen Lebensausdrucksformen, die innerhalb der Gesellschaft im Vordergrund gestanden waren, und eine Suche nach einem tieferen und wahrhaftigeren Sinn des christlichen Lebens. Und oft das Verlangen nach einer Rückkehr zu dem, was die reine Lehre der Evangelien verkündet.

Es ist augenscheinlich, daß sich die Basisgemeinde durch gewisse Begriffe im Werk von Elias Canetti beschreiben läßt. Die Massenkristalle z. B. werden von Canetti definiert als „kleine, rigide Gruppen von Menschen, fest abgegrenzt und von großer Beständigkeit, die dazu dienen, Massen auszulösen“.[7] Auch wenn er über die Meute spricht, behauptet er: „Massenkristalle und Masse, im modernen Sinne des Wortes, leiten sich beide aus einer älteren Einheit her, in der sie noch zusammenfallen; diese ältere Einheit ist die *Meute.*“[8] Das besagt, daß der Massenkristall und besonders die Meute Ideen sind, die auf plausible Weise mit der christlichen Basisgemeinde in Verbindung gebracht werden können. Die Gemeinden waren imstande, Massen auszulösen, wenn es darum ging, gegen die Diktatur zu protestieren oder einen Papstbesuch zu begleiten. Es ist jetzt nicht meine Absicht, die genaue Übereinstimmung einer Idee mit einer bestimmten Realität darzulegen. Ich möchte dazu nur einige Versuche anstellen und vielleicht gleichzeitig tiefer in die Natur und Art des religiösen Lebens eingehen, wie sie an einigen Ideen von Canetti dargestellt wird.

Canetti behauptet von der Meute, daß von den vier wesentlichen Eigenschaften der Masse bei ihr *Wachstum* und *Dichte* nur gespielt werden, während *Gleichheit* und *Gerichtetheit* vorhanden sind.[9] Auch innerhalb der Gemeinden sind alle gleich, alle haben eine Richtung. Obwohl die Kirche streng strukturiert ist, gibt es innerhalb einer Gemeinde in dem Maß Gleichheit, als die Mitglieder oft die Erfahrung des Teilens erleben und so zu einem tieferen Sinn der Existenz gelangen. Außerdem haben alle Mitglieder einer Gemeinde dieselbe entfernte Richtung: ihr ganzer Glaube beruht auf der Idee der Überwindung des Todes im Jenseits. „Das Jenseits“, sagt Canetti, „in dem die Seligen auf alle die warten, die sich einen Platz darin verdient haben, ist ein wohlartikuliertes Ziel und den Gläubigen allein zugehörig.“[10] In den Gemeinden sind aber, obzwar die Hoffnung auf das Jenseits immer anwesend ist, auch andere Ideen vorhanden, haben auch andere Ziele ihre Wichtigkeit. Der Kampf gegen Unterdrückung und Unrecht zum Beispiel oder ein Leben innerhalb der Liebe Gottes sind Ziele, die der Gemeinde auch eine Richtung gewähren.

In Bezug auf die Basisgemeinde mit ihren Implikationen und Verzweigungen innerhalb der gesamten Masse der Gläubigen kann man von einer *Erwartungs*-Meute sprechen. „Sie hat Geduld“, so Canetti, „eine Geduld, die an so Versammelten besonders auffallend ist.“[11] Oder man beobachtet die Gläubigen bei der Kommunion: „In den höheren Religionen spielt bei der Kommunion etwas Neues mit, der Gedanke an eine Vermehrung der *Gläubigen.*“[12] Was uns selbstverständlich zur Idee der Vermehrungsmeute führt, was uns zur Idee der Verwandlung führt, etc. Jede Idee von Canetti führt uns zu allen anderen: Viel mehr als um eine Anordnung linearer Begriffe handelt es sich dabei um ein Netz, das sich in alle Richtungen artikuliert.

Aber es gibt eine Hierarchie: Das Christentum ist eine Klagereligion, und vor allem in diesem Sinne muß man es betrachten. Canetti behauptet über die Religionen der Klage: „Die Legende, um die sie sich bilden, ist die eines Menschen oder Gottes, der zu Unrecht umgekommen ist. (...) Eben dieser Tod hätte sich nie ereignen dürfen, und der Schmerz um ihn ist über alle Maßen groß."[13] Canetti fügt hinzu, daß immer Wunden und Blut vorhanden sind, „der Tote ist den Menschen zuliebe gestorben, die um ihn klagen. (...) Sein Tod wird von den Klagenden nicht anerkannt. Sie wollen ihn wieder am Leben haben."[14] Andere kommen zu den Klagenden hinzu, und die Klagemeute verwandelt sich in eine wachsende Masse. Canetti fragt sich: „Warum schließen sich so viele der Klage an? Was macht ihre Anziehung aus? Wozu verhilft sie den Menschen?"[15] Er gibt uns die Antwort: „...die Jagd- oder Hetzmeute *entsühnt sich* als Klagemeute. Als Verfolger haben die Menschen gelebt, und als Verfolger leben sie auf ihre Weise immer weiter. Sie suchen nach fremdem Fleische, und sie schneiden hinein, und sie nähren sich von der Qual der schwachen Geschöpfe. In ihrem Auge spiegelt sich das brechende Auge des Opfers, und der letzte Schrei, an dem sie sich ergötzen, gräbt sich unauslöschlich in ihre Seele. Vielleicht ahnen die meisten von ihnen nicht, daß sie mit ihrem Leibe auch das Dunkel in sich nähren."[16] Nach Canetti ist es daher unsere Eigenschaft als Raubtier, als fleischfressendes Tier, was uns veranlaßt, eine Jagd- bzw. Hetzmeute zu bilden. Wir ahnen laut Canetti nicht immer, daß durch die Ernährung unseres Leibes auch die Finsternis in uns selbst genährt wird. Man muß hier betonen, daß Canetti nicht in Metaphern spricht, er meint es wortwörtlich. In seinem Kapitel über die Psychologie des Ergreifens und Einverleibens behauptet er, wenn er über die Verdauung spricht: „Der konstante Druck, unter dem die Speise gewordene Beute steht, während der ganzen langen Weile, die sie durch den Leib wandert, ihre Auflösung und die innige Verbindung, die sie mit dem Verdauenden eingeht, das vollkommene und endgültige Verschwinden erst aller Funktionen, dann aller Formen, die einmal ihre eigene Existenz ausgemacht haben, die Angleichung oder Assimilation an das, was vom Verdauenden als Leib bereits vorhanden ist – all das läßt sich sehr wohl als der zentralste, wenn auch verborgenste Vorgang der Macht sehen."[17] Und er fügt wenig später hinzu: „Aber es ist klar, daß *alle* Phasen dieses Vorgangs, nicht nur die äußerlichen und halbbewußten, sich auch im Seelischen abzeichnen müssen."[18]

Hier nun muß man die Erklärungen Canettis ergänzen, und zwar in Bezug auf die Frage, warum so viele Menschen sich der Klage anschließen. Wir wissen, daß die Menschen, wenn sie ihren Körper nähren, auch ihre innere Finsternis nähren. „Aber Schuld und Angst in ihnen nehmen unaufhaltsam zu, und so sehnen sie sich ahnungslos nach Erlösung. So schließen sie sich einem an, der für sie stirbt, und in der Klage um ihn fühlen sie sich selber als Verfolgte. Was immer sie getan, wie immer sie gewütet haben, für diesen Augenblick stellen sie sich auf die Seite des Leides. Es ist ein plötzlicher und weittragender Wechsel der Parteien. Er befreit sie von der angesammelten Schuld des Tötens und der Angst, daß der Tod sie selber trifft. Was immer sie anderen angetan haben, das nimmt ein anderer nun auf sich, und, indem sie ihm treu und ohne Rückhalt anhängen, entgehen sie, so hoffen sie, der Rache."[19]

Legt jetzt Canetti seinen Finger auf die Sünde, weil die Erfahrung der Sünde eng verbunden ist mit der christlich religiösen Erfahrung? Es sind nicht die guten Werke oder die Erfüllung des Gesetzes, die den Menschen von der Sünde befreien. Auch mit dem Glauben ist der Mensch weiterhin ein Sünder, aber er ist nicht mehr allein. Auf seiner Seite hat er die Liebe Gottes. Aber allgemein gesprochen, es ist nicht das erste Mal, daß ein Denker geglaubt hat, den Mechanismus gefunden zu haben, durch den die Menschen einer Religion zulaufen, in unserem Fall dem Christentum. Canetti jedoch hat klare Unterscheidungen zwischen den verschiedenen Religionen aufgezeigt, je nach den verschiedenen Arten von Meuten, die ihre Basis sind. Aber in der Kernpunkterklärung, die Canetti bietet, gelten weiter jene Mechanismen, die „für den seelischen Haushalt der Menschen unentbehrlich sind, solange sie das Töten in Meuten nicht aufgeben können".[20] Nun gut, wenn man eine solche Erklärung einem Christen gibt, wird er sich zuerst sicher überhaupt nicht erkennen. Nicht nur weil Argumente oft impotent sind gegenüber Überzeugungen und Glaubensbekenntnissen, die das Leben der Menschen beherrschen, sondern auch weil die Unterscheidungen, die man einführt, die grundlegende Einheit seiner Existenz zerbrechen. Die Sprache des Gläubigen, wie Kolakowski sie nennt, ist die Sprache des Heiligen,[21] es ist unmöglich, diese Sprache in die Sprache des Ungläubigen, des Profanen, zu *übersetzen*. In gewissem Sinne ist die Sprache des Gläubigen mutiger als die Sprache des Ungläubigen, weil sie Aussagen über das Leben, den Tod, das Universum etc. beinhaltet; Aussagen, die nicht bewiesen, sondern nur aus dem Glauben heraus akzeptiert werden können. Die Ironie und der Skeptizismus des Nichtgläubigen sind für den Gläubigen niemals eine bloße Frage eines intellektuellen Kampfes. Die Grundfesten seines Glaubens, die Pfeiler seines Lebens sind bedroht durch den Skeptizismus, daher muß es bei ihm natürlicherweise zu einer Intoleranz gegenüber denen kommen, die sich nicht innerhalb seiner Religion befinden. Die offene Haltung und die tolerante Einstellung einiger Sektionen der katholischen Kirche haben es aber auch nicht geschafft, einen breiten Raum innerhalb der Gesellschaft und der Kultur einzunehmen.

In Bezug auf Canettis Erklärung der Religion muß man sagen, daß diese eine bewundernswerte Reduzierung in mehr als einem Sinne ist, jedoch im Endeffekt eine Reduzierung. Was hat das komplexe Problem des spirituellen Lebens vieler Gläubiger mit der Schuld zu tun, mit der Angst vorm Töten? Was haben alle diese Tausenden Menschen, die man tagtäglich sieht, Christen und Nichtchristen, mit dem Töten in Meuten zu tun? Ist es deswegen, weil wir Fleischfresser sind, daß wir in die Kirche gehen und dort beten? Die einfachen Menschen, die Armen im Geiste, nehmen auch die an dieser psychischen Ökonomie teil, die zum Ziel hat, die Angst und das Schuldgefühl zu erleichtern, sich von einer Jagdmeute in eine Klagemeute zu verwandeln? Wo gibt es in diesem Kontext die eigentlichen Mörder, die die letzten Blicke ihrer Opfer eingeschrieben in ihren Seelen tragen? Jedoch die Menschen töten, sie töten oft in Meuten, und Tausende oder Millionen von Menschen haben zu diesem Töten geschwiegen, es sogar gerechtfertigt, und dies geschah sehr oft in christlichen Gesellschaften.

Trotzdem ist die Erklärung Canettis ungenügend. Dieses Problem muß mit den Schwierigkeiten des Übergangs des Individuums in die Gesellschaft oder auch des Übergangs von der Gesellschaft zum Individuum zusammengebracht werden. Ausgangspunkt ist zum Beispiel das Individuum. In diesem Fall nähren wir, wenn wir unseren Körper nähren, auch die Finsternis in uns selbst, oder anders ausgedrückt: der, der einen anderen zum

Opfer macht, nährt die Finsternis in sich selbst, und die Schuld und Angst wachsen unaufhörlich an. Wie kann man, vom Prinzip des Individuums ausgehend, zu einer zufriedenstellenden Erklärung der Gesellschaft in all ihrer Komplexität gelangen? Das Problem ist auch umgekehrt vorhanden. Wie kann man, ausgehend von den Begriffen der Massen und Meuten, wo das Individuum verschwunden ist oder eine sekundäre Rolle spielt, zu einer Erklärung der Religionen kommen, die imstande wäre, die individuelle religiöse Erfahrung in Betracht zu ziehen?

Man kann behaupten, daß die Subtilität des inneren Lebens eines religiösen Menschen hier bedeutungslos sei, daß dieses paradoxe Gebiet Angelegenheit von Mystikern und Dichtern sei. Doch wenn man diese Unterscheidung macht, teilt man die Person in zwei Teile. Der Teil, in dem der Gläubige als Mitglied einer Klagemeute auftritt, ist von Interesse, der andere Teil, der persönliche und intime Teil, ist durch ein Begriffsnetz nicht zu erfassen. Mit diesem Vorgehen erreicht man eine Beschreibung der Religion als soziales Phänomen, das parallel mit einer blaßen Spiegelung des religiösen Individuums einhergeht.

Andrerseits erscheint die Idee, daß, wenn man andere zum Opfer macht, man die Finsternis in sich selbst nährt, vom Prinzip her sehr breit anwendbar. Genau dieses Prinzip oder ein sehr ähnliches erscheint im „Augenspiel". Canetti kommentiert darin den enormen Eindruck, den auf ihn Büchners „Wozzeck" machte. Canetti nennt die Gewalt, die andere Personen auf Wozzeck ausüben, *Selbstanprangerung*.[22] Die Figuren des Stücks greifen durch ihre Worte Wozzeck an, und diese Worte „haben die schwersten Folgen".[23] Über diese Figuren schreibt Canetti: „Niemand hat ihnen ihre Stimme geliehen, sie sagen sich und schlagen mit sich auf ein und denselben los, eben auf Wozzeck, und entstehen, indem sie auf ihn schlagen."[24]

In Chile, um ein mir nahes Beispiel zu geben, konnte man in den Jahren nach dem Militärputsch eine Sprache hören, die gegen gewisse Ziele klopfte und schlug. An der systematischen Produktion dieser Sprache, die gegen die Kommunisten, gegen die Demokraten, die Dissidenten, gegen alle außer Landes Geflüchteten wetterte, nahmen „angesehene" Mitglieder unserer Gesellschaft teil, und sie alle suchten immer strengere Sätze, immer schlagendere Eigenschaftsworte. Für die große Mehrheit war es fast nicht möglich zu erkennen, daß allein schon diese Sprache, die in Hammerschlägen niederging, sie desavouierte, und indem sie andere zu Opfern machten, ernährten sie die eigene Finsternis. Diese Erniedrigung erreichte schnell die ganze chilenische Gesellschaft.

Um diese Skizze, diese Ausführungen über Religion und Kirche zu ergänzen, muß man einige Behauptungen Canettis berücksichtigen, die er im Kapitel „Katholizismus und Masse" darlegt. Laut Canetti fühlt der Katholizismus von jeher Mißtrauen gegenüber der Masse: „Die Gefährlichkeit plötzlicher Ausbrüche, die Leichtigkeit, mit der sie weitertreiben, ihre Raschheit und Unberechenbarkeit, vor allem aber das *Abheben der Distanzlasten,* zu denen die Distanzen der kirchlichen Hierarchie in besonders hohem Maße zu rechnen sind – das alles hat die Kirche schon früh dazu bestimmt, in der offenen Masse ihren Hauptfeind zu sehen und sich auf jede mögliche Weise gegen sie zu stellen."[25] Außerdem: „Auf mehr als eine Weise wird die Verbindung unter den Gläubigen selber verhindert. Sie predigen nicht zueinander; das Wort des einfachen Gläubigen hat keinerlei Heiligkeit."[26] Alles kommt aus der ekklesiastischen Hierarchie, und an sie soll man sich halten in jeder wesentlichen Sache. Der Gläubige als Mitglied der Kirche hat keine Autonomie.

Canettis Betonung der strengen hierarchischen Struktur der katholischen Kirche steht im Gegensatz zu dem, was wir über die große Bedeutung der christlichen Basisgemeinden innerhalb der Kirche behauptet haben, und auch dazu, was die Kirche in Chile und anderen lateinamerikanischen Ländern im politischen Bereich mit breiter Unterstützung des Volkes geleistet hat. In all den Ländern, in denen sich viele Katholiken auf die Seite der sozialen Bewegungen gestellt und einen ziemlich bedeutenden Grad an Autonomie erreicht haben. Tatsächlich wurde behauptet, daß die Basisgemeinden ein entferntes Ergebnis des vatikanischen Konzils sind. Sie wurden 1968 durch die lateinamerikanische Bischofskonferenz in Medellín gestärkt. Bei dieser Bischofskonferenz wurden die starken Laienbewegungen hervorgehoben und ihre Bedeutung für die Dekade von 1950 bis 1960 herausgestrichen.[27] So kam es dazu, daß der Hierarchie eine gewisse Autonomie entzogen wurde. Dieselbe Hierarchie war jetzt bestrebt, in Lateinamerika diese Basisbewegungen zu legitimieren. Die Konferenz von Medellín kam so weit, zu behaupten, daß die Basisgemeinde ein Kern innerhalb der Kirche ist und ihre Verantwortung zur Ausweitung des Glaubens zu übernehmen hat; sie sei auch verantwortlich für den Reichtum und die Verbreitung des Glaubens.

Es wäre daher leicht, in Canetti einen Denker zu sehen, der nur an eine präkonziliare Kirche denkt, der nie die Möglichkeit hatte, das Gemeinschaftsleben der Kirchen Lateinamerikas und auch nicht die sozialen Bedeutungen dieser Bewegungen kennenzulernen. Canetti fügt aber am Ende des Kapitels hinzu: „Ihre Funktion ändert sich völlig in Zeiten der Gefahr. Nicht immer kann sich die Kirche ihre vornehme Zurückhaltung, ihre Abneigung vor der offenen Masse, das Verbot, das sie auf deren Bildung gelegt hat, erlauben. Es gibt Zeiten, in denen Feinde von außen sie bedrohen oder in denen der Abfall so rapid um sich greift, daß er nur mit den Mitteln der Seuche selber zu bekämpfen ist. In solchen Zeiten sieht sich die Kirche genötigt, den feindlichen Massen eigene entgegenzusetzen. Die Mönche werden dann zu Agitatoren, die predigend durchs Land ziehen und die Menschen zu einer Aktivität aufrufen, die man sonst lieber vermeidet."[28]

Man kann überlegen, bis zu welchem Ausmaß dieses Jahrhundert eine Epoche der äußerlichen Gefahr für die Kirche war. Es ist offensichtlich, daß der komplette Triumph des sogenannten realen Sozialismus, wenn er tatsächlich gesiegt hätte, das Ende der katholischen Kirche gewesen wäre. Es ist auch ganz offensichtlich, daß die Kirche immer das, was in Osteuropa und in der Sowjetunion geschah, genau in Betrachtung zog bei ihrer Analyse der revolutionären Bewegungen in Lateinamerika und für die Rolle, die sie dabei spielen sollte. Sie spielt dennoch eine Hauptrolle innerhalb der Demokratisierungsbestrebungen, und es wird zu einer neuen Phase im Leben der Kirche, zu ihrer Konsolidierung und Ausweitung in der Gesellschaft und der Kultur kommen. Aber sie wird, ohne *agitatorische* Mönche, hierarchischer und konservativer sein.

Anmerkungen

1 Siehe Samuel Huntington, „Religion and the Third Wave", in: *The National Interest,* Nummer 24, Washington DC 1991

2 Siehe Johannes Paul II., *Centesimus Annus,* Ed. Paulina 1991

3 Elias Canetti, *Masse und Macht,* Frankfurt am Main 1980, S. 21

[4] Carlos Oviedo, *Moral, Juventud y Sociedad Permisiva,* Santiago 1991
[5] *Masse und Macht,* S. 140
[6] Siehe Enrique Correa und Josá A. Viera, *Iglesia y Dictadura,* Santiago 1986
[7] *Masse und Macht,* S. 79
[8] Ebd., S. 101
[9] Siehe ebd., S. 102
[10] Ebd., S. 40
[11] Ebd., S. 128
[12] Ebd., S. 126
[13] Ebd., S. 158
[14] Ebd., S. 160
[15] Ebd., S. 160–161
[16] Ebd., S. 161
[17] Ebd., S. 232
[18] Ebd.
[19] Ebd., S. 161
[20] Ebd.
[21] Laszeck Kolakowski, *Religion,* Great Britain 1982
[22] Elias Canetti, *Das Augenspiel,* München/Wien 1985, S. 22
[23] Ebd., S. 23
[24] Ebd.
[25] *Masse und Macht,* S. 172–173
[26] Ebd., S. 173
[27] Siehe *Iglesia y Dictadura,* a. a. O.
[28] *Masse und Macht,* S. 176

Die Macht der Illusion und die Verwandlung

Canettis und Freuds Religionsdeutungen. Ein Vergleich

Karl Stockreiter

„*Wirklich* wird erst das Erkannte, das man zuvor erlebt hat."[1] Nimmt man die Worte Canettis ernst, daß Erkenntnis zuallererst an die Empfindung des zu Erkennenden geknüpft ist und legt sie einem Vergleich zwischen Canettis und Freuds Religionsdeutung zugrunde, so müssen diese beiden großartigen Entwürfe sich vor diesem unnachgiebigen Gesetz verantworten. Gibt es ein religiöses Empfinden, das ihrem Unternehmen, die Bedeutung der Religion, ihre Stellung in der Kultur zu orten und zu erörtern, vorausgeht, es begründet?

Es ist nicht zu erwarten, dieser Religiosität bei dem ausgeprägten Atheismus beider unverschleiert, auf geradem Wege zu begegnen. Canetti, den der Glaube fasziniert, sieht doch die Götter im Bannkreis von Macht und Tod, in den ebenso die Menschen geschlagen sind.[2] Zu einem einzigen Gott reduzierte sich ihre Vielzahl, aus Unvermögen, untereinander ohne Streit auszukommen.[3]

Nehmen wir die Autobiographie Canettis zur Hand und hören die Sätze, die von seiner „Erleuchtung" berichten; von jenem Erlebnis, als ihn das Rätsel packte, an dessen Aufklärung er die nächsten fünfunddreißig Jahre seines Lebens setzte: „Was die Masse eigentlich ist, wie Macht aus Masse entsteht und wie sie auf sie zurückwirkt."[4] „Erleuchtung" nennt er es, „denn ihr Erlebnis war mit einem besonderen Licht verbunden".[5] Er befand sich in ungewohnt energischer Bewegung auf einer Straße Wiens. Er lief beinahe, fremdartig, sonderbar schien ihm die Raschheit der Bewegung, zu der auch das *staccato* des Stolperns als integrierter Teil gehörte und ein begleitendes Sausen in den Ohren. Da zuckte ihm plötzlich durch den zum roten Himmel emporgestreckten Kopf der Gedanke und traf ihn mit „ungeheurer Gewalt"; dieser *eine* Gedanke, daß „etwas die Menschen dazu zwinge, zu *Masse* zu werden",[6] ein Massentrieb, der den einzelnen ergreift und ihn, seinen Widerstand für nichts erachtend, in der Masse aufgehen läßt. Eine Ergriffenheit angesichts der Masse übrigens, die Canetti schon früher an sich selbst bei den Arbeiterdemonstrationen in Frankfurt erfahren hatte.

Betrachtet man die Erscheinungsform dieses bewegten Augenblicks genauer, so fällt auf, daß dieselben Merkmale aufblitzen, die nach Canetti die Masse auszeichnen: das heftige Gefühl der Expansion, die energische, in eine Richtung vorstoßende Bewegung, die immer wieder ins Stocken gerät, die Spontaneität; und auch das Gefühl der Fremdheit gehört dazu, das von der Distanz des einzelnen kündet, der sich noch sträubt, von der Gesamtbewegung mitgerissen zu werden.

Es ist so, als spräche Canetti – berichtet er von jenem Augenblick der „Erleuchtung" – von der Ergriffenheit durch die Masse, von der Masse allein, der inneren Masse, die in der *Blendung* von der Figur des Psychiaters George Kien in ihrer faszinierenden und verborgenen Macht beschworen wird. Ergreifend ist es, wenn Canetti dieses Erlebnis der „Masse allein" in Worte aus der religiösen Sphäre kleidet. Denn die „Erleuchtung" mit ihrem besonderen Licht, der Bedeutung des Himmels, dem einen, einzigen Gedanken, der einen packt – wie eine Gewalt, die von außen wirkt –, und dem Sausen in den Ohren, sie steht in einer ehrwürdigen Tradition der Mystik, die mit Augustinus, der seinerseits auf Mysterienerfahrungen zurückgriff, ihren Anfang nahm.

Indem Canetti vom Erlebnis der „inneren Masse" in mystischen Worten berichtet, gibt er wichtige Hinweise für eine Erklärung der Anziehungskraft der Masse, der man – wie er selbst erfahren hatte – so gern und ohne Widerstand verfällt.[7] Wie in jenen hervorgehobenen Momenten der *unio mystica,* in denen der Mystiker sich zu dem *Einen* emporhebt, um jegliche schmerzliche Zweiheit, die Trennung in Geschlechter, um die Nähe des Todes unter sich zu lassen und die Süßigkeit Gottes wenigstens mit der Seelenspitze zu kosten, so beruhe auch die Anziehungskraft der Masse auf der Sehnsucht nach dem *Einen,* dem Einssein in der Masse. Ihre Mischung aus Attraktivität und Bedrohlichkeit hat Canetti in unnachahmlicher Weise zusammengefaßt: „Die Eins hat uns gepackt und nun haben wir ihr ewig im Maul zu hängen."[8]

Doch vergessen wir nicht auf Freud. Sein Denken scheint keine Brücken zu schlagen zwischen Atheismus und religiösem Empfinden. Seine lakonische Respektlosigkeit seit seiner Jugendzeit gegenüber Religion wie die, „daß die Religion, mäßig genossen, die Verdauung fördere, ihr aber im Überfluß schade",[9] ist bekannt. Doch soll man sich von überwältigender Eindeutigkeit nicht abschrecken lassen.

Rätselhaft ist die Beunruhigung, mit der Freud auf den Vorschlag seines Freundes Romain Rolland reagierte, das „ozeanische Gefühl" als grundlegend für religiöse Erfahrung zu betrachten.[10] Freud schien von Rollands Einwurf schockiert gewesen zu sein. Er, der darauf bedacht war, Briefe unverzüglich zu beantworten, zögerte über ein Jahr, Rolland zu schreiben und versucht im ersten Kapitel seines Werkes *Das Unbehagen in der Kultur,* offensichtlich zwiespältig, aber ernsthaft, intellektuellen Zugang zu Rollands Begriff des „ozeanischen Gefühls" zu finden. Er lehnt das „Eins-Sein mit dem All" – seine Übersetzung dieses Gefühls – als Quelle religiöser Bedürfnisse ab und führt es auf die Hilflosigkeit des Säuglings in der frühen Mutter-Kind-Beziehung zurück.

Vieles spricht dafür, daß sich Freud vor der Verschmelzung mit dem Universum, der weiblichen, ozeanischen, religiösen Übereinstimmung – Rollands Mystik – schützt, indem er einen abstrakten Monotheismus, der rational und im wesentlichen männlich ist, dagegen setzt.

Zeigt nicht jene Verstörung durch das „ozeanische Gefühl", zu dessen Abwehr Freud seine umfassende Religionskritik aufbietet und die Sehnsucht nach dem Vater in deren Zentrum stellt, die Beunruhigung vor dem Eins-Werden auf, dieser Verheißung auch der Masse? Die Attraktivität des Eins-Seins, zu dem die Masse verführt, Freud muß sie gekannt haben. Hat er deswegen einem Führer einen wesentlichen Beitrag bei der Bildung von Massen zugeschrieben, um sich – vor ihrer Verführungskraft gefeit – die Masse zehn Schritte vom Leib halten zu können und sich selbst gegenüber der Masse als Gegenstand wissenschaftlicher Untersuchung als Mentor zu sehen? Eilfertigen Festlegungen aber, hinter denen die Arroganz des Begriffs lauert, sei mißtraut.

Halten wir die bisherigen, noch sehr rätselhaften Beobachtungen fest, die die Religion und religiöse Gefühle in die Nähe von Masse und Massenphänomenen rückten, und sprechen wir die Gewißheit aus, daß Freuds Religionsdeutungen – hierin Canettis Vorgangsweise ähnlich – die herkömmlichen Grenzen der wissenschaftlichen Disziplinen bewußt überschreiten und nur als integrierter Bestandteil seiner Theorie der Kultur verständlich werden.

Schon bevor er an seinem Roman *Die Blendung* zu schreiben begann, ahnte Canetti die Bedeutung von Massen in Religionen, und sein Wunsch nach der Kenntnis aller Religionen war von der Begierde verstärkt, die Rolle von Massenvorgängen bei der Genese religiöser Bewegungen zu begreifen.[11]

In *Masse und Macht* führt uns Canetti die Eigenart der Meute vor, ihre Formen und ihre Funktionen. „Die Meute besteht aus einer Gruppe erregter Menschen, die sich nichts wünschen, als *mehr zu sein*."[12] Älter und begrenzter als die modernen Massen, die wir kennen, zeichnet sie die Gemeinsamkeit der Erregung aus; sie ist eine „Einheit der Aktion", aus dem Umschlagen der verschiedenen Meuten ineinander, ihrer Dynamik, erkläre sich der Aufstieg der Weltreligionen; denn ihre Erregung kann sich zum tragenden Gefühl einer Gesellschaft von Menschen ausdehnen. Eindrucksvoll und schrecklich ist die Wirkung der wilden Meuten als Massenkristalle, die sich in Kultveranstaltungen zu Massen erweitern können, in der Schilderung der Feier der Auferstehung in der Grabeskirche zu Jerusalem enthalten.[13] Die Raschheit der Massenbildung, die Entzündlichkeit der Erregung, die wie ein Lauffeuer um sich greift, die Raserei der Masse, ihr Schwanken wie ein Kornfeld im Wind, ihre Katastrophenfaszination werden in den greifbaren Umrissen eines Erlebnisses vor Augen geführt.

In Canettis Religionsdeutung ist die enge und komplizierte Verflechtung von Masse und Religion evident. Aber bei Freud? Beschränkt sich bei ihm nicht der Wirkungszusammenhang von Masse und Religion auf die Stilisierung der Kirche zur künstlichen Masse, die er – von Canetti zu Recht gescholten – seinem Begriff der Masse unterlegte? Greifen wir eine Stelle aus seinem Buch *Das Unbehagen in der Kultur* auf. Um Leid abzuwehren, als radikales Linderungsmittel gegen die Schmerzen und Enttäuschungen, welche die Realität dem einzelnen bereithält, reiche die milde Narkose, in die uns die Kunst versetzt, nicht aus. So tritt der Fall ein, „daß eine größere Anzahl von Menschen gemeinsam den Versuch unternimmt, sich Glücksversicherung und Leidensschutz durch wahnhafte Umbildung der Wirklichkeit zu schaffen. Als solchen Massenwahn müssen wir auch die Religionen der Menschen kennzeichnen."[14]

Bedeutsam scheinen diese Worte in zweierlei Hinsicht: Nicht nur, daß Masse konstitutiv auf religiöse Bewegungen bezogen wird, Freud weist auch auf die Bedeutung des Wahns bei der Entwicklung von Religionen hin. Hier öffnen sich mehrere Analogien zu Canettis Werk. Doch um die Reihe Masse-Wahn-Religion verstehen zu können, muß sich die Aufmerksamkeit vorerst auf einen Begriff konzentrieren, der den Kern der Freudschen Religionskritik bildet, ich meine die Illusion.

Die Kultursphäre, die Freud im Sinne seiner Modelle der Metapsychologie umschreibt, bildet den Raum, in dem er der Religion ihre Stellung zuweist. Er befragt sie nach ihrer libido-ökonomischen Funktion. Innerhalb einer solchen ökonomisch orientierten Interpretation erscheint die Religion als „Illusion".[15]

Was veranlaßt die Menschen, zu Illusionen zu greifen? Unermüdlich hebt Freud hervor, daß es die Hauptaufgabe der Kultur sei, uns gegen die Natur zu verteidigen. Trost soll sie dem schwer bedrohten Selbstgefühl des Menschen bringen und Schutz vor der Übermacht der Natur und den Zerreißungsvorgängen angesichts der Hinfälligkeit des Körpers. Daher seien auch die religiösen Vorstellungen aus dem Bedürfnis entstanden, die menschliche Hilflosigkeit erträglich zu machen. „Die Götter", schreibt Freud, „behalten ihre dreifache Aufgabe, die Schrecken der Natur zu bannen, mit der Grausamkeit des Schicksals, besonders wie es sich im Tode zeigt, zu versöhnen und für die Leiden und Entbehrungen zu entschädigen, die dem Menschen durch das kulturelle Zusammenleben auferlegt werden."[16]

Die letzte, den Göttern auferlegte Pflicht macht es deutlich: Kultur ist nicht nur Schutz und Tröstung, denn sie impliziert Triebverzicht und Zwang. Man braucht nur an die universellsten Verbote erinnern: das des Inzests, des Kannibalismus, des Mordes. Es geht, sagt Freud, nicht ohne Hilfskonstruktionen, um die Ambivalenz der Kultur zu bewältigen, und er nennt die Fluchtwege, die aus dem Dilemma des dem Menschen auferlegten Triebopfers einerseits und der Überwältigung durch die Naturmacht andererseits führen. Dazu gehören die wichtigen Ablenkungen. Darauf zielt Voltaire, wenn er seinen *Candide* in dem Rat ausklingen läßt, seinen Garten zu bearbeiten, ebenso Freud mit seiner wissenschaftlichen Beschäftigung. Einen anderen Fluchtweg bieten die Ersatzbefriedigungen der Kunst, einen weiteren die Rauschmittel, die den Menschen für sein Elend unempfindlich machen.

Und welchen Rang nimmt die Religion in diesem Katalog von Fluchtmöglichkeiten ein? Freud hält inne. Doch sein Stocken ist ein rhetorischer Kunstgriff. Für ihn steht es fest, daß die Religion mit ihren Zwangseinschränkungen nicht nur analog zur individuellen Zwangsneurose ist, sondern daß sie in ihrer Verleugnung der Wirklichkeit „ein System von Wunschillusionen" enthält, „wie wir es isoliert nur bei einer Amentia, einer glückseligen halluzinatorischen Verworrenheit, finden".[17]

Wahn und Religion gehören zusammen. Die kollektiven Formen der Illusionen, die mit ihrer Verleugnung der Realität wahnhaften Charakter tragen, können dem einzelnen den Weg in die individuelle Krankheit ersparen.

Resümieren wir: Illusionen können aus unterdrückten menschlichen Wünschen abgeleitet werden. Religiöse Vorstellungen sind eine Technik des Wunsches, sie sind „Illusionen, Erfüllungen der ältesten, stärksten Wünsche der Menschheit",[18] mit List haben sie sich den Verboten der menschlichen Stammesgeschichte, der Triebunterdrückung durch die Kultur, dem Druck der Außenwelt entzogen.

Kein Zweifel, nirgends finden wir bei Canetti jene Huldigung des Realitätsprinzips, die Freud dazu verleitet, alle Denkweisen, Phantasien, Imaginationen, die diesem nicht entsprechen, als Erscheinungsformen der Illusion zu betrachten;[19] niemals den Kniefall vor dem Gott Logos, dem Verbündeten der starren Ananke, der verwandlungsunfähigen Realität, und niemals die Ergebung ins Unvermeidliche. Natur gilt ihm nicht – oder weniger – als Quelle des Leids, vielmehr als Reservoir an Verwandlungsvielfalt, an die man sich hält, um den Gefahren der Natur zu begegnen. Doch davon später. Noch gibt es Ähnlichkeiten zwischen Canetti und Freud, unauffälliger zwar als die Unterschiede, doch nicht minder aufschlußreich. Eine betrifft das Verhältnis des Wahns zur Masse.

„In den Vorstellungen der Schizophrenen kommen – unter mannigfaltigen Verkleidungen – alle Arten von Massen vor, die es gibt: Es wäre sogar möglich, mit einer Untersuchung der Masse von hier aus zu beginnen."[20] Diese Worte Canettis wären geeignet, Freuds Weg von der Individual- zur Massenpsychologie zu beschreiben, und spricht er gar davon, daß sich der Schizophrene zuzeiten wie ein Mitglied einer Masse verhält, ja ein „ausgebrochenes Stück Masse"[21] ist, so stößt man im Erfahrungsschatz der Psychoanalyse auf Vertrautes.

Canetti präzisiert die Wechselwirkung zwischen Wahn und Masse. Daß der Psychotiker, dessen Isolation er hervorhebt, in die Illusion des entgegengesetzten Zustandes, in den der Masse verfällt, läge an der Bedeutung des Befehls für die Bildung der Masse. Von jedem Befehl, den der Mensch ausführt und in dessen zivilisatorischen Formen noch die Furchtbarkeit des Todesurteils durchschimmert, bleibt ein Stachel zurück. Wie lange dieser Stachel auch im Menschen haftet, wie tief er sich senkt, „er assimiliert sich nie, er bleibt ein Fremdkörper".[22] Niemand brauche die Masse mehr als der „von Befehlsstacheln strotzende, an ihnen erstickende Schizophrene".[23] Um sich der Qual seiner Last zu entledigen, überläßt er sich der Masse in sich. Nun können Befehle keine Angst mehr auslösen, denn ein Befehl an die Masse hinterläßt keinen Stachel. Mit Nachdruck will das Gewicht dieser Beobachtung für die Erklärung von Massenvorgängen betont sein: „Ein Befehl an viele hat also einen ganz eigenen Charakter. Er bezweckt, aus den vielen eine Masse zu machen, und soweit ihm das gelingt, weckt er keine Angst."[24]

Da sehen wir wieder die Sehnsucht nach dem Eins-Werden, diesen drängenden Wunsch des einzelnen, Vereinzelten, die Bürden, die ihm durch das *Principium individuationis* aufgehalst sind, abzuschütteln. Aber haben wir nicht auch bei Freud eine Intuition – sei's auch in Abwehrhaltung – für die Anziehungskraft der Masse vermutet?

Wir merken, daß bei der Freudschen Religionsanalyse, welche die religiöse Vorstellung dem Wahn anähnelte und ihren triebbestimmten Charakter prononcierte, eine empfindliche Lücke geblieben ist. Warum bezeichnet Freud die Religion als Massen-Wahn? Um dieser Frage nachzugehen, müssen wir auf eine Arbeit Freuds Bezug nehmen, gegen die Canetti jahrzehntelang beharrlich angeschrieben hat: *Massenpsychologie und Ich-Analyse* aus dem Jahr 1921. Freud spricht dort dem Dämon Eros die Macht zu, das Individuum zu zwingen, in der Masse seine Eigenart aufzugeben. Um die Libidobindungen, die eine Masse charakterisieren, zu beschreiben, zieht er – in merkwürdiger Übereinstimmung mit Canetti, nebenbei gesagt – das Schopenhauerische Gleichnis von den frierenden Stachelschweinen heran und stellt dann die Formel für die libidinöse Konstitution einer Masse vor: „Eine solche primäre Masse ist eine Anzahl von Individuen, die ein und dasselbe Objekt an die Stelle ihres Ich-Ideals gesetzt und sich infolgedessen mit ihrem Ich miteinander identifiziert haben."[25] Jenes Objekt ist für Freud der Führer der Masse, dessen hypnotischer Wirkung massenbildende Kraft zugesprochen wird. Die Stärke der Hypnose erklärt er mit dem Wiedererwecken eines Stücks archaischer Erbschaft des Menschen. Die Masse wäre ein „Wiederaufleben der Urhorde"[26], und er fährt fort: Wie die Masse auf die Urhorde, so kann der Führer der Masse auf den gefürchteten Urvater zurückgeführt werden. „Der Urvater ist das Massenideal, das an Stelle des Ichideals das Ich beherrscht."[27]

Die Gestalt des Urvaters, die dem Führer seine beherrschende Macht verleiht, thront nicht nur über der Masse, sondern steht als paternalistisch abgeleitete Gottheit auch an der Spitze der Religionsentwicklung. Freud verschränkt die libido-ökonomische Interpretation der Religion mit einer genetischen. Einst hätten die Söhne vereint den Vater ermordet, um in den Besitz der Frauen zu gelangen. Doch stellten sie unter dem Einfluß des ambivalenten Sohngefühls das Vaterbild wieder her, das Sühne *und* Wiederholung der Tat in sich enthält. So entstand die Religion; und die einst getötete Gestalt rückte in ihr Zentrum. So gaben die Menschen Gott Vatercharakter und folgten damit nicht nur einem frühkindlichen, sondern auch einem phylogenetischen Vorbild.

Freud erscheint die „Ableitung der religiösen Bedürfnisse von der infantilen Hilflosigkeit und der durch sie geweckten Vatersehnsucht unabweisbar".[28] Verstärkt wird diese Sehnsucht durch die Wiederkehr des phylogenetischen Erbes.

Masse, Macht und Religion wären im Innersten miteinander verknüpft, denn der Vater als Massenideal ist auch der Gott des Monotheismus. Dieser soll Trost bringen, doch bleiben ebenso die Ambivalenzzüge, die ihn auszeichnen, erhalten; sie leben in den unnachgiebigen, befremdlichen, nicht selten grausamen Über-Ich-Forderungen weiter, die den Menschen peinigen. Die Nähe dieses Über-Ichs zu Canettis Auffassung des Befehls, zur Fremdheit, die seine Ausführung begleitet, zu seiner Bestimmung als suspendiertes Todesurteil und seinem Stachel, der unveränderlich gespeichert zurückbleibt, ist unübersehbar.

Es ist ratsam, an dieser Stelle unmißverständlich zu betonen, daß die Rekonstruktion von Freuds phantastischer Ethnologie nicht dem Zweck dient, Übereinstimmung zwischen derart unterschiedlichen Denkern wie Freud und Canetti zu erzwingen. Meine Absicht war, das Kräftespiel der Triebe, dem Freud nachspürte, zu zeigen, weiters die schwierige Aufgabe der Kultur, die – in unauflöslicher Paradoxie – für die Triebopfer entschädigen soll, die sie selbst verursacht. Und vielleicht auch: daß Freuds Wiederholungs- und Regressionstheorie vonnöten ist, um die Geschichte der Triebunterdrückung freizulegen, in der die individuellen *und* die phylogenetischen Konfliktstoffe ineinander verwoben sind, und die mit ihrem Ballast dem einzelnen durchaus Anlaß bietet, sein Heil in der Masse zu suchen.

Bekanntlich hat Canetti den Vorwurf an Freud gerichtet, nur von Massen zu sprechen, die einen Führer hätten, immer nur einen einzelnen in Betracht zu ziehen, auf den sich die Masse bezöge.[29] In der Tat, mit Freuds Ansatz kann die Verführungskraft der Masse, die Masse als Phänomen *sui generis,* vor dem Auftreten eines Führers, nicht begriffen werden. Die Beunruhigung, die von ihr ausgeht, die sie auslöst, das Gefühl des Ergriffenseins von der Masse, bleibt unberührt. Gerade auf die Ergriffenheit des einzelnen hinsichtlich der Masse legt Canetti besonderen Wert. Er führt das Wort Ergriffenheit auf seinen etymologischen Ursprung zurück, belädt es mit der ganzen Schwere seiner Bedeutungen. Der einzelne wird von der Masse wie von einer Riesenhand gepackt, er wird von ihr ganz und gar eingefaßt, in Verbindung mit einer Kraft, auf die er keinen Einfluß hat.[30]

Canettis Erkenntnisinteresse begann, als er die Masse von „innen" kennenlernte. Indem er sich von ihr ergreifen ließ, von ihr geschüttelt wurde, sich in sie verwandelte, konnte er die Eigendynamik der Massenbewegungen verstehen lernen. Verwandlungsfähigkeit, die er selbst in hohem Maß besitzt, ist für Canetti eine Fähigkeit des Menschen, die in ihrer Tragweite nicht zu unterschätzen ist. Der Mensch sei das „Verwandlungswesen par excellence" und erst „durch seine Verwandlung in Tiere, die seine Umgebung ausgemacht haben, zum Menschen geworden".[31] Der Begriff der Verwandlung, bisher unser stiller Begleiter, rückt in den Brennpunkt. Er beinhaltet nach Canetti die Essenz des Menschen; in der Gabe der Verwandlung und nicht in der Arbeit sieht er den Unterschied des Menschen zum Tier begründet. In dem Kapitel „Die Verwandlung" in *Masse und Macht* beschreibt er die verschiedenen Strategien, mit deren Hilfe sich der Machthaber gegen die Vielfalt schwer faßlicher Verwandlungsmöglichkeiten wendet. „Es scheint, daß eben die Begabung des Menschen zu Verwandlungen, das zunehmend Fluide seiner Natur es war, was ihn beunruhigte und nach festen und unveränderlichen Schranken greifen ließ."[32] Auf die seine Macht bedrohenden Verwandlungen reagiert der Machthaber, der Verwandlungslose, mit Verwandlungsverboten.

Verachtet Macht zwar in ihrem Kern Verwandlung, so steht Verwandlung zur Macht trotzdem nicht in starrer Opposition. Canetti verschweigt nicht das zerstörerische Potential der Verwandlung. Die Fähigkeit zur Verwandlung schließt die Machtausübung gegenüber Tieren mit ein, und sogar der Machthaber kann einen beschränkten Aspekt der Verwandlung, die Verstellung, zur Steigerung seiner Macht einsetzen. Als folgenschwer erweist sich die widersprüchliche Rolle der Verwandlungen im Zusammenwirken mit Vorgängen der Vermehrung, ein Thema, mit dem Canetti sich in seiner Religionsdeutung eingehend auseinandersetzt. Warnend weist er auf die Gefährlichkeit von Verwandlungen hin, die immer wieder auf dieselbe Weise gespielt würden. Gerade im Glauben an die Produktion, den „modernen Furor der Vermehrung", habe der „alte Gehalt der Vermehrungsmeute eine so ungeheuerliche Steigerung erfahren, daß alle anderen Gehalte unseres Lebens daneben schwinden".[33] Die negativen Verwandlungsaspekte, die deutlich auf das zwiespältige Verhältnis zur Macht verweisen, hat Canetti in der Romanfigur des Psychiaters George Kien geschildert. Dessen Begierde nach immer neuen Verwandlungen entspricht sein Wunsch – den er als eigentliche Triebfeder der Geschichte ansieht –, in der Masse aufzugehen und „sich darin so vollkommen zu verlieren, als hätte es nie *einen* Menschen gegeben. (...) Früher hätte er persönlichen Neigungen, seinem Ehrgeiz und den Frauen gelebt; jetzt lag ihm nur daran, sich unaufhörlich zu verlieren."[43] Hier, in seinem frühen Roman, zeigt sich schärfer als in seiner Studie über die Masse die Bedeutung der Verwandlung bei Massenvorgängen. Wir sehen Verwandlungen in ihrer ganzen Doppelbödigkeit, ihrem Reichtum, als den Stolz des Menschen und als seinen Fluch.

Wenn Canetti erzählt, daß er durch seinen Blick hin – und den Blick des Mädchens, das am Steuerrad saß, zurück – sich in das Mädchen verwandelt hatte und nun in ihrem Wagen auf seinem Wege weiterfuhr;[35] oder davon, daß der Körper ein und desselben Buschmanns zum Körper seines Vaters, seiner Frau, eines Straußes, eines Springbockes wird, daß „er sie alle sein kann, zu verschiedenen Zeiten, und dann immer wieder er selbst"[36], dann bleibt seine und die Identität des Buschmanns (des Mädchens) in der Verwandlung gewahrt. Was auf konkrete Verwandlungsvorgänge zutrifft, gilt nicht für das Chaos uneingeschränkter Verwandlungen, in dem George Kien den Festungsgürtel seiner Individualität aufsprengen möchte, um in der Masse aufzugehen.

Mit einem Mal wird durch die Verwandlungskonzeption die Anziehungskraft der Masse auf den einzelnen, die Ergriffenheit, die sie bewirkt, erhellt. Die Ergriffenheit weist auf Sehnsucht. Die Stärke der Ergriffenheit entspricht der Stärke der Sehnsucht des einzelnen nach Selbstaufgabe in der Masse durch eine Vielzahl unkontrollierter, absoluter Verwandlungen, in denen die Identität des einzelnen nicht gewahrt bleibt, nicht gewahrt bleiben soll, sondern die Masse die Stelle des Subjekts einnimmt. Durch seinen Begriff der Verwandlung vermochte Canetti jene Grenze zu überschreiten, die für Freud aufgrund seiner strikten Abwehrhaltung gegenüber den Verlockungen der Masse unüberwindlich war.[37] Er kann die Qualität des Umschlagens der Berührungsfurcht des einzelnen in sein Gegenteil, das Einswerden in dem einen, gemeinsamen Körper der Masse, in dem die Distanzen aufgehoben und die Grenzen der Person überschritten sind, begreifbar machen.

Freud indes, der den seiltänzerischen Akt des Menschen im Spannungsfeld der Triebe, des mühsamen Erbes und der Realitätsforderungen vor Augen führt, faßt die Sehnsucht in Worte, mit der die einzelnen, Vereinzelten zusammen mit ihrer Individualität auch ihre ungeheure Last abstreifen möchten. Zugleich läßt er keinen Zweifel aufkommen, daß die Selbstaufhebung des Subjekts durch einen umfassenden Verwandlungsakt, in dem es sich seiner eigenen Verwandlungsmöglichkeiten begibt, ebenso illusionär ist wie die Überlebensstrategien des Machthabers, die diesen vor dem Tod feien sollen. Der Preis ist letztlich die Selbstzerstörung.

In seiner Münchner Rede über den Beruf des Dichters beschwört Canetti – ihrer Gefährlichkeit eingedenk – die „Leidenschaft der Verwandlung“[38]. Aufgabe des Dichters wäre es, das literarische Erbe der Menschheit, „das an Verwandlungen reich ist“, zu behüten und „in einer Welt, die die Verwandlung mehr und mehr verbietet, weil sie dem Allzweck der Produktion entgegenwirkt“, diese Gabe der Verwandlung selbst auszuüben.[39] Man spürt die hohe Temperatur der Worte, wenn er davon spricht, daß der Dichter imstande sein sollte, „zu *jedem* zu werden, auch zum Kleinsten, zum Naivsten, zum Ohnmächtigsten“[40]. Doch immer schwingt die Verantwortung mit, die der Dichter gegenüber den vergangenen, überlieferten und seinen eigenen Verwandlungen trägt. Verantwortungslosigkeit gegenüber Verwandlung ist nur das fratzenhafte Gegenstück zum Verwandlungsschwund des Machthabers.

In den Figuren, die der Künstler – nicht selten die Mythenstoffe verarbeitend – erschafft, findet er Rettung aus der unaufhörlichen Fluidität der Verwandlung. In diesen Figuren, die Metamorphosen vorführen, die im Nu aufblitzend sich dem Machtzugriff entziehen oder verwischt werden können wie ihr Name, den die kuhförmige Io mit dem Huf in den Sand zeichnet, um ihre Verwandlung zu markieren, wird immer auch ein Stück unterdrückter, doch nicht stimmloser Triebgeschichte vernehmbar.

Verbindet man die Triebgeschichte, die Freud aufdeckt, mit Canettis Verwandlungsbegriff, so kann eine Forderung an den Dichter wieder aufgenommen werden, die Canetti in seiner Rede zu Brochs 50. Geburtstag formulierte und in seiner vierzig Jahre später gehaltenen Münchner Rede nicht mehr erwähnte. Die Forderung, daß der vorbildhafte Dichter gegen seine Zeit stehe, gegen deren Passion und Sucht nach Katastrophen.

Mittels einer Triebgeschichte, die von Fluchtverwandlungen erzählt, und die durch Neubildungen der Verwandlung vor dem Bann ihres Rückblicks geschützt ist, wird es möglich, Geschichte zu entdecken, die *nicht* auf Seite des Siegers, des Geschehenen und Entwandelten steht, sondern auf der Seite des Unterlegenen, Unterdrückten und Vergessenen.

Außerdem, das sei hier nur angedeutet, glaube ich, daß diese Verbindung von Freuds und Canettis Denkansatz das Werkzeug wäre, mit dessen Hilfe es gelingen könnte, jene Wurzeln des Faschismus, die in Massenphänomenen begründet liegen, freizulegen.

Eine Frage an Canettis Werk, eine letzte vorerst, soll nicht verschwiegen werden. Hat Canetti mit seiner umfassenden Studie *Masse und Macht,* mit ihrem universalen Erkenntnisanspruch und ihrer Ablehnung jeder vorausgesetzten Methodik nicht selbst den Intentionen seiner Verwandlungsauffassung zuwidergehandelt? Verwandlung als eine vor- und gegenwissenschaftliche Methode, wurde Canetti vorgehalten, biete „noch keine Gewähr dafür, daß machtvolle Aneignung vermieden wird“[41].

Furio Jesi streicht heraus, daß Canetti Kompositionstechniken, die in der *Blendung* Anwendung fanden, als anthropologische Techniken auf *Masse und Macht* übertragen hätte.[42] Diese Kompositionstechniken stehen in Verbindung mit hochverdichteten, in sich selbst ruhenden Allegorien, die in den Figuren seiner Kunst ihre Wirkung als *universalia* entfalten. In *Masse und Macht* würden diese Allegorien als Repräsentationsformen des Lebens in einem prekären Schritt auf das Leben selbst angewandt werden. Die Attraktivität dieser konzentrierten, in sich selbst ruhenden Allegorien auf andere, auf die Masse, habe Canetti, so Jesi, an Karl Kraus als der Inkarnation dieser Allegorien und deren *modello umano* am eigenen Leib erfahren. In diesem Blickwinkel tritt uns *Masse und Macht* als ein großer autobiographischer Roman entgegen, in dessen Zentrum das ausgedehnte Ich des Anthropologen steht. In dieser Zuspitzung erübrigt sich freilich die Notwendigkeit politisch-ökonomischer Untersuchungen, die die Machthaber in ihren präzisen historischen Physiognomien festhalten sollen.

Hieße das nicht, *Masse und Macht* als „Schule des Widerstands“ zu sehen – so wie Canetti, der sich vom glühenden Gesetz Karl Kraus’, der „Authentizität *seiner* Welt“ ergreifen ließ und sich dann, das Eigene findend, von seinem Idol befreite?[43] Vielleicht; das muß jeder für sich entscheiden.

Ist Canetti auch *mehr* Dichter als Anthropologe, jene Soziologen und Ökonomen, die Modelle der Gesellschaft entwickeln, *müßten* die Mechanismen der Macht berücksichtigen, die Canetti in *Masse und Macht* bloßlegte. Und eines, das ist sicher, können wir von Elias Canetti und dem anderen, entfernt verwandten Verwandlungskünstler, Sigmund Freud, alleweil erfahren; die Einsicht, für wen Wissenschaft und Dichtung *nichts* ist: für „Scheuklappenherzen“ und „Fracktemperamente“, deren angstvolle Komplizenschaft mit dem Machthaber oder dem Opferstatus die realen Machtverhältnisse verhärtet.

Anmerkungen

1 Elias Canetti, *Die Fackel im Ohr. Lebensgeschichte 1921–1931,* Frankfurt a. M., S. 135

2 „Es ist wahr, daß mich der Glaube fasziniert, daß es nichts gibt, was ich mir für dieses Leben noch so sehr wünsche als die Lösung dieses Rätsels.“ „Canetti im Gespräch mit Horst Bienek“, in: Elias Canetti, *Die gespaltene Zukunft. Aufsätze und Gespräche,* München 1972, S. 99. Man kann annehmen, daß der Glaube für Canetti vor allem von anthropologischem Interesse ist.

3 Elias Canetti, *Die Provinz des Menschen. Aufzeichnungen 1942–1972,* Frankfurt a. M. 1976, S. 93

4 *Die Fackel im Ohr,* S. 118

5 Ebd., S. 118

6 Ebd., S. 119

7 Ebd., S. 143

8 *Die Provinz des Menschen,* S. 63

9 Freud an Silberstein, 18. Sept. 1874, zit. bei Peter Gay: *Freud. Eine Biographie für unsere Zeit,* Frankfurt a. M. 1989, S. 591

10 Ich zeichne in groben Strichen den Interpretationsweg von Martin Wangh, der in Freuds Parteinahme für die Religion einer abstrakten, männlichen Gottheit gegen das mystisch-weibliche Eins-Sein mit dem All einen Schutzwall gegen die starken feindseligen Gefühle seiner Mutter gegenüber vermutet. Martin Wangh: „Die genetischen Ursprünge der Meinungsverschiedenheit zwischen Freud und Romain Rolland über religiöse Gefühle", in: *Psyche,* 43 (1989) 1, S. 40–66

11 Siehe Elias Canetti, „Das erste Buch: Die Blendung", in: *Das Gewissen der Worte. Essays,* Frankfurt a. M. 1981, S. 246

12 Elias Canetti, *Masse und Macht,* Frankfurt a. M. 1960, S. 101

13 Ebd., S. 176–184

14 Sigmund Freud, *Das Unbehagen in der Kultur,* Studienausgabe Bd. IX, S. 213

15 Siehe Paul Ricœur, *Hermeneutik und Psychoanalyse. Der Konflikt der Interpretationen II,* München 1974, S. 47 f.

16 Sigmund Freud, *Die Zukunft einer Illusion,* Studienausgabe Bd. IX, S. 152

17 Ebd., S. 177

18 Ebd., S. 164

19 Ricœur formuliert seine Kritik an der Freudschen Illusionstheorie als Frage. „Freud betrachtet die Religion als eine Vorstellung, der keine Realität entspricht; seine Definition hat positivistischen Charakter. Gibt es aber nicht eine Funktion der Imagination, die sich der positivistischen Alternative von Realität und Illusion entzieht?" (Paul Ricœur, a. a. O., S. 64)

20 *Masse und Macht,* S. 360

21 Ebd., S. 360

22 Ebd., S. 370

23 Ebd., S. 361

24 Ebd., S. 345

25 Sigmund Freud, *Massenpsychologie und Ich-Analyse,* Studienausgabe Bd. IX, S. 108

26 Ebd., S. 115

27 Ebd., S. 119

28 Sigmund Freud, *Das Unbehagen in der Kultur,* Studienausgabe Bd. IX, S. 204

29 „Elias Canetti im Gespräch mit Theodor W. Adorno", in:*Die gespaltene Zukunft,* S. 85 f. In diesem Zusammenhang sei auch die Kritik Dagmar Barnouws an Adorno in ihrem Buch *Elias Canetti* (Stuttgart 1979, S. 67 ff.) erwähnt. Sie, die Adorno Hilflosigkeit Canettis Werk gegenüber attestiert, folgt in ihrer sonst instruktiven und ungewöhnlichen Arbeit allen Einwänden Canettis gegen die Psychoanalyse ohne Distanz. So verkennt sie zum Beispiel die Komplexität des Begriffs Regression.

30 Siehe das Unterkapitel „Ergreifen und Einverleiben", *Masse und Macht,* S. 223–233

31 „Elias Canetti im Gespräch mit Joachim Schickel", in: *Die gespaltene Zukunft,* S. 125

32 *Masse und Macht,* S. 429

33 Ebd., S. 523 f.

34 Elias Canetti, *Die Blendung,* S. 453 f.

35 *Die Provinz des Menschen,* S. 47 f. Vgl. hierzu den Begriff der Identifizierung bei Freud.

36 *Masse und Macht,* S. 378

37 Der Frage wäre einmal nachzugehen, ob nicht viele Begriffe Freuds, psychodynamische Vorgänge betreffend, Verwandlungen oder zumindest Verwandlungsansätze beschreiben. Siehe zum Beispiel die Rolle der „Einfühlung" bei der Entstehung der Komik. Sigmund Freud, *Der Witz und seine Beziehung zum Unbewußten,* Studienausgabe Bd. IV, S. 175 ff.

38 Elias Canetti, „Der Beruf des Dichters", in: *Das Gewissen der Worte,* S. 286

39 Ebd., S. 283 und 285

40 Ebd., S. 286

[41] Friederike Eigler, *Das autobiographische Werk von Elias Canetti,* Tübingen 1988, S. 96. Eigler führt ihre Kritik an der in *Masse und Macht* angewandten Methode weiter aus, indem sie auf die Einschränkung des Lesers verweist: „Die Prätention der Offenheit und Vorurteilslosigkeit erscheint mir prinzipiell problematischer als eine Theoriebildung, die Einblick in ihre Prämissen gibt. Wenn das völlige Einlassen auf die Quellen im Prozeß der Anverwandlung zur Methodik wird, ist dem Leser das Maß für eine kritische Distanz entzogen und er bleibt auf die moralische Integrität des Autors angewiesen." (Ebd., S. 96)

[42] Furio Jesi, „Composizione e antropologia in Elias Canetti", in: *Materiali Mitologici,* Torino 1979, S. 309–332

[43] Elias Canetti, „Karl Kraus, Schule des Widerstands", in: *Das Gewissen der Worte,* S. 52

Das Geheimherz der Masse und des Menschen Uhr

Disputation zwischen zwei theologischen Privatiers

Andreas Puff-Trojan

Wir hören nun zu bei einem Streitgespräch zweier älterer Herren. (Beide haben sie gerade das achtzigste Lebensjahr überschritten.) Sie selbst bezeichnen sich, eigenartigerweise, als „theologische Privatiers". Für sie ist dies eine Art Geheimformel: Seit geraumer Zeit treffen sie einander einmal im Jahr, um als Privatmänner über Religion zu diskutieren. Wobei sie immer einen Schriftsteller den gedanklichen „Vorsitz" übertragen, um anhand seiner Thesen das Thema zu bestreiten. Seit geraumer Zeit wohnt der eine in London und der andere in Paris. Das heutige Treffen, das unter dem literarischen Pontifikat Elias Canettis steht, findet in der bekannten Seine-Metropole statt. Die Wohnung des Gastgebers liegt im eleganten Teil des sechzehnten Arrondissements: rue Galilée, nahe der Place des Etats-Unis. Es werden aber nicht nur die beiden älteren Herren zu Wort kommen, sondern auch eine sprechende Uhr, die von Zeit zu Zeit Canetti-Zitate von sich gibt. Man kann die Uhr als eine Maschine begreifen, in die zuvor Wortfolgen gespeichert worden sind. Menschen mit größerer Imaginationskraft können sich diesen Zeitmesser auch einfach als sprechende Uhr vorstellen. Nicht zu vergessen ist der junge Neffe des Gastgebers, der seinem Onkel zur Hand geht, um sein Taschengeld aufzubessern. Nun, dringen wir rasch mit unsren Augen und Ohren in die Wohnung ein: Da sitzen die beiden älteren Herren, bei Tee und Calvados, und haben schon zu sprechen begonnen. Gottlob, wir haben noch nicht viel versäumt, bis jetzt haben sie sich bloß über Canettis „Masse und Macht" geärgert.

„Es ist nicht leicht einzusehen bei einem hochstehenden Denker wie C., daß er manchmal zu platten darwinistischen, quasi mythischen Bildern greift, wie im Beispiel der Jagd des Löwen auf Gazellen. Wenn im Konjunktiv darüber nachgesonnen wird, daß bei einem möglichen Glauben dieser Tiere der Löwe ‚ihr Gott' wäre und sie ihm sodann eine Gazelle als ‚Opfer' darreichten, so möchte ich als Brite logisch festhalten, daß Gazellen eben keinen Glauben haben. Den Schluß C.s, daß sich daraus das religiöse Opferverhalten der Menschen herleiten ließe, möchte ich taktvoll übergehen. Der Mensch mag sich in ein rituelles Tier verwandeln können, die umgekehrte Wandlung ist ausgeschlossen. Ebenso ergeht es mir dort, wo C. einen stringenten Zusammenhang von Massenpanik und religiösem Verhalten herstellen will. Wie bei der ausführlichen Schilderung des Unglücks von 1834, welches sich in der Grabeskirche zu Jerusalem am Karsamstag zugetragen hat. Ich denke da an einen plötzlichen Feuerausbruch in einem beliebigen Großkaufhaus oder an den Brand in der Londoner Underground im Jahre 1987. Hier ergreift Panik die Massen ohne jegliche religiöse Ingredienz. Die Argumentationen C.s sind doch einfach nicht logisch, nicht schlüssig!"

„Bester Freund, ich bitte dich sehr, dich nicht so aufzuregen, und dies aus zweifachem Grund. Erstens, weil es deiner Gesundheit, mit der es nicht zum besten steht, schaden könnte. Zweitens, weil wir in dieser Art zu sprechen nicht vorwärtskommen. Wir müssen versuchen, unsere Gedanken, die zweier Amateure und Laien, mit denen C.s, einem Schriftsteller und Denker von Weltruf, wohlgeordnet zu verbinden. Auch mich hat einiges in *Masse und Macht* verwundert und mir so manches zu denken gegeben. Etwa der Vergleich von Französischer Revolution und christlichem Glauben. Zustimmen wird man müssen, wenn C. von den vielfachen Verbots- und Gebotsstrukturen der katholischen Kirche spricht. Ja, man könnte von der allumfassenden Macht der Gebote sprechen, die weit über das rituelle Verhalten hinausgehen, fast das ganze Leben umfassen und es daher völlig bestimmen. Und um dieser Allmacht der ‚Verbotsstacheln', mit der Terminologie C.s sprechend, zu entgehen, muß man die Kirche und ihre Dogmen scharf meiden. Was man aber wiederum bei seiner Auferstehung, falls man an eine solche ernsthaft glaubt, enorm bereuen wird. Handelt es sich hier um eine willige ‚Unterwerfung unter die Gebote Gottes', so bei der Französischen Revolution um eine ‚Befreiung von Stacheln' durch die absolute Tilgung einer tradierten Herrschaft. Diese Befreiung erfolgt bei C. durch eine ‚Umkehrung', welche er auch für seine Leser bildhaft festhält: ‚Der König, der köpfen ließ, wird selbst geköpft', und zwar von der revoltierenden Masse. Nun, ohne die große Anzahl der kritischen Literatur, die in den letzten Jahren erschienen ist, zitieren zu müssen, noch ohne die Leistungen dieser großen, gesellschaftsbildenden Bewegung leugnen zu wollen, möchte ich auf einen Schriftsteller verweisen, der schon früh ein schmerzhaftes Bild der Französischen Revolution skizziert hat. Maurice Blanchot sieht die Menschenmassen vor sich, wie sie zur Guillotine schreiten, um ihr Recht zu erhalten. Denn wahrlich, in dieser raschen Art zu sterben sind sie sich alle gleich geworden: Egal ob König, Saint-Just oder Robespierre, ob Bürger oder Bauer, hier und jetzt erhalten sie ihre Gleichheit vor dem Gesetz. Blanchot vermerkt treffend: ‚Und niemand hat mehr, am Ende, ein Recht auf sein Leben, auf seine faktisch getrennte und physisch unterschiedene Existenz. Das ist der Sinn des Schreckens. Jeder Bürger hat gleichsam ein Recht auf den Tod.' Damit hat sich aber der Stachel des Todes perpetuiert, er ist zum Zepter der Macht geworden. Und gerade deswegen, weil C. gegen diese Struktur, die Verbindung von Masse, Macht und Tod, immer angekämpft hat, möchte ich meine Gedanken in ähnliche Richtung weiterlaufen lassen, wenn du erlaubst, bester Freund."

„Vortrefflicher, ich bitte dich sehr darum, denn bis jetzt konnte ich jeden deiner Gedanken unterschreiben! Um aber auch diese tatkräftig zu unterstützen, erlaube mir, eine kleine Bemerkung anzufügen. Schon früh, nämlich 1943, hat C. in seinen Aufzeichnungen eine wichtige Beziehung der Aufklärung zur Religion aufgedeckt. Nämlich, daß im Kampf der aufgeklärten Geister gegen erstarrte Glaubensformen eine unangetastet geblieben, ja verherrlicht worden sei, eine, ‚die von allen die widersinnigste ist: die Religion der Macht'. Machtvoll und mit aggressivem Pathos erhebt sich ein Teil der Aufklärung selbst zur Religion und opponiert so gegen die Deklaration des Rechts auf Menschsein, und für C. auch gegen die sterbenden Religionen der Liebe, die sie mit Kraft und Witz verhöhnte. Sie verkündete: Gott ist Macht, und wer immer kann, sein Prophet. So sieht man, daß sich hier die Gedanken C.s und Blanchots, die doch unterschiedliche Wege gehen, ein wenig berühren, dort, wo Macht mit Gebot und Recht ineinanderfällt und die Prophetie des Todes beginnt. Diese Prophetie hält sich in Evidenz und durchzieht die Erinnerung des Menschen, denn für C. ist jedes Gebot und jeder Befehl letztendlich auf eines rückführbar: auf die Macht, die die Macht *hat,* das Todesurteil auszusprechen, den Befehl zum Töten zu geben. Bis hin zu der perversen Situation, wo die Macht das Recht des einzelnen gänzlich in den Bereich des Todes verschoben hat. Mag der einzelne in einem Massenerlebnis seine erhaltenen Befehlsstacheln loswerden, der Stachel des Todes bleibt. Und niemals wird die Macht vergessen, auf diesen Umstand prophetisch hinzuweisen. Weder auf Seite der Macht noch auf Seiten der Massen und Meuten, die auf verschiedene Weise den Tod zu beschwichtigen suchen, steht C., sondern auf der Seite des einzelnen. Nicht weil es den Tod gibt, der die Menschen in Massen hinwegrafft, sondern weil der Mensch da ist und nach C. bereit sein soll, gegen den Tod anzutreten. Neben seiner äußerst vagen Vorstellung von einer möglichen Unsterblichkeit auf Erden, die letztlich nur auf naturwissenschaftlichen Fortschritt hoffen kann, greift C. bei seiner Aufklärung des Menschen über den Tod auf die Mythen zurück. Mythologie macht menschliches Verhalten offenbar, wie eben Ethnologie die rituelle Seite des Menschen eröffnet. C. ist so ein ‚aufgeklärter Humanist', wie ein Kenner seiner Werke gesagt hat. Zugleich bedeutet das ‚Anthropologische seiner Erkenntnisinteressen', wie es ein anderer Kenner genannt hat, daß C. jemand ist, der dem sehnlichsten Wunsch des Menschen nachspürt: als Liebender, jenseits der Macht, nicht sterben zu müssen. Diese Sehnsucht macht die Menschen miteinander verwandt, es ist die einzige Art von ‚Familienstolz', die C. voll und ganz bejaht."

„Wahrlich mein Freund, jeder, der dich zum Gesprächspartner hat, darf sich glücklich schätzen. Wie du die Gedanken des anderen aufnimmst, sie geschickt mit den deinen verbindest und so neue Wege vorzeichnest, darf meisterlich genannt werden. Denn auch die Länge deiner Bemerkung hat meine eigenen Überlegungen keineswegs verwischt, und so sehe ich, wie wir den künftigen Pfad gemeinsam beschreiten. Nun, wenn wir die glückliche und unglückselige Seite des Lebens, die Macht der Liebe und die des Todes zusammenrechnen, wo zeigt sich ihre Verwobenheit besser als im Christentum und seiner Erscheinung als Masse."

„Bester, tu dies nur rasch, aber erläutere mir zuerst einen Punkt, der meinem Verstand schlaflose Nächte verursacht hat und den er dennoch nicht klären konnte. C. bezeichnet die christliche Gemeinschaft einmal als ‚Masse' und ein andermal als ‚Meute'. Nun ist ein Definiens der Meute, daß sie eigentlich nicht wachsen kann, sie besteht aus einer gleichbleibenden Anzahl von etwa zwanzig Personen. Bei der ‚Jagdmeute' bedeutet das gemeinsame Verzehren des erlegten Tieres, daß ein Ritus eingehalten wird, der zur tatsächlichen Vermehrung der Tiere beitragen soll. Diesen Vorgang nennt C. ‚Kommunion' und verpflanzt ihn direkt in die Eucharistiefeier der katholischen Messe. Auch hier geht es ihm um eine Vermehrung, nämlich um die der Gläubigen. Dem könnte man unter Umständen zustimmen, nur hieße Vermehrung dann Anwachsen des Eigenen, der communio, der christlichen Gemeinschaft. Und hier erweitert sich dann doch die Meute zur Masse. Und noch ein anderer Widerspruch ergibt sich: Geht es bei dem Ritus der Jagdmeute um die Auferstehung des Jagdtieres, so bei der Kommunion während der Messe um die mögliche Auferstehung jedes Christen, und zwar jedes einzelnen Christen, und dieser wiederum erhofft dies für sich selbst. Ich frage dich nun, bester Freund, wie kann die Gemeinschaft der Gläubigen als Meute begriffen werden, wenn sie ständig zur Masse anwächst und sich zugleich die Eucharistie in jedem einzelnen Christenmenschen manifestiert?!"

„Hochgeschätzter, klage wegen dieser ungelösten Kontradiktion deinen Verstand nicht an. Denn in Wahrheit ist er zum Kern eines Problems vorgedrungen, von dem aus die freudige Rückkehr mit klarer Erkenntnis nur schwer vonstatten gehen mag. Denn C. selbst stellt sich das Problem, wenn er in seinem theoretischen Werk versucht, den Massentypus der christlichen Gemeinschaft zu bestimmen. Einmal gilt sie ihm als ‚geschlossene Masse' (die Gemeinde, die sich im Tempel oder in der Kirche versammelt), ein andermal aber auch als ‚offene Masse'. Dies deswegen, weil C. auch die Bergpredigt bedenkt, und noch in einem viel höheren Maße betrifft dies die paulinische Botschaft. Sie besagt ja nicht mehr und nicht weniger, als daß allen Völkern auf Erden die Verkündigung Christi gelehrt werden solle, damit diese Gottes Wort folgen können. Und bedenke auch die freudige Botschaft, welche die Humanisten durch die Worte des Augustinus und des Thomas vernahmen. Nämlich daß keine vorchristliche Religion zu verdammen sei, im Gegenteil, denn in jeder zeige sich, wenn auch auf verschlungenem Wege, der Wille Gottes; sie alle trügen den Funken Gottes in sich. Man mag die Interpretation der Humanisten in Zweifel ziehen, aber für unsere Disputation wird hier ein Gedanke ganz offensichtlich und klar: Der Begriff des ‚Gottesvolks' ist bezüglich der Masse der offenste schlechthin. Denn er umfaßt die Menschheit als Ganzes, hinsichtlich ihrer Vergangenheit und Zukunft. Der Begriff ‚Ekklesia' (Kirche als Gemeinschaft) bedeutet die Versammlung des Volkes durch das rufende Wort Gottes, und dies im zweifachen Sinn: Einmal als communio (die Gemeinschaft der Gläubigen beim gemeinsamen Gebet in der Kirche), dies wäre eine ‚geschlossene Masse'. Das andere Mal Gemeinschaft, die der Ruf Gottes erreicht, um auf gemeinsame Pilgerfahrt zu gehen, weil die Kirche noch nicht am Ziel ist. Diese so ‚offene Masse' der Gläubigen harrt der Wiederkunft Christi, dessen Eintreffen aber nicht zu datieren ist. – Nun, mein Freund, möchte ich dich noch mit einem anderen Bild vertraut machen. Stelle dir eine Großfamilie vor, in der eines ihrer Mitglieder im Sterben liegt. Das Zimmer ist verdunkelt worden, überall ist Kerzenschein, man spricht gemeinsam Gebete und klagt über den baldigen Verlust; der Priester wurde bereits gerufen und erscheint nun leibhaftig. Und drängt sich hier einem nicht förmlich das schöne Bild der ‚Klagemeute' auf? Denn Meute ist diese Familie im wahrsten Sinn des Wortes: Auch wenn ihr ein neues Mitglied geschenkt wird, so kann sie nicht wirklich wachsen, denn zu rasch ist der Tod zur Stelle und entreißt ihr einen der Liebsten. So verwandelt sich Freude über den Zuwachs in Klage über den Verlust..."

„Bester, mit großer Aufmerksamkeit bin ich deinen Worten gefolgt und habe durch sie ein klares Bild der Verhältnisse erlangt. Und dennoch fehlen mir einige Steinchen, die du mir aber sicher geben kannst, um dieses Mosaik zu vervollständigen. Denn im Kapitel ‚Katholizismus und Masse' behauptet C., daß bei der heiligen Messe die Gläubigen kaum Verbindung untereinander hätten, da sie nicht zueinander sprechen. Ja das Wort des einzelnen Gläubigen hätte keinerlei Heiligkeit, da der Gläubige durch die Priesterschaft entmündigt sei. Und noch mehr: Bei der Kommunion gebe es keinerlei Verbundenheit in der Gemeinschaft, jeder Einzelne sei mit sich und seinem Gott völlig allein. Und kurz darauf beschreibt C. den Vorgang der kirchlichen Prozession als massenhaften. Freilich sagt er hier, dies sei eigentlich die ‚mildeste, die harmloseste Form der Masse', eine Art ‚Grenze'. Ich kann aber nicht verstehen, wie sich aus den einzelnen eine Masse ausbilden soll, und sei diese spezielle auch nur als Grenze zur allgemeinen gedacht!?"

„Liebster Freund, lasse dich nicht verwirren, denn dein Verstand sieht schon richtig. Und eines ist dabei klar: Bevor der Gläubige zur Kommunion schreitet, muß er sein Gewissen befragen, und allein steht er vor seinem Gott, der ihn erlöst. In diesen Minuten ist er ganz und gar allein, und keiner kann ihm helfen, weder Priester noch sonst jemand aus der Gemeinschaft."

„Bester, wenn ich dich recht verstehe, heißt das nichts anderes, als daß ein zentraler Begriff der christlichen Gemeinschaft die ‚Verwandlung' ist. Denn einmal erscheint sie als Masse, als offene oder geschlossene, dann wieder als Meute und dann auch wieder als Versammlung einzelner – und das in allen nur erdenklichen Verbindungen!"

„So ist es, mein Freund."

„Und C. sieht diese Bewegung nicht, weil er die Kirche wesentlich als Gebäude und als starre Hierarchie begreift, was sie ja *auch* ist. So bleibt die Ekklesia in ihren Verwandlungen für den, der nicht glaubt, ‚unsichtbar', wie C. an einer Stelle *auch* anmerkt!?"

„So ist es, mein Freund. Aber nur zum Teil."

Die Uhr: „Christus am Kreuz, und neben ihm hängen die Schächer. Ihr Mitleid *füreinander.*"

„Sicherlich, das Für- und Miteinander, aber auch das Gegeneinander sind Konstanten in C.s Denken. Und vergessen wir nicht, in welch mildem Licht die Christus-Thematik im Epilog zu *Masse und Macht* noch einmal aufscheint. Fast 2.000 Jahre der Klage haben dem einen, der für alle gestorben ist, ‚eine Art von historischer Unsterblichkeit' verliehen. Und über die reine Historie hinaus ist er ‚ins Bewußtsein der gesamten wachen Menschheit eingegangen'. Aber ‚wach' sind nicht die, die sich völlig in Christus ergeben (und sich so hinter ihm verstecken), sondern die, die um den Zustand der Welt wissen: Von welchem Ende der Welt man auch auf diese blickt, überall herrscht die Verfolgung des Menschen; welche Autorität auch immer, sei sie staatlich oder kirchlich, keine hat während dieser langen Zeit vergessen, die Macht des Todes in ihrem Namen zu nutzen."

„Gut gesprochen, Freund! Denn es ist C. selbst, der die Leser zwingen wollte, ‚ihre Hoffnungen' in seinem Buch zu suchen, indem er auf eine Fortsetzung verzichtete. Verlassen wir also *Masse und Macht* und gehen mit C. mutig in seine ‚Aufzeichnungen' hinein!

Man könnte sagen, daß *Die Provinz des Menschen* in ihren wesenhaften Zügen eine Auseinandersetzung mit Glaube und Religion darstellt. Es sind die Götter und ihre mythologische Aura, die C. als Menschen faszinieren. – Und: ‚Das Alte Testament, wo immer ich es aufschlage, überwältigt mich. An bald jeder Stelle finde ich etwas, das mir gemäß ist.' Er wird von der Heiligen Schrift nicht nur als Dichter verzaubert, vielmehr findet er in ihr seinen eigenen ‚Traum von den künftigen hohen Lebensaltern der Menschen' wieder und den Haß des Psalmisten auf den Tod. Andererseits wird in der Zeit der Aufzeichnungen die Tragödie des modernen Menschen überdeutlich: Faschismus – Emigration – Weltkrieg – Millionen von Toten am Ende – Beginn des Kalten Krieges. Und man zieht eine traurige Bilanz: Die Menschen haben aus den Kriegen nichts gelernt, sie hören die Klagemeuten der Toten nicht, entgegen ihren Warnungen erfinden sie auf naturwissenschaftlichem Wege Waffen, deren Wirkung sich jeglicher Rationalität entzieht. Und C. stellt zudem eine Frage, die schicksalhaft alle Zukunft umfaßt: ‚Wie hätte eine Bibel aussehen müssen, daß sie die Selbstvernichtung des Menschen aufhält?' Aber dahinter, mein Freund, verbirgt sich eine andere, noch weitreichendere Frage, es ist die nach der Sprache: Wie hätten die Heiligen Worte aussehen müssen, deren einzige und wesentlichste Signifikanz es ist, zu warnen? Warnung, die jeder versteht und *auch* annimmt. Warnung, die von uns aus gesehen das ‚Volk Gottes' als ‚offene Masse', ja als Menschheit umfassen muß! Weil jeder einzelne, der diese warnende Sprache nicht erfaßt und ihr daher nicht folgt, die potentielle Gefahr in sich trägt, die Selbstvernichtung der Menschen voranzutreiben!"

„Bester Freund, auch ich verstehe deine Erregung völlig, denn wen würde sie nicht erfassen angesichts der Tragweite des gestellten Problems. Ich möchte aber zu bedenken geben, daß C. die Geschichte des Turmbaus zu Babel und Gottes Strafe, die ‚Verwirrung der Namen', also die Aufsplitterung der Gemeinschaft durch verschiedene Sprachen, als ‚zweiten Sündenfall' bezeichnet hat. Und noch mehr. Denn an anderer Stelle nennt C. die ‚Schurken, Heuchler, Despoten', die in der Bibel vorkommen, ein Abbild der Menschheit, ja die Bibel selbst sei ‚der wahre Turm zu Babel, und Gott weiß es'."

Die Uhr: „Manchmal ist ihm, als trüge er falsche, von Gott eingesetzte Augen."

„Aber ja, ganz und gar! Das ist die Vorstellung des ‚deus absconditus', bis hin zum ‚genius malignus', den Descartes in seiner ersten Meditation zum Leben erweckt hat. Gott selbst ist es, der die Menschen täuscht und sie in ihr Verderben rennen läßt. Wer sieht sie nicht vor sich, die Masse der Katholischen, diese Hetzmeute, wie sie mit gezücktem Schwert ins Heilige Land einfallen und im Namen des Kreuzes wahllos Heiden und sogar Glaubensbrüder niedermetzeln. Aber wenn wir durch den Sündenfall nicht nur dem Tod in die Hand gegeben wurden, sondern Gott uns auch noch permanent täuscht und uns selbst zum Bösen anleitet, dann möchte ich in aller Bescheidenheit die sprechende Uhr fragen: weswegen dann noch Auflehnung gegen den Tod! Warum dann nicht den Tod als willkommenen Gast empfangen und in stoischer Ruhe zugrundegehen!?'"

Die Uhr: „Nun aber ist es sehr wohl denkbar, daß die ganze Herrlichkeit auf einen Schlag verschwindet. Wo ist dann die Auflehnung, wo? Wo alles ist, mit der Ergebenheit zusammen, mit Gott und seinem Willen. Letzte Zuckungen in der Schrift."

„Allerliebster Freund, ich bitte dich von Herzen, endlich zur Ruhe zu kommen, deinen Geist zu sammeln, so daß wir nach alter Gewohnheit die Sachlage vernunftgemäß besprechen. Denn die Uhr spricht wahr, und man muß mit ihren Worten erkennen, daß Auflehnung und Ergebenheit eng beieinanderliegen können. Dort wo C. über den Glauben Tolstois nachdenkt, wird ihm ja klar, daß dem Menschen, der sich als höchste Entscheidungsinstanz versteht, auch die Kontrolle über seine Taten zufällt, und dies bedeutet eben ‚ein gutes Stück korrumpierende Macht'. Vom einzelnen Ohnmächtigen bis zu den wahrhaft Mächtigen wird die Frage, wie man zu seinen Mitmenschen steht, deswegen korrumpierend beantwortet, weil derjenige, der Antwort gibt, auch die Frage gestellt hat. Und dennoch hat C. sich zu denken gezwungen, wie man dieser Struktur, hinter der immer das Todesurteil als ‚menschliche Notwendigkeit' hervorlugt, auch ohne göttliche Instanz entgegenarbeiten könnte. Und nun, mein Freund, siehst du genau das Problem des Ungläubigen, wenn er als Mensch mit Menschen gut sein will. Denn er hat keinen ‚Gott für Dank'. Wem soll er also danken für seine wache Auflehnung gegen den Tod und seine Ergebenheit im Leben? – Einem Menschen, *den* Menschen? ‚Das Schwerste', wie C. sagt. Zu schwer für den einzelnen…"

„Wie recht du sprichst, bester Freund. Zwar schmerzen mich diese Überlegungen sehr, doch bin ich dabei gedanklich zur Ruhe gekommen. Und ein Bild tritt klar vor mein geistiges Auge: Dank sagen will man dem anderen, allein für sein Dasein, während des Menschen Uhr abläuft und einem der Dank unter den Händen zerrinnt. Dank wird zu Undank, weil keine Dankesformel das Maßlose nennt…"

Die Uhr: „Wäre es möglich, *mehr* zu lieben? Einen Toten durch mehr Liebe zum Leben zurückzuholen, und hat noch keiner genug geliebt? Würde eine Lüge genügen, die so groß ist wie die Schöpfung?"

„Worin läge aber eine solch gewaltige Lüge? Könnte man sie überhaupt außerhalb der Schöpfung bedenken, oder müßte man sie nicht vielmehr an der Grenze zu ihr erfinden? Wer die Schöpfung als Lüge ansieht, der tut dies auch vom Ende der Schöpfung. Das Ende aller Tage, die Auferstehung der Toten, das Gericht und die Errichtung des ‚himmlischen Jerusalem'. Und der Weg dorthin ist für den Gläubigen ein Weg voller Beziehungen, wie du weißt, bester Freund, und ich will ihn deswegen nur kurz ins Gedächtnis rufen. Zum einen gilt der Tod Christi demjenigen, der ihn als Sohn Gottes erkennt, als Zeichen der maßlosen Liebe Gottes *für* den Menschen: er gibt den Sohn für ihn hin. Zum anderen ist der Tod Christi vorausdeutendes Zeichen seiner Auferstehung. Beides, Tod und Auferstehung, ist für den Gläubigen Wahrheit, aber zugleich wahrhaftiges Gleichnis, Gleichnis für eine Liebe, die nicht nur gegen den Tod ankämpft, sondern ihn auch tatsächlich überwindet. So ist Christus für alle Menschen als Mensch gestorben und für alle Liebenden als Liebender durch die Liebe Gottes auferweckt worden. Und aus dem eben Gesagten ergeben sich für den Gläubigen zwei Konklusionen. Erstens, und dies ist die frohe Botschaft, kann er zwar Gott nicht selbst, aber doch eine seiner Eigenschaften ex negativo erkennen: Gott ist der, dem es unmöglich ist, nicht zu lieben. Zum anderen, und dies ist nicht leicht einzusehen, ist die Menge aller Menschen nicht gleich der Menge aller Liebenden, obwohl, wie gezeigt wurde, Gott alle Menschen liebt. Nun, bedenkt man die Gebote und Gebotsstrukturen, die in den Evangelien vermerkt sind, so führen alle letztendlich auf eines hin: Wer Gott liebt, zeigt dies, indem er seine Mitmenschen liebt. Oder negativ ausgedrückt: Derjenige, der nicht den anderen in seiner Andersartigkeit freudig empfängt, der nicht sein Gastgeber sein will, zeigt, daß er Gott nicht liebt. So ist die vortrefflichste Beziehung der Menschen untereinander die Liebe. So ist für den Gläubigen die ‚Hölle' eigentlich der Ort, wo liebende Beziehung nicht herrscht, wo die Lüge verbreitet wird, daß der Mensch nicht lieben kann. Also wären alle Menschen, die die Schöpfung als Lüge bezeichnen, Menschen, die nicht fähig sind zu lieben. Aber das ist ein voreiliger Schluß. Denn sehr wohl gibt es Menschen, die lieben können und trotzdem die Schöpfung als Lüge bezeichnen. Worin liegt letztlich die Gemeinsamkeit und der Unterschied aller Menschen? Nun, da alle Menschen prinzipiell zur Liebe fähig sind und Gott Liebe ist, stehen alle in der Liebe Gottes. Die einen aber können Gott nicht lieben, weil ihnen die Macht des Todes übergroß erscheint und er für sie, letzten Endes, alle menschliche Beziehung vernichtet, obwohl ihnen nichts erstrebenswerter erscheint als die Liebe zu Menschen. Die anderen lieben Gott und die Menschen, weil sie für sich erkannt haben, daß die Liebe die Macht des Todes besiegt. – So läßt sich folgender Schluß ziehen: Was allen Menschen gleich ist, ist ihre Beziehung zu Liebe und Tod. Das, was sie unterscheidet, ist die Relation von Liebe zu Tod: Die einen stellen den Tod über die Liebe, die anderen die Liebe über den Tod."

„Bester Freund, bewunderungswürdig sind deine Schlüsse, die denen des Thomas von Aquin ehrwürdig folgen und nur ein wenig nachhinken. Da aber die Logik immer eine trockene Angelegenheit darstellt, erlaube mir, deine Ausführungen mit einem Bild aus dem Johannes-Evangelium ein wenig zu benetzen und auszuschmücken. Denke dabei an die Freundschaft Jesu zu Lazarus und an dessen wundersame Auferweckung. Denn an dieser Erzählung ist einiges höchst merkwürdig und verlangt nach Erklärung. Als Lazarus schwer erkrankt ist, senden seine Schwestern, Maria und Marta, die Nachricht an Jesus, er möge so rasch wie möglich kommen. Jesus tut aber genau das Gegenteil, er bleibt an seinem Ort und wartet, bis Lazarus an seiner Krankheit gestorben ist. Er sagt zu seinen Jüngern: ‚Lazarus ist gestorben. Und ich freue mich für euch, daß ich nicht dort war.' Dies scheint auf den ersten Blick ein völliger Verstoß gegen das Liebesgebot zu sein. Aber die Freude Jesu bezieht sich darauf, daß er nun den Jüngern zeigen wird, daß es durch die Liebe Gottes eine Auferstehung der Toten gibt und daß er dies an seinem Freund Lazarus hier und jetzt auf Erden zeigen wird. Als Jesus mit seiner Schar in Betanien ankommt, trifft er zuerst auf Marta. Sie macht ihm schwere Vorwürfe wegen seiner Abwesenheit. Jesus beruhigt sie, indem er versichert, daß ihr Bruder auferstehen wird. Marta bejaht, bezieht dies aber auf die Auferweckung am Letzten Tag. Doch das meint eben Jesus nicht, denn er sagt: ‚Ich bin die Auferstehung und das Leben. Wer an mich glaubt, wird leben, auch wenn er stirbt, und jeder, der lebt und an mich glaubt, wird auf ewig nicht sterben.' Jesus meint also etwas anderes, das Unwandelbare und Unvergängliche am Menschen, das, was wir Seele, pneuma, anima, Geist nennen; und das zugleich in strikter Relation zur Leiblichkeit des Menschen steht, wie es Thomas durch die Formel ‚anima forma corporis' dargelegt hat. Diese Sachlage ist aber eine, die in der Tradition der jüdischen Glaubensvorstellung keinen Platz hat. Und nun passiert das Unvorstellbare: Die Frage, ob sie das glaube, bejaht

Marta, obwohl sie es von ihrer Lebenswelt her gar nicht glauben kann. Sie stellt also den Glauben an die Liebe total über die Macht des Todes. Als zweite trifft Jesus Maria. Auch sie klagt ihn an, ja sie überschüttet ihn förmlich mit ihrer Klage. Sie ist von der Macht des Todes so stark ergriffen, daß sich die Klage nicht mehr in Worten ausdrücken läßt. Und nun passiert das absolut Unvorstellbare: Jesus wird durch die Macht des Todes, der die Menschen sogar ihrer Sprache beraubt, der sie tatsächlich von Sinnen macht, so sehr ergriffen, daß er selbst weint und die Klage teilt. Denn hinter der Gewalttätigkeit des Todes, die den Menschen in seiner ganzen Ohnmacht offenbart, zeigt sich der Trotz des Menschen, der auch jetzt noch, ohnmächtig wie er ist, seine Liebe gegen den Tod hält und den Verlust seiner Sprache auf sich nimmt. Dann erfolgt die Erweckung des Lazarus. Wenn C. meint, daß weder Gott noch Jesus Christus die Macht hätten, ‚*einen einzigen* Menschen vom Tode zu erretten', so spricht dies zwar gegen die biblische Überlieferung, ist aber zugleich doch kein ketzerischer Gedanke. Zumindest für mich nicht. Denn wie mühsam und steinig war selbst der Weg für die Jünger des Jesus, bis sie nicht nur glaubten, sondern auch verstanden. Ihr Meister ist auferstanden, und sie verstehen noch immer nicht, er spricht zu ihnen, und sie hören ihn nicht, er erscheint ihnen, und sie sehen ihn nicht. Er muß erst ganz und gar Person werden und mit ihnen sprechen und mit ihnen essen. Jetzt begreifen sie das Unbegreifliche. Es ist das Schwerste. Es sind, wie C. geschrieben hat, ‚letzte Zuckungen in der Schrift'; Grenze zu einer Maßlosigkeit ohne Schrift."

„Oh Freund! Schon oft habe ich mir die Geschichte des Lazarus mit Seufzen vor Augen geführt. Aber erst deine Deutung konnte mein Herz ganz dafür öffnen, so daß mir während deiner Rede manchmal sehr leicht und dann wieder so schwer zumute war. Aber dennoch – oder gerade deswegen – möchte ich anmerken, daß es ja C. ist, der die Massen der Toten, die am Letzten Tag auferstehen werden, polemisch beschrieben hat. Die Verheißung des ewigen Lebens scheint für ihn manchmal eine Art Trick der Kirche und der Priesterschaft zu sein, um die Gläubigen als Masse zu erhalten. Wie ist es aber nun bei C. um die Seele bestellt, deren Unsterblichkeit nach den Worten Christi ebenso sicher ist wie sein Kommen zum Jüngsten Gericht? Und die Leugnung des seelischen Seins hat schon einen Kirchenlehrer wie Luther Kopfzerbrechen gemacht, ihn ins Schwitzen gebracht. Denn jedem halbwegs wachen Verstand ist klar, daß, wenn mit dem Tode des Menschen alles an ihm zugrunde geht und er in einen seelenlosen Schlaf fällt, man auch fragen kann, was denn dann eigentlich noch auferweckt werden soll. Man könnte fragen, woran er sich noch erinnern soll, wenn er weder bei sich ist noch ganz im Himmel. Und es will mir scheinen, daß C. sich auf diese Problemstellung nicht eingelassen hat."

Die Uhr: „Es muß die Hoffnung bestehen und genährt werden, daß jede Seele nicht nur für sich von Wert ist, sondern auf irgendeine nie vorauszusehende Weise auch für andere oder sogar für alle anderen Bedeutung gewinnen könnte... Das Wunderbare aber und für den Menschen nicht zu Missende an der wahren Verwandlung ist ihre Freiheit."

„Mein Freund, eigentlich müßten wir der sprechenden Uhr Dank sagen, denn anhand dieses Zitats läßt sich gleich mehreres festhalten. Zum einen, daß C. keineswegs die Bedeutung des Begriffs ‚Seele' leugnet. Was C. ablehnt, ist die Vorstellung einer Seelenwanderung, weil sie den Menschen auf ungeheuerliche Weise determiniert, bis über den Tod hinaus. Die Wandelbarkeit ist für C. die signifikanteste Eigenschaft des Menschen hinsichtlich seiner Freiheit *vor* dem Tod. Und der Dichter, und wohl auch der Künstler im allgemeinen, ist nicht nur deswegen der ‚Hüter der Verwandlung', weil er sich und seine Schrift durch die Kenntnis der gesamten Literatur und Kunst verwandeln kann. Er ist es vorzüglich deswegen, weil er durch seine künstlerische Arbeit *hindurch* zu einem anderen Menschen werden kann, ja ein anderer Geist und Körper, sagen wir es offen, eine andere Person. Und nun erinnern wir uns doch kurz an die eigenartige Passage aus der *Provinz des Menschen:* C. beobachtet auf der Straße sehr gespannt eine Frau, die in einem Auto sitzt, und er glaubt auch, daß sie ihn ansähe. Als er wegschaut, hat er das Gefühl, im Wagen der Frau zu sitzen. Er geht eine Häuserzeile entlang, meint aber, an dieser vorbeizufahren. Er befindet sich in ihrem Auto, aber zugleich auf seinem Weg. – C. ist also durch seinen Blick, der auf den anderen gerichtet war, jener geworden. Er hat sich in einen anderen verwandelt."

„Liebster Freund, verzeihe, wenn ich dich an dieser Stelle unterbreche, aber ich glaube, deinen Gedanken etwas beifügen zu können, um damit unser Gespräch wieder in die theologische Spur rückzuführen. Wie du weißt, bleibt in den Briefen des Apostels Paulus zwar einiges dunkel, wie selbst Petrus zugegeben hat, aber nirgendwo sonst wird so deutlich gesagt, wer der teuflische Feind der Gläubigen ist: nämlich der Tod. Hinsichtlich dessen enthüllt Paulus im ersten Brief an die Korinther den Brüdern und Schwestern ein ‚Geheimnis'. Nämlich, daß am Jüngsten Tag ‚alle verwandelt werden'. Diese Verwandlung ist eine totale, nicht nur in Bezug auf die Seele, nein, als Person wird man der ganz andere sein. Und angesichts dieser Verheißung ruft Paulus aus: ‚Verschlungen ist der Tod vom Sieg. / Tod, wo ist dein Sieg? / Tod, wo ist dein Stachel?' Es ist hier leider weder Ort noch Zeit, um die tiefe Beziehung zwischen Tod, Sünde und Gesetz zu erörtern, welche Paulus mehrfach bedacht hat. Aber eines muß uns klar sein: Sünde *und* Gesetz gibt es nur, weil es die Macht des Todes gibt, weil wir den Stachel des Todes in uns tragen. Freiheit vor dem Gesetz heißt, nicht mehr sterben zu müssen. Und Verwandlung ist daher eine Kategorie der Freiheit. C. möchte aber diese Freiheit in die Hand der Lebenden geben. Und dies deswegen, weil er nicht nur die Lebenden liebt, sondern auch die, die trotz seiner Liebe bereits verstorben sind. Nun frage ich dich aber, bester Freund, welches ist das Organ, mit dem wir zu lieben meinen und welches wir von der Macht des Todes und von allem Leid fernzuhalten wünschen?"

„Ohne Zweifel das Herz, wie es ja Pascal vortrefflich bewiesen hat."

„Das meine ich auch und möchte zugleich weiterfragen: Womit erinnern wir uns aber derer, die wir geliebt haben, die uns aber auf irgendeine Weise ganz verlassen haben?"

„Da möchte man antworten, mit dem Verstand natürlich. Und zugleich denke ich doch an das Herz, wenn man eingesteht, daß man mit dem Herzen und nicht durch den Verstand liebt. Wie wäre dies aber möglich?"

„Geschätzter Freund, an dieser Stelle möchte ich nochmals auf den vortrefflichen Pascal und seine Lehre vom Herzen verweisen, obwohl er uns diese ja nur in Bruchstücken hinterlassen hat. Doch hat er uns klar zu erkennen gegeben, daß das Herz oder die Seele des Menschen für sinnliche Wahrnehmung herangezogen werden soll, dies ist aber das Erkennen von Zeit, Raum und ihren Verhältnissen untereinander. Und wenn es sich so verhält, dann ist derjenige, der sich und andere in Zeit und Raum erkennt, auch der, der sich und andere lieben kann. Denn weder von den Verhältnissen durch Raum und Zeit noch von den Verhältnissen der Liebe läßt sich sagen, warum sie so sind und nicht anders. Erinnern wir uns aber an die, die uns aus irgendeinem Grund verlassen haben, so tun wir dies durch Raum und Zeit, also mit unserem Herzen. Und erst an zweiter Stelle kommt der Verstand, der uns die verschiedenen Gegebenheiten jener Beziehung vors geistige Auge führt und diese ordnet. Die Erinnerung ergibt offenbar die Eigen-Zeit eines jeden Menschen, die ihn zwar mit den anderen verbindet, die aber auch seine Einzigartigkeit ausmacht. So sollte man die Erinnerung das ‚Geheimherz' der unverwechselbaren Person nennen. Dieses Geheimherz ist nun wiederum ganz nahe dem, was bei Augustinus die ‚memoria' ausmacht. Denn durch die Erinnerung bedenkt die Person alles das, was vergangen ist, von einem gegenwärtigen Standpunkt her, und ebenso alles, was einmal eintreten mag. Dasjenige, woran ich mich nicht erinnern kann, hat sich weder einmal ereignet, noch kann es für eine zukünftige Schau wirksam sein. Versuche ich mir also ein Sein nach dem Tode vorzustellen, so sagt mir der Verstand, daß entweder nichts oder etwas anderes sein wird. Da aber die Erinnerung alles Vergangene umfaßt, von dem ich noch etwas weiß, so sagt sie mir eher, daß auch nach dem Tode etwas sein wird, weil keine Erinnerung leer ist. Nun steht das Herz des Menschen immer in Relation zu den anderen, wie gezeigt wurde. Und da man eben durch das Herz liebt, so sagt die Erinnerung, daß es nicht nur für mich nach dem Tode etwas sein wird, sondern auch für alle anderen. Folglich ist die Erinnerung als Geheimherz auf die Einzigkeit der Person gerichtet, aber von diesem Ort aus auch auf alle anderen, die nun als offene Masse vorgestellt werden und die sich durch die Gnade Gottes in Ewigkeit lieben sollen."

„Geschätzter Freund, auch an dieser Stelle muß deinem logischen Geiste Bewunderung gezollt werden. Schwerlich ist aber vorstellbar, daß C. deiner letzten Schlußfolgerung beipflichten könnte. Zum anderen sollte aber nicht verschwiegen werden, was C. einmal sein ‚Glaubensbekenntnis' genannt hat. Man möge, wenn es schon sein muß, in der modernen Medizin chirurgische Eingriffe an allen möglichen Organen vornehmen, ob Ohren, Augen oder Herzen, doch eines müßte unbetastet bleiben, die Erinnerung: ‚die Erinnerung sie sollen lassen stân'. Und es scheint mir nicht unwichtig, daß C. diesen Gedanken im zweiten Teil seiner Autobiographie festgehalten hat."

Die Uhr: „Sein Sonderbund mit den Toten, die die Hoffnung noch nicht aufgegeben haben. Insgeheim läßt er sie kommen und nährt sie. Aber manche drängen sich vor, die er gar nicht kennt, es sind die Toten *anderer,* sie sagen es offen: um uns kümmert sich niemand, – er hat nicht das Herz, sie zurückzuweisen, und gibt ihnen mit seinen zu essen, die das ganz gern haben."

„Vieles wäre hierzu anzumerken, beginnt doch C.s Autobiographie im eigentlichen Sinn mit dem frühen Tod des Vaters und endet definitiv mit dem Tod der Mutter. In der Liebessprache der Eltern, die Deutsch gewesen ist, wird C. für die Mutter die Rolle seines Vaters einnehmen. Bis die Mutter von der Geliebten verdrängt wird, die ihm wiederum mit der Bibel in der Hand beweisen muß, daß Karl Kraus kein ‚Gott' ist. Aber ein anderer, der Kraus so ähnlich sieht, der Doktor Sonne heißt und in dem C. seinen Erzengel Gabriel sieht, wird nicht nur die Bibel und C.s eigenen Roman erschöpfend deuten, sondern ihn zurückführen zu den Wurzeln seiner Familie, nach Spanien und seiner Literatur des Mittelalters. Und C., bald gezwungen, nach England zu emigrieren, nimmt dies alles mit. Hier nun wird er mit der Niederschrift von *Masse und Macht* beginnen, die Aufzeichnungen folgen, dann die Autobiographie, in der die nun Toten, die C. auf ihre Weise geliebt haben, wieder zum Leben erwachen, durch die Schrift C.s, mit der er sich an sie erinnert und ihnen so zu essen gibt. Alles geschieht in Beziehung zu anderen, nichts kann sich einzeln behaupten, man verwandelt sich durch die anderen hindurch zu sich selbst, zu einer Person, die sich in der Schwebe hält. So erscheint manchmal, gewollt oder nicht, der Aufbau von C.s autobiographischem Werk im Licht der Ekklesia-Struktur, wie sie Thomas christologisch dargelegt hat: unio und unitum, Einheit und Geeintes, sind nur durch das Wesen der relatio und der communio erreichbar. Allein die Einigung, unitio, bleibt bei C. ausgespart, begreiflicherweise, denn ist sie doch actus, in dem Anfang und Ende aller Wandlung beschlossen ist; hat sie doch die Eigentümlichkeit, Personen durch Verwandlung zu binden. – Wie gesagt, vieles wäre noch zu sagen, doch die sprechende Uhr, bester Freund, mahnt uns, daß auch unsere Gesprächszeit zu Ende geht."

„Noch eines, bester Freund, sei mir erlaubt anzumerken, und dann will auch ich, der Gast, Ruhe geben. Für C. ähnelt sein Lebensmensch, der Doktor Sonne, nicht nur Karl Kraus, sondern auch einem anderen berühmten Manne, dem von uns so geschätzten Blaise Pascal. C. begegnet ihm in der autobiographischen Schrift *Die Fackel im Ohr* natürlich nicht als Person oder als Geist, sondern er trifft auf Pascals Totenmaske. C. kann seinen Blick von ihr nicht abwenden, denn es scheint, daß sich in ihr der Atem erhalten habe. ‚Der Atem ist das Kostbarste, das der Mensch besitzt, am kostbarsten zum Schluß, und dieser allerletzte Atem wird in der Maske bewahrt, als Bild.' Atem als Urbild des Menschen und zugleich Wort, das an eine *Ursprache* erinnert. Bild, das über das rein Abbildhafte hinausgeht, was sich eben in der Totenmaske Pascals für C. eröffnet: ‚*Sein* Antlitz darf man ein ewiges nennen, denn es drückt eben die Ewigkeit aus, um die es ihm zu tun war. Er *ruht* in seinem Schmerze, den er nicht verlassen will. Er will so viel Schmerz, als die Ewigkeit aufzunehmen bereit ist, und wenn er das volle Maß erlangt hat, das sie ihm erlaubt, bringt er ihn ihr dar und betritt sie.' So ist es, Atem, der in uns ist und zugleich entschwindet, nur eben nicht ganz, erinnerlich entschwindet… Eines aber, liebster Freund, möchte ich dich noch fragen: Selbst wenn man annähme, daß nach dem Tode die Seele sich mit dem Göttlichen liebend verbinde, wie kann sie, die sich durch alle Zeiten hindurch erinnert, den Schmerz vergessen, der die anderen weiterhin peinigt, solange sie weiß, daß es noch einen Menschen gibt, der leidet, und einen, der Leid zufügt?"

„Freund, dies ist wohl das Rätsel, das alle Geheimherzen umgibt. Und ich will nicht einmal im Ansatz versuchen, es zu lösen. Nur von fern her vernehmen wir die Worte: *Es ist der*

Strafe genug. Ein *genug*, maß- und grenzenlos, das vom Ende der Zeiten den wachenden Atem der Lebenden erreicht und mit ihm in einen gemeinsamen Raum vorstößt."

(Beide blicken nach der sprechenden Uhr, die aber schweigt. Ihre Gesprächszeit ist um. So stehen sie auf, gehen in den Vorraum, wo sie schon der junge Neffe erwartet, der dem Gast in den Mantel hilft. Man öffnet die Tür, draußen wartet bereits ein Taxi auf der gegenüberliegenden Straßenseite. Die zwei theologischen Privatiers verabschieden sich mit vertrautem Gruß: „Gelobt sei, der nicht schläft noch schlummert!" Der Gastgeber blickt seinem Freund nach, aber in die Weite sieht er bereits sehr schlecht, das Bild verschwimmt ihm vor den Augen.)

„Liebster Neffe, wie du weißt, sehe ich schlecht, sage mir bitte, ob der Gastfreund das Taxi gut erreicht hat."

Der Neffe: „Ohne Schwierigkeiten, mein Onkel, doch ist er dabei komisch anzusehen: Da es regnet und ein heftiger Wind geht, hebt sich öfters seine Pelerine, und da er auch noch ein wenig hin und her springt, scheint es, als ob er fliegen möchte, aber vom Boden nicht abheben kann. Ist ihm denn vom Herzen nicht gut, daß er springen muß?"

„Nein, mein Neffe, es ist nicht das Herz, sondern sein Atem, der ihm heute wiedergeschenkt worden ist und mit dem er nun einen Atemraum nach dem andern für sich eröffnet. – Aber nun zu uns, bester Neffe. Ich möchte dir heute ein Geheimnis eröffnen: Wie ich weiß, arbeitest du nicht gern und versuchst schon jetzt, mein Geld mit rascher Hand auszugeben. Liebster Neffe, so wie du jetzt tust, sollst du es auch nach meinem Tode halten. Die Wohnung, mein ganzes Vermögen werden dir gehören, und auch die große Bibliothek, in der sich unter anderem die Schriften des berühmten C. befinden. Wenn du aber, von Zeit zu Zeit, des Lesens überdrüssig wirst, so rufe doch all deine Freunde zusammen und feiere hier ein ausgelassenes Fest. Ein Fest, bei dem es heftig und laut zugehen soll, so als ob du das wilde Heer der Sage zu Gast hättest. Und wenn dir dann scheinen sollte, als ob du mein Herz pochen hörest und mein Atem dich berühre, dann erhebe das Glas und laß uns gemeinsam feiern: du hier mit deinen Freunden, ich dort mit den meinen."

„Bester Onkel, dies eine kann ich dir schon heute versprechen, daß ich so handeln werde, wie du es mir eben anbefohlen hast! Aber beruhige dich jetzt, mein Onkel, denn noch bist du ja ganz am Leben und mit mir."

Literaturhinweise

Neben den Büchern von Elias Canetti, die ich verwendet und zitiert habe, möchte ich auch diejenigen Texte angeben, die mir in meiner Arbeit geholfen oder/und mich dabei beeinflußt haben. An dieser Stelle möchte ich mich auch bei Gerald Stieg für seine Gesprächsbereitschaft bedanken, hinsichtlich der offenen Fragen zu Canettis Religionsverständnis.

Ernst Benz, *Augustins Lehre von der Kirche,* Schriften der Akademie der Wissenschaften und der Literatur in Mainz, Wiesbaden 1954

Die Bibel, Einheitsübersetzung der Heiligen Schrift, Stuttgart 1984
Maurice Blanchot, *Die Literatur und das Recht auf den Tod,* Berlin 1982
Elias Canetti, *Das Augenspiel. Lebensgeschichte 1931–1937,* Frankfurt a. M. 1988; *Die Fackel im Ohr. Lebensgeschichte 1921–1931,* Frankfurt a. M. 1982; *Das Geheimherz der Uhr. Aufzeichnungen 1973–1985,* Frankfurt a. M. 1990; *Die gerettete Zunge. Geschichte einer Jugend,* Frankfurt a. M. 1979; *Das Gewissen der Worte. Essays,* Frankfurt a. M. 1981; *Masse und Macht,* Frankfurt a. M. 1980; *Die Provinz des Menschen. Aufzeichnungen 1942–1972,* Frankfurt a. M. 1976
Piet van Meeuwen, *Elias Canetti und die bildende Kunst von Bruegel bis Goya,* Frankfurt a. M. 1988
Heribert Mühlen, *Una Mystica Persona,* München–Paderborn–Wien 1967
Gerhard Neumann: „Widerrufe des Sündenfalls", in: *Hüter der Verwandlung. Beiträge zum Werk von Elias Canetti,* Frankfurt a. M. 1988, S. 182 ff.
Blaise Pascal, *Pensées,* Heidelberg 1978
Joseph Ratzinger, *Eschatologie – Tod und ewiges Leben,* Regensburg 1990
Franz Schuh, „Schreiben gegen den Tod", in: *Der Stachel des Befehls,* IV. Canetti-Symposion, hrsg. v. John Pattillo-Hess, Wien 1992, S. 44 ff.
Reinold Werner, „Die Verbrüderung der Worte", in: *Tod und Verwandlung in Canettis Masse und Macht,* II. Canetti-Symposion, hrsg. v. John Pattillo-Hess, Wien 1990, S. 52 ff.
Bernd Witte: „Der Einzelne und seine Literatur", in: *Experte der Macht. Elias Canetti,* hrsg. v. Kurt Bartsch und Gerhard Melzer, Graz 1985, S. 14 ff.

Der Kampf zwischen den Toten

Orthodoxe und islamische Religion im kommunistischen Bulgarien

Wenzeslav Konstantinov

Das Reich der Bulgaren auf dem Balkan wurde im Jahre 681 gegründet. Schon im 9. Jahrhundert führte Zar Boris I. das Christentum ins Land ein. Die Konfession war griechisch-orthodox und kam von Konstantinopel, dem Sitz des Ökumenischen Patriarchen.

Zur gleichen Zeit entwickelten die Slawenapostel Kyrillos und Method die Kyrilliza, die kirchenslawische Schrift, die erst später in den orthodoxen Ländern Serbien und Rußland Verbreitung finden sollte.

Ende des 10. Jahrhunderts bildete sich die autokephale Landeskirche Bulgariens mit einem eigenen Patriarchat. Damals herrschte ein reges religiöses Leben, es wurde z. B. das berühmte Rilakloster gegründet, dessen Geschichte mit den Großtaten des heiligen Iwan von Rila, eines Mönches und Einsiedlers, begann.

1. Zwischen Feindschaft und Duldsamkeit

Seit Mitte des 14. Jahrhunderts eroberten die islamischen Osmanen die Balkanhalbinsel, vernichteten das Bulgarische Reich und, im Jahre 1453, durch Einnahme Konstantinopels, auch das Byzantinische Reich.

Da Judentum und Christentum nach dem Koran durch, von Propheten überbrachte, echte Offenbarungsbücher begründet wurden, sollten die Bulgaren unter den Osmanen zunächst den Sonderstatus von „Schriftbesitzern" genießen, die nach islamischem Recht gegen Zahlung einer Sondersteuer ihre Religion beibehalten durften. Bajasid und Mohammed, die ersten türkischen Sultane nach der Eroberung Bulgariens, bestätigten die dem Rilakloster von den letzten bulgarischen Zaren verliehenen Privilegien.

In der Tat entfaltete sich aber ein Glaubenskampf auf dem Balkan, der sich besonders im 17. Jahrhundert zuspitzen sollte, als der Niedergang des türkisch-islamischen Großreichs durch den zweiten mißlungenen Versuch im Jahre 1683, Wien einzunehmen, bereits angekündigt war. Viele bulgarische Christen wurden im Heiligen Krieg gegen die Ungläubigen „mit Feuer und Schwert" islamisiert und türkisiert. Im Jahre 1766 wurde auch die selbständige bulgarische Kirche vernichtet.

In „Masse und Macht" zitiert Elias Canetti „einen der besten Kenner des Islams", der sagt: „Mohammed ist ein Prophet des Kampfes und des Krieges... Was er zunächst in seinem arabischen Umkreis getan, das hinterläßt er als Testament für die Zukunft seiner Gemeinde: Bekämpfung der Ungläubigen, die Ausbreitung nicht so sehr des Glaubens als seiner Machtsphäre, die die Machtsphäre Allahs ist."[1]

„Alle plötzlich verbotenen Religionen rächen sich durch eine Art Verweltlichung",[2] bemerkt Canetti. Die orthodoxe bulgarische Kirche bekam nach ihrer Unterdrückung durch die Türken tatsächlich einen ausgeprägten weltlichen Charakter. Seitdem sah sie ihre wichtigste Aufgabe darin, die Kultur- und Glaubenstraditionen im Lande zu wahren und den Geist des nationalen Widerstands zu unterstützen.

Noch 1762 hatte der Wandermönch Paissi von Chilendar ein Buch unter dem Titel „Slawisch-bulgarische Geschichte über das Volk und über die bulgarischen Zaren und Heiligen und alle bulgarischen Taten und die bulgarische Vergangenheit“ verfaßt und als Manuskript verbreitet. In seiner Geschichte kompilierte der Mönch unterschiedlichste Quellen, bezog biblische und religiöse Motive, Wundergeschichten und Legenden ein, und zwar mit dem einzigen Zweck, den Bulgaren unter türkischer politischer und religiöser Fremdherrschaft Selbstvertrauen zu vermitteln und ihre nationale Identität ausprägen zu helfen.

Paissis Schrift war das erste Zeichen der sogenannten „Bulgarischen Wiedergeburt“, die etwa bis zum Ausgang des 19. Jahrhunderts andauern sollte. Der Kampf um nationale Befreiung fiel mit dem Ringen um religiöse Unabhängigkeit zusammen. Im Jahre 1871 wurde die selbständige Bulgarische Orthodoxe Kirche infolge dieses Kampfes neu errichtet. Fünf Jahre danach brach der Aprilaufstand aus, der durch einen Novizen, den von den Türken gehängten Diakon Wassil Lewski, vorbereitet worden war und 1878 zur Befreiung Bulgariens durch die Russen im Russisch-Türkischen Krieg führen sollte.

Die osmanische Fremdherrschaft im Lande hatte etwa 500 Jahre gedauert und hinterließ unlösbare ethnische und religiöse Probleme. Der in Bulgarien geborene Elias Canetti bemerkte über Rustschuk, seinen Heimatort: „...es lebten dort Menschen der verschiedensten Herkunft, an einem Tag konnte man sieben oder acht Sprachen hören. Außer den Bulgaren, die oft vom Lande kamen, gab es noch viele Türken, die ein eigenes Viertel bewohnten, und an dieses angrenzend lag das Viertel der Spaniolen, das unsere. Es gab Griechen, Albanesen, Armenier, Zigeuner. Vom gegenüberliegenden Ufer der Donau kamen Rumänen... Es gab, vereinzelt, auch Russen.“[3] Und dann: „Die übrige Welt hieß dort Europa, und wenn jemand die Donau hinauf nach Wien fuhr, sagte man, er fährt nach Europa, Europa begann dort, wo das türkische Reich einmal geendet hatte. Von den Spaniolen waren die meisten noch türkische Staatsbürger. Es war ihnen unter den Türken immer gut gegangen, besser als den christlichen Balkanslawen.“[4]

Mit der Beschreibung der kleinen bulgarischen Donaustadt und der Andeutung der Glaubensproblematik in ihr gibt Canetti ein wahres Bild der ethnischen und gesellschaftlichen Struktur des Landes um die Jahrhundertwende. Es gab nach der Befreiung eine große Anzahl von Moslems in Bulgarien, die aus Türken, Pomaken – einst islamisierte Bulgaren – und Zigeunern bestand.

Spannungen zwischen Bulgaren und Türken auch religiöser Art gab es insbesondere zur Zeit der beiden Balkankriege. Im ersten (1912) kämpfte Bulgarien gemeinsam mit Serbien, Griechenland und Montenegro gegen die Türkei, um die türkisch beherrschten Gebiete auf der Balkanhalbinsel zu befreien. Nach dem Sieg über die Türkei vermochten es die Verbündeten allerdings nicht, sich über die Aufteilung der eingenommenen Territorien zu einigen. So kam es zum zweiten Balkankrieg (1913), in dem Serbien, Griechenland, Rumänien und die Türkei gegen Bulgarien kämpften und ihm eine schwere Niederlage zufügten. 1915 trat Bulgarien in den Weltkrieg auf der Seite der Mittelmächte ein, und zwar mit der Hoffnung, die Ergebnisse des zweiten Balkankrieges revidieren zu können. Auch dieser Krieg endete für Bulgarien mit einer Katastrophe. Die ethnischen und religiösen Feindseligkeiten im Lande verschärften sich – als Folge der krassen Verschlechterung der Lebensbedingungen nach den Kriegen. Nachdem jedoch der Kemalismus die Türkei in einen laizistischen Staat verwandelte, machte sich auch eine allmähliche Beruhigung in den Beziehungen des christlichen Teils der bulgarischen Bevölkerung zur islamischen Minderheit bemerkbar. Diese langsam und schwer erlangte Duldsamkeit sollte allerdings nur bis zum Ausgang des Zweiten Weltkrieges bestehen.

2. Die neue Religion

Am 5. September 1944 erklärte die Sowjetunion Bulgarien den Krieg, und drei Tage danach marschierten sowjetische Truppen ins Land ein. Unter deren Schutz nahmen Partisanen die Hauptstadt ein und bildeten gleich eine sogenannte „Regierung der Vaterländischen Front“, in der die Kommunisten zwei Jahre lang nur eine Minderheit darstellen sollten. Das bulgarische Volk leistete im großen und ganzen politischen Widerstand gegen sie. Die Kommunisten hatten jedoch das Ministerium für Inneres, das Ministerium für Post-, Fernmeldewesen und Zensur sowie das Ministerium für Justiz übernommen, so daß es ihnen nicht schwerfiel, einen roten Terror nach bolschewistischem Vorbild zu entfachen. Verhaftet und grausam ermordet wurden Bauern auf dem Lande, Staatsbeamte, reiche Handelsleute, Professoren, Offiziere im Dienst und außer Dienst, Journalisten und Schriftsteller sowie viele Geistliche verschiedener Konfessionen. Nach vorsichtigen offiziellen Schätzungen fielen etwa 140.000 Menschen schon in der ersten Zeit dem Terror zum Opfer: in einem Land mit damals sieben Millionen Einwohnern rund zwei Prozent der Gesamtbevölkerung.

Auf diesem Wege gelang es den bulgarischen Kommunisten, bei den nächsten Wahlen Ende 1945 bereits 88,2 Prozent der Stimmen für die Vaterländische Front zu erringen: eine bemerkenswerte Wahlverwandtschaft mit den deutschen Nationalsozialisten zwölf Jahre zuvor! Die kommunistische Macht, durch Präsenz sowjetischer Truppen unterstützt, zerschlug 1947 die sogenannten „konterrevolutionären Gruppierungen“ in Bulgarien. Die Opposition wurde abgeschafft, Volksabgeordnete wurden in Schauprozessen „verurteilt und hingerichtet“.

Diese Schauprozesse gehörten zur „Dynamik des Krieges“, der geführt wurde; sie stellten, im Sinne von Canettis „Masse und Macht“, „öffentliche Hinrichtungen von Gefangenen“ dar und hatten die Funktion von „Siegesfesten“, bei denen die Kommunisten, „nicht mehr im Gefühl unmittelbarer Bedrohung, erlebten, wie der Feind vermindert wird“.[5] Die Wirkung dieser Schauprozesse auf die Bevölkerung war von „doppelter Natur“. Sie erwiesen sich als das unfehlbarste Mittel, „das Volk… im Zustand einer religiös ergebenen Masse zu erhalten“; sie hielten aber auch den Schrecken vor den Befehlen der Machthaber wach.[6]

Auf diese Weise wurde die Bulgarische Kommunistische Partei alleinregierend; sie verwandelte sich in eine Staatspartei, die ihrerseits den Staat nach sowjetischem Vorbild in einen Parteistaat mit allen Merkmalen eines mittelalterlichen Kirchenstaates verwandelte. Die bolschewistische Partei Lenins, unter deren direkter Leitung die Bulgarische Kommunistische Partei existierte, war aus der Praxis der russischen orthodoxen Kirche entstanden. In seinem Buch „Iwan der Dumme. Vom russischen Volksglauben“ spricht Andrej Sinjawskij von der „eschatologischen Gestimmtheit der Russen“, die zur raschen Christianisierung des Landes beigetragen hatte.[7] Nun hatte dieselbe eschatologische Gestimmtheit zur raschen Bolschewisierung Rußlands beigetragen, denn das kommunistische Dogma und Lenins messianische Überzeugung, daß gerade das rückständige Rußland dafür bestimmt sei, die „Brücke“ zwischen der „asiatisch-antiimperialistischen“ und der „europäisch-proletarischen“ Revolution zu werden und dadurch die erlösende Weltrevolution zu bewirken, boten dem russischen Volk einen annehmbaren Ersatz für den verpönten christlichen Glauben. In seinem noch 1905 verfaßten Aufsatz „Sozialismus und Religion“ schrieb Lenin: „Durch die Fabrik der Großindustrie erzogen und durch das städtische Leben aufgeklärt, wirft der moderne, klassenbewußte Arbeiter die religiösen Vorurteile mit Verachtung von sich, überläßt den Himmel den Pfaffen und bürgerlichen Frömmlern und erkämpft sich ein besseres Leben hier auf Erden. Das moderne Proletariat bekennt sich zum Sozialismus, der die Wissenschaft in den Dienst des Kampfes gegen den religiösen Nebel stellt und die Arbeiter vom Glauben an ein jenseitiges Leben dadurch befreit, daß er sie zum diesseitigen Kampf für ein besseres irdisches Leben zusammenschließt.“[8]

Mit dem Drängen auf ein Glaubensbekenntnis zum Sozialismus als Erlösung von den Nöten des irdischen Lebens deutet Lenin auf die Entstehung einer neuen Religionsgemeinschaft hin, nämlich auf die des „modernen Proletariats“ aller Länder, die durch den Glauben an ein „Paradies auf Erden“ zu einem neuen religiösen Erlebnis kommen sollte.

Der Gensek (Generalsekretär) Josef Stalin, der selbst Priesterseminarist gewesen war und die Feinheiten der russisch-orthodoxen Kirchenordnung sowie deren ideologische Methoden durchschaut hatte, gestaltete die bolschewistische „Partei neuen Typs“ und dann, seit Mitte der 20er Jahre, auch ihr Verhältnis zu den „Bruderparteien“ nach den Grundsätzen der Orthodoxie: Die „kommunistische Weltbewegung“ wurde nicht wie die katholische Kirche zentral organisiert, sondern sie bestand, wie die griechisch-orthodoxe Kirche, aus einzelnen, durch die Einheit des Dogmas und des Kults miteinander verbundenen Patriarchaten, d. h. Parteien. Die bedeutendste und die mächtigste unter ihnen blieb allerdings die russische, an deren Spitze der Patriarch, d. h. der Gensek von Moskau und ganz Sowjetrußland stand. Wie einst der Zar, war nun auch das Sowjetstaatsoberhaupt zugleich Oberhaupt der Kirche, d. h. der Partei. Hierzu eine aufschlußreiche Bemerkung von Wolfgang Kraus: „Moskau verstand sich schon früh als Erbe der Kultur und der politischen Position von Konstantinopel. Die berühmten Worte des Starez Filofej von Pskow durchziehen die Geschichte Rußlands in verschiedenen Inhaltsvarianten bis heute, sie waren 1533 an den Zaren gerichtet und formulierten ein längst bestehendes kulturelles und religiöses Bewußtsein: (Unser Herrscher) ‚ist der einzige Zar über die Christen, der Führer der apostolischen Kirche, die statt in Rom und in Konstantinopel in der gesegneten Stadt Moskau steht. Sie allein leuchtet auf der ganzen Welt heller als die Sonne, denn wisse, du frommer: alle christlichen Reiche sind abgelaufen und sind zusammen übergegangen in das Reich unseres Herrschers... Denn zwei Reiche sind gefallen, aber das dritte steht, und ein viertes wird es nicht geben... Das *Dritte Rom* ist das *neue große Rußland!*‘“[9]

In seinem 1909 veröffentlichten Aufsatz „Über das Verhältnis der Arbeiterpartei zur Religion“ bemerkte Lenin, daß „Engels in seinem Werk über Ludwig Feuerbach diesem vorwirft, er habe die Religion bekämpft, nicht um sie abzuschaffen, sondern um sie zu erneuern, um eine neue, ‚höhere' Religion zu konstruieren".[10]

Heutzutage würde Engels dem Erfinder des bolschewistischen Mythos von der „heiligen russischen Revolution" dasselbe vorwerfen können. Dies tat allerdings ein anderer: Michail Gorbatschow, der letzte Gensek, schrieb vor dem Zerfall des Kommunismus und des „neuen großen Rußland": „Die besondere Situation des Landes ließ uns zu Formen und Methoden des sozialistischen Aufbaus greifen, die den historischen Bedingungen angemessen waren. Diese Formen wurden jedoch kanonisiert, idealisiert und zu Dogmen erklärt."[11]

Der Marxismus-Leninismus, diese neue Weltreligion, faßte sehr rasch Fuß in Bulgarien. Ein Grund dafür mag in der Tatsache liegen, daß die orthodoxe Konfession byzantinischer Prägung sowohl in Rußland als auch in Bulgarien vorherrschend ist. Die nahe Verwandtschaft der Sprachen und die gemeinsame kyrillische Schrift sowie „die traditionelle Russophilie der Bulgaren"[12] hatten wesentlich dazu beigetragen, daß russische Bücher von Volksintelligenzlern als eine Art Offenbarung aufgenommen wurden. Man glaubte an Lenin wie an einen religiösen Propheten. Man glaubte an den Mythos vom neuen Licht, das von Osten kommt, was eigentlich der alte Glaube an *ex oriente lux* ist. Für die Massen war Karl Marx etwa der Gott, der die Heilige Schrift hinterlassen hatte; der Messias, der allmächtige Erlöser, der alles Geschriebene vollbringen würde, war der Gensek Josef Stalin, dessen heiliges Bild in keinem proletarischen Haus fehlen durfte, damit man seine göttliche Größe und Gnade sinnlich erlebte, und dessen Vita in politischen Zirkeln als eine Art Evangelium studiert wurde. Der Kirchenvater Bulgariens, der rote Patriarch, wurde Georgi Dimitroff, „der Held von Leipzig", und der Heilige Synod hieß nun Zentralkomitee plus Politbüro. Die Rolle der Heiligen Inquisition übernahmen die Miliz und der Staatssicherheitsdienst. Es war auch ein eschatologisches Ziel da, „ein geheimnisvoll Gemeinsames in der Ferne"[13]: die kommunistische klassenlose Gesellschaft.

Die Partei war wie die orthodoxe Kirche durchstrukturiert, hierarchisch gegliedert. Jeder Parteitag, jede „Manifestation der Werktätigen", ähnelte einem Gottesdienst. Die Partei und der Gensek, ihr Führer, wurden sakralisiert, für unfehlbar und unanfechtbar erklärt. Ein bulgarischer Dichter hatte schon in den 20er Jahren von seiner heiligen kommunistischen Partei geschrieben: „Ich weiß, ich glaube, du bist sogar dann im Recht, auch wenn du sündigst."[14]

Die Vergottung der Partei und ihres Führers hatte in Bulgarien ziemlich orientalische Züge: Nach dem Tode des Genseks Dimitroff im Jahre 1949 wurde seine Leiche einbalsamiert und als Reliquie in einem Mausoleum im Zentrum der Hauptstadt zur Schau gestellt, damit „die breiten Massen" als Klagemeute ihn anbeten und ständig beweinen konnten. Im Sinne von Canetti war Dimitroff „der erste Tote"[15] der kommunistischen Partei, er wurde „Führer und Lehrer des bulgarischen Volkes" genannt, er war also ein „kostbarer Toter"[16], sein Tod sollte die Bevölkerung als Masse zähmen und verlangsamen, um die Partei enger zusammenzuschließen und aus der Klagemeute dann eine militant gesinnte Kriegsmeute zu machen.

Denn der Marxismus-Leninismus entpuppte sich auch in Bulgarien als eine Religion des Krieges, die ohne das Bild eines zu bekämpfenden Feindes nicht denkbar war. Die sogenannte „sozialistische Gesellschaft" war von militanten Ritualen und Symbolen durchdrungen, die Kinder wurden in der Schule auf einen kommenden Krieg vorbereitet und entsprechend gedrillt; Kriege waren die Mittel zum Erlangen eines heiligen Zwecks: der vollständigen Gerechtigkeit auf Erden.

Unter diesen Umständen war die Einstellung der Bulgarischen Kommunistischen Partei zur orthodoxen Religion eindeutig: Die Partei stand mit der praxisverwandten Kirche in Rivalität und konnte sie infolgedessen nicht dulden. Trotz der Forderung Lenins, im propagandistischen Kampf gegen die Kirche die religiösen Gefühle der Gläubigen zu achten, wurden in Bulgarien nach 1944 viele christliche Gotteshäuser und Klöster zweckentfremdet und stark beschädigt. Es gab Fälle, wo Schulkinder, von Lehrern angeführt, in alte Kirchen eindrangen und die Ikonen oder die Fresken an den Wänden mit Beilen zerstörten. Das berühmte Rilakloster wurde zum Nationalmuseum erklärt, die Mönche davongejagt. Die orthodoxe Religion wurde als „bürgerliches Überbleibsel" betrachtet, das im besten Fall ins Museum gehört.

3. Der „Wiedergeburtsprozeß"

Dem Islam, der Religion der türkischen Minderheit in Bulgarien, erging es unter dem Kommunismus im Grunde nicht besser, jedoch anders.

Nach dem Zusammenbruch des türkisch-islamischen Großreichs im Jahre 1918 waren die bulgarischen Türken von ihren Glaubensbrüdern jenseits der Staatsgrenze getrennt worden. Sie lebten vor allem im Süden des Landes (Rhodopen-Gebirge) und im Norden (Deliorman). Die meisten von ihnen waren arme Leute, gutnachbarlich gestimmt, sehr fleißig und öfters des Lesens und Schreibens unkundig. Weder politisch noch konfessionell bereiteten sie dem Staat Schwierigkeiten. Es erwuchs jedoch aus ihnen eine große Gefahr für die bulgarische Nation.

Die Moslems in Bulgarien verwandelten sich mit der Zeit von einer kriegerischen in eine, im Sinne von Canetti, „milde Masse", sie waren „kein gehässiger Feind" mehr, „den man bekämpfen muß"[17]. Sie fühlten sich schwach und waren zahlenmäßig den Christen zunächst ganz und gar unterlegen. Um ihre Verletzbarkeit und Hilflosigkeit, ihre Vereinzelung zu überwinden, bildeten sie große Familien mit vielen Kindern. Sie waren – und sind bis heute noch – von einer wahren „Leidenschaft für Vermehrung" ergriffen und stellten eine Art „Vermehrungsmeute" dar. Die wesentlichen Massen in ihrem Leben sind – so wie bei den Pueblo-Indianern – die Kinder und die Ahnen, die immer „friedlich und wohlwollend" waren. „An Kriegen sind sie nicht interessiert, ihr Leben hängt ganz an ihren eigenen Ahnen und Kindern."[18] Diese Bemerkung Canettis von den Pueblos gilt auch für die bulgarischen Mohammedaner.

Die Gefahr, die von der raschen Vermehrung dieser Volksgruppe ausging, hat man in Bulgarien von offizieller Seite schon früh erkannt und auch versucht, sie in irgendeiner Weise zu bekämpfen: sei es durch gezielten Druck, um die Größe der mohammedanischen Familien zu reduzieren, sei es durch Vertreibung in die Türkei.

Seit 1937 setzte sich in Bulgarien eine Aufklärungstendenz durch, die in der sogenannten „Heimatbewegung" um die Bildungsorganisation „Rodina" in den Rhodopen ihren Niederschlag fand. Das Ziel der Bewegung war, die „nationale Konsolidierung der bulgarischen Bevölkerung beider Konfessionen" zu erlangen. Unter Konsolidierung verstand man jedoch die kulturelle Assimilation der Mohammedaner und das allmähliche Aufgehen vor allem der türkischen Minderheit im bulgarischen Volk.[19]

Nach der sogenannten „sozialistischen Revolution“ im Jahre 1944 änderte sich die Lage der Mohammedaner in Bulgarien zunächst paradox zum Besseren, obwohl sie bereits auf eine halbe Million angewachsen waren.

Bekanntlich hatte Josef Stalin 1925 den Aufbau des „Sozialismus in einem Land“ verkündet, weil die ersehnte Weltrevolution ausgeblieben war. Nach dem Zweiten Weltkrieg aber, als die Kommunisten in den von der Roten Armee besetzten Ländern in Ost- und Mitteleuropa die Macht ergriffen und nach sowjetischer Weisung ebenfalls mit dem Aufbau des Sozialismus begannen, erinnerte sich der Gensek an Lenins These von Rußland als „Brücke“ und entfaltete eine totale „Ausfuhr von Revolution“ vor allem in die islamischen Staaten.

Nun sollten die kommunistischen Machthaber in Bulgarien auf Stalins Anordnung hin das Land zu einem Mehrvölkerstaat erklären, der verschiedene, meist erfundene Nationalitäten wie Thraker, Mazedonier, Türken u. a. neben den Bulgaren zu umfassen hatte. Das Ziel Stalins war, einerseits die bulgarische Bevölkerung in möglichst viele Volksgruppen zu spalten, die man gegeneinander einnehmen und nach dem Grundsatz *divide et impera* regieren könnte, andererseits aber den Moslems in der Dritten Welt ein Beispiel sozialistischer Glaubenstoleranz vorzutäuschen. Als Folge davon wurden die bulgarischen Mohammedaner als rasch anwachsende Volksgruppe zunächst nicht nur offiziell geduldet, sondern auch in vielem privilegiert: junge Mohammedaner konnten z. B. leichter einen Studienplatz bekommen.

Nach Stalins Tod aber, als seine persönliche Diktatur durch Chruschtschow verurteilt wurde, und insbesondere nach dem darauffolgenden April-Plenum der Bulgarischen Kommunistischen Partei im Jahre 1956 kam eine abermalige Assimilationspolitik gegenüber dem islamischen Teil der Bevölkerung unmerklich in Gang. In den Jahren danach wurden zunächst Zigeuner, dann auch alle Pomaken zwangsweise bulgarisiert, indem man ihnen christliche Namen gab. Dies geschah allerdings ohne große Erschütterung, denn Pomaken wie Zigeuner waren weder Bulgaren noch Türken und daher von beiden Seiten oft mißachtet gewesen; viele von ihnen strebten ohnedies nach sozialer Anpassung.

Seit 1982 wuchs jedoch auch der Druck auf die bulgarischen Türken. Man fing damit an, den christlichen Teil der Bevölkerung zu einer durch Fremdenhaß genährten patriotischen Haltung zu erziehen. Die Mohammedaner wurden als „innere Feinde des Sozialismus“ dargestellt. Auf diese Weise sollte eine – im Sinne von Canetti – „gemeinsame Jagd“[20] ausbrechen, die das durch die zunehmende Krise des Sozialismus verunsicherte Volk zu konsolidieren hatte. So wurde die christliche „Jagdmeute“ gegen die islamische „Vermehrungsmeute“ aufgehetzt. Dies war allerdings nur eine Vorbereitungsphase, die bis 1984 dauern sollte, als in einem geheimen Plenum des kommunistischen Politbüros – analog zur nationalsozialistischen Wannseekonferenz 1942 – die Endlösung der Türkenfrage in Bulgarien beschlossen wurde: Alle Mohammedaner sollten durch Namensänderung verbulgarisiert und ein beträchtlicher Teil von ihnen darüber hinaus zur Auswanderung in die Türkei gezwungen werden.

Die Christianisierung der Namen bei den bulgarischen Türken wurde offiziell als Wiederherstellung ihrer einst islamisierten bulgarischen Namen und als „Wiedergeburtsprozeß“ bezeichnet. Die Aktion startete ausgerechnet am 24. Dezember 1984 (im Jahr Orwells!), am christlichen Weihnachtsabend, und zwar in den türkischen Dörfern im Kreis Kyrdshali, unmittelbar an der Grenze zur Türkei. Dorthin wurde Militär mit Panzerwagen und Wasserwerfern geschickt, es wurde geschossen, es gab viele Tote, unter ihnen auch Kinder und Babys. Die Türken durften ihre Toten nicht am Tag, sondern nur nachts stillschweigend beerdigen. Wer sich weigerte, einen christlichen Namen anzunehmen, wurde gefoltert, viele wurden als „türkische Agenten“ wegen Landesverrats zu einer Haft bis zu 20 Jahren verurteilt. Islamische „Aktivisten“ wurden über Nacht in die Türkei abgeschoben. Es gab auch Aussiedlungen, unbeugsame Familien wurden getrennt.[21] Die Türken gaben aber ihre Namen nicht so leicht auf.

In seinen „Aufzeichnungen“ bemerkt Elias Canetti: „Die Buchstaben des eigenen Namens haben eine furchtbare Magie, als sei die Welt aus ihnen zusammengesetzt.“[22] Nach dem Koran ist der Mensch von Allah mit einer besonderen Würde ausgestattet. Die einzige Sünde, die Gott nicht vergibt, ist die „Beigesellung“, d. h. die Vielgötterei; demzufolge seien Religions- und Namensänderung sündiges Handeln, wofür der Mensch mit Strafen Gottes im Diesseits und Jenseits zu rechnen hat. Daher ist die Christianisierung der islamischen Namen für die bulgarischen Türken mit dem Tod gleichzusetzen. Das Namensverbot – wie das Verbot der Spiegel in Canettis „Komödie der Eitelkeit“ – bedeutet Vernichtung der eigenen Identität.

Der zweite Akt des Dramas setzte ein, als die kommunistischen Behörden auch die Namen der toten Türken zu ändern begannen, und zwar mit der „wissenschaftlichen“ Begründung, diese Toten seien einst Bulgaren gewesen, die im 17. Jahrhundert zwangsweise türkisiert worden seien; nun gebe ihnen die Volksmacht ihre alten christlichen Namen sowie ihre eigentliche Identität zurück.

Bei den bulgarischen Türken ist die Verehrung für die Toten sehr groß. Während des Bairams besuchen die Mohammedaner die Gräber ihrer toten Ahnen, um sich vor ihnen zu verneigen. So wurde der Höhepunkt der Aktion erreicht, als man anfing, islamische Friedhöfe in Bulgarien mit Planierraupen zu tilgen und Gräber samt Grabsteinen einzuebnen. Dadurch haben die Kommunisten an ihren ehemaligen Günstlingen, den Mohammedanern, das Jüngste Gericht vollzogen. Ihnen wurde die Heimat zu einem „Reich der Feindschaft“[23] und des Todes.

Der dritte und letzte Akt des Dramas „Wiedergeburtsprozeß“, das etwa fünf Jahre andauern sollte, war die Vertreibung der Mohammedaner aus dem „Tempel Bulgarien“. Unter dem gewaltigen Druck der Namensänderung und der Gräbervernichtung wanderten etwa 300.000 bulgarische Türken im Sommer 1989 in die Türkei aus. Man nannte sie verächtlich „Exkursianten“, denn sie durften nur einen Touristenpaß beantragen. Um diesen zu bekommen, hatten sie vorzuweisen, daß sie ihr Hab und Gut einem Volksrat verkauft hatten. (Viele, die nach dem politischen Umbruch von der „Exkursion“ in der Türkei zurückkamen, konnten zwar ihre islamischen Namen, aber kaum mehr ihre spottbillig abgegebenen Immobilien zurückkriegen. Manche türkische Häuser waren inzwischen mit Planierraupen niedergerissen worden.) In diesen schweren Tagen konnte man bei dem christlichen Teil der bulgarischen Bevölkerung allerdings viele Zeichen von Solidarität mit den in Not geratenen mohammedanischen Mitbürgern feststellen. Die Empörung gegen die Kommunisten nahm allseits zu.[24]

Als Weltreligion des Krieges war der Marxismus-Leninismus auch in Bulgarien auf Weltkrieg eingestellt. Nachdem aber der ersehnte Krieg als Massenentladung infolge der atomaren Abschreckung ausbleiben sollte, mußte das kommunistische System verfallen. In der Zerfallsphase brauchten die Machthaber in Bulgarien einen realen Feind, um einen konsolidierenden kleinen und doch „heiligen" Krieg führen zu können. Diesen Feind hatte man in den schnell anwachsenden und sozialistisch ungläubigen Mohammedanern gefunden. Es war zu befürchten, daß sie nach Überschreiten der Millionengrenze Autonomie verlangen, eine eigene Republik gründen, sich dann vom sozialistischen Bulgarien abspalten und der kapitalistischen Türkei anschließen würden.

Jahrelang hatten die Kommunisten auf die nachkommenden Generationen gebaut. Georgi Dimitroff, der erste bulgarische Gensek, schwärmte von einer Bevölkerung von 10 Millionen unter seiner und seiner Partei Führung. Dieser Traum von „raschester Vermehrung" sollte allerdings gerade unter den Bedingungen des „realen Sozialismus" unerfüllt bleiben: Die Geburtenziffer in Bulgarien war und ist – ungeachtet der schnellen Vermehrung bei den Mohammedanern – eine der niedrigsten in Europa. Trotz drakonischer Maßnahmen, wie strengstes Abtreibungsverbot, Ledigensteuer bis 15 Prozent usw., zeigten die Bulgaren kein „Klassenbewußtsein" und wollten sich nicht auf Befehl vermehren. „Im Islam, wie in allen Religionen, sind unsichtbare Massen von der größten Bedeutung"[25], stellt Canetti fest. Die bulgarischen Kommunisten hatten die Massen der noch nicht Geborenen offensichtlich verloren, so wandten sie sich den Massen der Toten zu. „Die Toten können – anders als die Lebenden, die sich vermehren, die aber auch wegsterben, weniger werden können – nur *mehr* werden, immer mehr. Das ist es, was an ihnen faszinierend wirkt und ängstigend zugleich"[26], bemerkt Edgar Piel. Und in einem Gespräch von 1971 ergänzt Canetti: „Die Masse der Toten ist das Kerngefühl im Nationalismus, die Masse der Nachgeborenen im Sozialismus. Beides ist aber zugleich in den Menschen wirksam. Und eine der auffallendsten Erscheinungen, gerade auch in den politischen Bewegungen unserer Zeit, ist die Verquickung des Gefühls des Nationalismus mit dem des Sozialismus."[27]

Durch die Akzentverschiebung von der Masse der noch nicht Geborenen auf die Masse der Toten verwandelten sich die bulgarischen Machthaber über Nacht von Sozialisten in Nationalisten. Sie ließen die Masse der toten Christen gegen die Masse der toten Mohammedaner für ihr Überleben an der Macht kämpfen. Nachdem die Toten im „Wiedergeburtsprozeß" nochmals getötet wurden, sollte der ewige Frieden eintreten: die toten Toten und die lebensberechtigten Toten sollten sich im heiligen nationalistisch-sozialistischen Geist verbrüdern. Angesichts dieser vereinigten Masse der Toten sollten sich die Kommunisten in ihrer bereits schwindenden Macht als Überlebende gestärkt fühlen. Denn der „Augenblick des Überlebens ist der Augenblick der Macht".[28]

4. Die zurückgewonnene Demokratie

Am 10. November 1989 wurde der bulgarische Gensek Todor Shivkov als Ergebnis eines Putsches im Politbüro gestürzt. Dazu trug jedoch auch die politische Erhebung im Lande infolge der Mohammedanerverfolgung bei. Der damalige Führer der „Union demokratischer Kräfte" und gegenwärtige Präsident Bulgariens, der Philosoph Shelju Shelev, bemerkte im Nachwort zu seinem vorher verbotenen Buch „Der Faschismus": „In dem Moment, da sich die kommunistischen Parteien militarisierten, ihre Führungen zu massiven Repressalien griffen, als der ganze Unterdrückungsapparat aufgeboten wurde, da war im Grunde schon alles zu spät. Das ‚bürgerliche Bewußtsein' erwachte, das totalitäre Regime zerbrach binnen Tagen und Wochen vor aller Augen, im ‚faschistischen' Treiben jener Tage bildeten sich die unumkehrbaren Anfänge einer posttotalitären Entwicklung."[29]

Unter den kommunistischen Repressalien bekam die islamische Religion in Bulgarien – genau wie die christliche unter den türkischen Repressalien zwei Jahrhunderte zuvor – einen ausgeprägt weltlichen Charakter. Aus ihr entstand nach dem Umbruch die türkische „Bewegung für Rechte und Freiheit", die als politische Partei die Stimmen der bulgarischen Mohammedaner sammelte und heutzutage im Parlament mit etwa 10 Prozent der Sitze das Schicksal der islamischen Minderheit schmiedet.

Die ehemaligen Kommunisten, nun zu Sozialisten umgetauft, versuchen durch ihren frischgebackenen Nationalismus wieder Oberhand zu gewinnen. Mit ihrer Unterstützung bildete sich 1990 ein patriotisches „Volkskomitee für Verteidigung der nationalen Interessen", das nach Mitstreitern im Kampf gegen den „Panislamismus" sucht. Zur selben Zeit regte sich in der Türkei ein islamischer Fundamentalismus, der auch unter bulgarischen Türken Widerhall fand. Im großen und ganzen aber möchte das Volk keinen inneren Krieg mehr, zumal das Land ökonomisch am Boden ist. Die vorherrschende Stimmung bei der Bevölkerung wurde in einer Rede des Präsidenten Shelev im Mai 1990 so dargestellt: „Nachdem es das Regime von Todor Shivkov jahrzehntelang und besonders nach 1984 geschafft hat, ein extrem negatives Bild unseres Landes zu vermitteln – durch die berüchtigte Namensänderung bei den bulgarischen Mohammedanern, durch Waffen- und Drogenschmuggel, durch den Mord an dem Schriftsteller Georgi Markov, durch die Geschichte mit dem Papstattentat usw. –, wollen wir dieses Bild soweit wie möglich verändern. Wir wollen zeigen, daß es in Bulgarien auch demokratische Kräfte gibt, die nicht um die Macht kämpfen, sondern für demokratische Wandlungen, für eine Wiedergeburt des eigenen Landes."[30]

Der Begriff „Wiedergeburt" ist wohl im geschichtlichen Werdegang Bulgariens vielmals in Gebrauch genommen worden. Diesmal geschieht es jedoch nicht zuletzt im Ergebnis eines unsichtbaren Kampfes: dessen zwischen den Toten des Landes, der die Lebenden zu schicksalsträchtigen Taten bewegen sollte.

Anmerkungen:

1 Elias Canetti, *Masse und Macht,* Hamburg 1984, S. 161

2 Ebd., S. 24

3 Elias Canetti, *Die gerettete Zunge,* München 1977, S. 10

4 Ebd., S. 11

5 *Masse und Macht,* S. 157

6 Ebd., S. 158–159

7 Siehe Andrej Sinjawskij, *Iwan der Dumme. Vom russischen Volksglauben,* Frankfurt am Main 1991

8 W. I. Lenin, *Über die Religion. Eine Auswahl,* Berlin 1986, S. 40

[9] Wolfgang Kraus, „Gewinnen die Verlierer? Nach dem Zusammenbruch des Kommunismus", in: *Europäische Rundschau,* Wien 1991, H. 1, S. 25

[10] W. I. Lenin, a. a. O., S. 53

[11] Michail Gorbatschow, *Perestroika. Die zweite russische Revolution. Eine neue Politik für Europa und die Welt,* München 1987, S. 54

[12] Vgl. Shelju Shelev, „Ein Politiker kann stark sein, wenn er in der Tasche die Rücktrittserklärung hält" (bulg.), in: *Debati,* Sofia 1990. Zitiert nach Wolf Oschlies, „‚Wer, wenn nicht Du – wann, wenn nicht jetzt?' Präsident Shelju Shelev und Bulgarien nach der ‚Wende'", in: *Europäische Rundschau,* Wien 1991, H. 1, S. 84

[13] *Masse und Macht,* S. 177

[14] Hristo Radewski, *An die Partei,* 1929

[15] *Masse und Macht,* S. 156

[16] Ebd., S. 163

[17] Ebd., S. 154

[18] Ebd., S. 155

[19] Siehe Swilen Kapssâsow, „Von den Rhodopen – ohne Schleier und Schminke" (bulg.), in: *Swoboden narod,* Sofia, 1. 6. 1990

[20] *Masse und Macht,* S. 143

[21] Siehe Kalina Bosewa, Pârwan Stojanow, „Missionare des rechten Glaubens" (bulg.), in: *Demokrazia,* Sofia, 25., 26., 27. 4. 1990

[22] Elias Canetti, *Aufzeichnungen 1942–1948,* München 1965, S. 18

[23] *Masse und Macht,* S. 319

[24] Siehe Sina Sokolowa, „Nach der großen Exkursion – Probleme in Schumen und Rasgrad" (bulg.), in: *Rabotnitschesko delo,* Sofia, 23. 3. 1990

[25] *Masse und Macht,* S. 159

[26] Edgar Piel, „Elias Canettis ‚Masse und Macht'. Eine phantastische Anthropologie", in: *Literatur und Kritik,* Wien 1984, H. 183–184, S. 128

[27] Rupprecht Slavko Baur, „Gespräch mit Elias Canetti", in: *Literatur und Kritik,* Wien 1972, H. 65, S. 279

[28] *Masse und Macht,* S. 259

[29] Vgl. Shelju Shelev, *Der Faschismus* (bulg.), Sofia 1982, 1990. Zitiert nach Wolf Oschlies, a. a. O., S. 81

[30] Zitiert nach Wolf Oschlies, a. a. O., S. 81

Macht im Islam zwischen Theologie und Geschichte

Elsayed Elshahed

Die Geschichte der Menschheit lehrt uns, daß ein machtgieriger Mensch sich jeglichen Mittels bedient, sei es eine Religion oder eine Ideologie, um seine Macht über andere durchzusetzen.

Die meisten Religionen bieten jedoch den Menschen eine ideale Form der Lebensführung an, die diese anstreben sollen. Der Versuch, diese Ideale in die Wirklichkeit umzusetzen, beruht u. a. auf den verschiedenen Auffassungen jedes einzelnen bezüglich dieser Ideale. Da dieses Verständnis von Mensch zu Mensch verschieden ist, gibt es demzufolge verschiedene Wege, diese zu konkretisieren. Wege und Interpretationen widersprechen sich manchmal und produzieren Konflikte zwischen Menschen verschiedener Auffassungen. Da sich einige Auseinandersetzungen nicht friedlich lösen lassen, wie man wünschen würde, entwickeln sich Feindseligkeiten, die oft zu Kriegshandlungen ausarten. Beispiele dafür gibt es leider mehr als genug, nicht nur in den islamischen Ländern oder in der sogenannten Dritten Welt.

Ich möchte vorerst den Unterschied zwischen zwei verblüffend ähnlichen und bedauerlicherweise oft miteinander verwechselten Ausdrücken – nämlich „im Sinne einer Religion zu handeln“ und „im Namen einer Religion zu handeln“ – Ihnen in Erinnerung rufen.

Einige Eroberungen, die durch muslimische Herrscher im Namen des Islam geführt wurden, wie z. B. spätmongolische, einige osmanisch-türkische Eroberungszüge, zum Teil auch gegen andere islamische Länder, sind – wie die Kreuzzüge, die Inquisition, spanisch-portugiesische Übergriffe u. a. in Amerika unter dem Vorwand der Ausbreitung des Christentums, wie die Besetzung Palästinas durch die Zionisten unter dem Vorwand des Judentums – die schlechtesten Beispiele für den Mißbrauch von Religion und Ideologie durch egoistische Machtgier. Keine Religion und Ideologie bildet hierin eine Ausnahme.

Machtgier ist eine Krankheit, von der alle Menschen verschiedener Rassen, Nationen, Religionen und Ideologien in gleichem Maße betroffen sind. Die Religionen und manche Ideologien haben im Grunde die Aufgabe, diese Gefahr abzuwenden oder möglichst abzuschwächen.

Für diese Tagung wurde mir von meinen Gastgebern vorgeschlagen, einen Kommentar zu der Behauptung, „der Islam sei eine Kriegsreligion“, abzugeben. So fühle ich mich durch meine Zusage verpflichtet, dieses Thema vordergründig zu behandeln.

Die Problematik der Macht aus islamischer Sicht

Meine Gedanken zu diesem Thema werde ich versuchen, in Form einer Antwort auf die folgenden drei Fragen darzustellen:

1) Ist der Islam tatsächlich eine Kriegsreligion, wie er in Europa und in nicht-islamischen Ländern häufig dargestellt wird?

2) Ist dies nicht der Fall, warum wird diese Vorstellung beibehalten und an die nächste Generation als Selbstverständlichkeit weitergegeben?

3) Warum wird in europäischen Massenmedien ausschließlich der Islam als Kriegsreligion tituliert, obwohl im Namen anderer Religionen und Ideologien viele Greueltaten an der Menschheit begangen wurden?

Nahezu selbstverständlich wird jedem Muslim, der seine Religion ins richtige Licht rücken will, Unobjektivität sowie der in Europa mißverstandene Fundamentalismus unterstellt. Dies zwingt ihm meistens, gewollt oder ungewollt, eine Position der Selbstverteidigung auf. In diese Position der Selbstverteidigung lasse ich mich nicht drängen. Ich werde lediglich versuchen, die Einstellung des Islam zum Thema „Gewalt“ nach meiner Überzeugung und der Meinung anderer muslimischer Gelehrter sowie einiger anerkannter europäischer Orientalisten darzustellen.

Wird in Europa über die Entwicklungsgeschichte des Islam gesprochen oder geschrieben, so werden einige seltene Fälle von Intoleranz und Gewaltanwendung vordergründig dargestellt, dagegen treten Jahrhunderte islamischer Toleranz gegenüber Andersgläubigen unter islamischer Herrschaft kaum in Erscheinung. Die Wissenschaft ließ sich in dieser Hinsicht, abgesehen von wenigen Abhandlungen, von missionarischem Eifer und Kulturrassismus stark beeinflussen.

Canettis These, „der Islam sei eine Kriegsreligion“ (Masse und Macht, S. 158), stellt eine Wiedergabe einer mittelalterlichen Eigenvision dar. Laut Canetti soll im Koran folgendes stehen: „Wenn die heiligen Monate vorüber sind, tötet die Ungläubigen, wo ihr sie findet…“ Hierbei hat Canetti die erste Hälfte dieser koranischen Aussage weggelassen, die folgendermaßen lautet: „Ausgenommen diejenigen von den Heiden, mit denen ihr eine bindende Abmachung eingegangen seid, und sie euch nichts von eurer Abmachung vorenthalten haben und niemanden gegen euch unterstützt haben, ihnen gegenüber müßt ihr die mit ihnen getroffene Abmachung vollständig einhalten.“ (Sure 9/4)

Darauf erst folgt der von Canetti auserwählte Vers Nr. 5, der sich auf diejenigen bezieht, die sich noch im Kriegszustand mit den Muslimen befinden. Weitere Canettische Thesen über den Propheten Muhammad, die er von einem der „besten Kenner des Islams“ übernommen hat, werde ich in meiner weiteren Darstellung theologisch und geschichtlich widerlegen.

Zwei Faktoren: Islam und Muslime

Bei der Behandlung des Themas „Macht im Islam“ muß zwischen zwei Faktoren unterschieden werden, zum einen in die Lehre bzw. Ausbreitung des Islams, zum anderen in die muslimische Herrschaft bzw. Ausdehnung des islamischen Reiches durch Eroberungen. Die Ausbreitung des islamischen Glaubens erfolgte nie durch Gewalt, der Islam kennt keinen Bekehrungszwang, und der Koran verbietet dies ausdrücklich: „Die Religion darf niemals jemandem aufgezwungen werden, der Unterschied zwischen dem rechten Weg und dem irreführenden ist deutlich geworden.“ (Sure 2/256)

Als erster hat der Prophet Muhammad diesen Vers schon sehr früh praktiziert, z. B. nach einer kriegerischen Auseinandersetzung mit einem jüdischen Stamm. Der bekannte Tübinger Orientalist Josef van Ess schreibt in seinem Beitrag in „Christentum und Weltreligionen" (München 1984, 1. Aufl., S. 163–164): „...aber später hat Muhammad nach einer kriegerischen Auseinandersetzung mit ihnen (einem jüdischen Stamm in Medina) auch die Juden weder umgebracht, noch sie gezwungen auszuwandern oder ihrem Glauben abzuschwören."

„Der Islam hat die Christen nicht durch Feuer und Schwert bekehrt; sie sind ihm vielmehr in einem jahrhundertelangen Korrosionsprozeß durch ihre eigene, ganz menschliche Schwäche anheimgefallen... Der Islam hat sich also nicht durch Mission in unserem Sinne (so van Ess) durchgesetzt; vom System her ist er gar nicht darauf ausgerichtet." (ibd., S. 170)

Weiter schreibt van Ess: „Ausnahmen gab es auch in der islamischen Herrschaftsgeschichte, in denen mancher Herrscher versucht hat, den Islam den Anhängern nichtmonotheistischer Religionen aufzuzwingen. Diese Versuche blieben aber erfolglos. Das einzige Beispiel in der islamischen Geschichte ist die Auseinandersetzung des Mahmud von Ghazna um das Jahr 1000 in Indien mit den Hindus. Aber selbst da sind die großen missionarischen Erfolge eher durch friedliche Infiltrationen erzielt worden." (ibd., S. 170)

Kommen wir zum Propheten Muhammad zurück, dem in Europa u. a. Gewalt gegen Andersgläubige unterstellt wird. Dabei werden, neben seinen kriegerischen Auseinandersetzungen innerhalb der arabischen Halbinsel, die großen Feldzüge gegen den persischen Kaiser Kisra und den römischen Kaiser Heraklios in den Vordergrund gerückt. Unverständlich bleibt der Grund dafür, warum man den äthiopischen Kaiser Nagaschi nicht erwähnt, obwohl sich Äthiopien in der gleichen geographischen und religiösen Lage gegenüber dem ersten islamischen Staat befand. Der Prophet Muhammad hatte an alle benachbarten Herrscher Aufrufe zum Islam gesandt. Die Reaktionen des persischen und römischen Kaisers waren wesentlich anders als die des äthiopischen Kaisers. Kisra befahl seinem jemenitischen Gouverneur Bazan, den Propheten Muhammad vor die Wahl zu stellen, seine Mission (Religion) aufzugeben oder den Tod für sich und seine Gemeinde hinzunehmen. Der römische Kaiser sammelte seine Streitkräfte im Norden der arabischen Halbinsel bei Tabuk, worauf Muhammad seine Streitkräfte an der nördlichen Grenze zusammenzog, sie aber vorerst zurückbefahl, nachdem die Muslime überzeugt waren, daß die Römer von einem Angriff abgesehen hatten. Sie kehrten aber später zurück, als die Römer abermals an der Grenze aufmarschierten und den Angriff auf die Muslime vorbereiteten. Aus diesem Kampf gingen die Muslime siegreich hervor und eroberten daraufhin Syrien sowie weitere Teile des römischen Reiches. Der christliche äthiopische Kaiser gab im Gegensatz zu den anderen den Muslimen nicht nur die Gelegenheit, ihren Glauben vorzutragen, vielmehr vermochte er es, sich friedlich mit ihnen auseinanderzusetzen und ihnen in seinem Land Schutz zu gewähren.

Einige Beispiele für den Umgang des Propheten mit seinen Kriegsgefangenen darf ich hier aufführen: Als der Prophet Muhammad und seine Gemeinde ihren ersten großen Sieg bei „Badr" errungen hatten, gerieten viele ihrer mekkanischen Feinde als Kriegsgefangene in ihre Hände. Muhammad stellte seinen Kriegsgefangenen, die den Islam nicht annehmen wollten, als Bedingung für ihre Freilassung, daß jeder von ihnen zehn Analphabeten seiner Gemeinde Lesen und Schreiben beibringe.

Als der Prophet Muhammad seine Heimatstadt Mekka, aus der er auszuwandern gezwungen wurde, zurückerobert hatte, und seine Erzfeinde unter seiner Macht standen, fragte er sie, was sie glaubten, was wohl mit ihnen geschehen würde. Da antworteten einige ihrer Vertreter, wissend, daß er seine Macht über sie nicht mißbrauchen würde: „Du bist ein guter Bruder und Sohn eines guten Bruders." Die Antwort des Propheten lautete erwartungsgemäß: „Gehet, ihr seid frei."

Auch die Nachfolger des Propheten Muhammad haben diese Richtlinien eingehalten und wichtige Kriegsregelungen erlassen, die man heute in unserer aufgeklärten Welt immer seltener vorfindet.

Einige islamische Kriegsbestimmungen

Wird ein Krieg unvermeidlich, so müssen die Kämpfenden folgende Bestimmungen unbedingt einhalten:

Es darf nur gegen feindliche Soldaten gekämpft werden, d. h., wenn feindliches Gebiet erkämpft wird, müssen Frauen, Kinder und alte Männer, die nicht am Krieg teilnehmen, verschont bleiben.

Der Prophet und seine Nachfolger verpflichteten ihre Heerführer testamentarisch – im Gegensatz zur Canettischen Behauptung – zur Einhaltung folgender Anweisungen: „Ihr dürft nicht hinterhältig sein, nicht heimtückisch, ihr dürft die Toten nicht schänden, kein Kind, keine Jugendlichen, keinen alten Mann oder Frau töten, ihr dürft keine Palme zerstören, keinen Baum fällen, weder Schafe noch Kühe, noch Kamele abschlachten, ausgenommen, was ihr unbedingt zum Essen braucht. Ihr werdet Mönche treffen, ihr müßt sie für das lassen, wofür sie sich verpflichtet haben." (A. M. al-Aqqad: Islamiyat, I, S. 224–225)

Ähnliche Völkerrechtsbestimmungen wurden in Europa erst im 17. Jahrhundert von Hugo Grotius entworfen, der ein bis ins moderne Zeitalter geltendes Völkerrecht verfaßt hat.

Die muslimischen Feldherren wurden von den Kalifen für jede Übertretung dieser Bestimmungen strengstens zur Rechenschaft gezogen. Ein ägyptischer Christ schickte seine Beschwerde über den Sohn des ersten islamischen Gouverneurs und Eroberers Ägyptens, Amr Ibn al-Aas, an den 2. Kalifen Umar Ibn al-Hattab, daß dieser ihn grundlos geschlagen habe. Daraufhin rief der Kalif seinen Gouverneur und dessen Sohn zu sich und forderte den Ankläger auf, den Sohn des Gouverneurs auszupeitschen: „Schlage den Sohn des Adligen!" Des weiteren beschimpfte er den Gouverneur mit den Worten: „Seit wann dürft ihr Menschen verknechten, die wie wir alle frei geboren sind?"

Nach der Eroberung Jerusalems durch den o. g. 2. Kalifen Umar Ibn al-Hattab schloß dieser einen Friedensvertrag mit den Bewohnern Jerusalems. Dieser Friedensvertrag ist neben dem Friedensvertrag von Hudaibia – auch nach Mekka benannt –, zwischen dem Propheten und den Mekkanern, der zweitbekannteste Friedensvertrag in der frühislamischen Geschichte. Der Jerusalemer Friedensvertrag enthielt u. a. folgendes: „Den Bewohnern Jerusalems wird absolute Sicherheit für ihr Leben, Gut, für ihre Kirchen und Kreuze gewährt. Kirchen dürfen nicht (von Nichtchristen) bewohnt oder zerstört werden, nichts von ihrem Besitz darf angetastet werden… Sie dürfen bei der Durchführung ihrer religiösen Pflichten nicht eingeengt werden." Zusätzliche Bedeutung gewann dieser Friedensvertrag dadurch, daß während seiner Kodifizierung in der Jerusalemer Kirche die Zeit zur Verrichtung des islamischen Nachmittagsgebetes (al-Asr) war. Da das islamische Gebet an jedem reinen Ort verrichtet werden darf, hätten der Kalif und seine Leute ihr Gebet in der Kirche verrichten können. Der Kalif befürchtete aber, daß einige Muslime später aus diesem Grunde Anspruch auf diese Kirche erheben würden. Um dem zuvorzukommen, verließ er die Kirche und betete am Vorplatz, obwohl er als Eroberer nichts zu befürchten hatte.

Dies sind einige Beispiele, die jeder Fachmann in Europa kennt, und man weiß, daß sie ihresgleichen in der Geschichte suchen.

Der Islam ist vielmehr eine Friedensreligion

Der Islam verpflichtet seine Gläubigen zur Bewahrung des Friedens mit allen Menschen. Bricht ein Konflikt zwischen Muslimen und Nichtmuslimen aus, müssen die Muslime zuerst alle friedlichen Mittel und Wege zur Lösung dieses Konfliktes einsetzen. Scheitert dieser friedliche Versuch endgültig, müssen die Muslime sich auf eine kriegerische Auseinandersetzung vorbereiten, sie dürfen trotzdem den Krieg nicht beginnen. Werden sie aber angegriffen, so müssen sie sich verteidigen. Aber selbst dann dürfen die Muslime den Krieg nur soweit führen, bis die Gefahr beseitigt ist, d. h., sie dürfen nicht rachsüchtig und blutrünstig den angeschlagenen Feind weiterverfolgen. (u. a. Sure 8/61)

Das Wort „Gihad" fehlt fast in keiner Diskussion über den Islam. Es bedeutet für Nichtmuslime immer, daß der Islam eine Kriegsreligion sei. Dieses weitverbreitete Vorurteil ist u. a. das Ergebnis einer falschen Übersetzung des Wortes, nämlich „der Heilige Krieg". Dieses Wort bedeutet jedoch vielmehr den Kampf gegen jede Art des Bösen, z. B. den Kampf gegen Krankheiten, Unwissenheit, Unrecht jeder Art, den Kampf eines Menschen gegen das Böse in sich, wie Habgier, Egoismus etc. Der Kampf des Menschen gegen sich selbst wird in der islamischen Theologie sogar als der größte Kampf, als „al-Gihad al-akbar" bezeichnet.

Noch irreführender als die bloß falsche Übersetzung ist die Verbindung dieses Wortes mit der Ausbreitung des Islam. Van Ess dazu: „Der Gihad dient dabei nicht etwa, wie häufig angenommen wird, der Ausbreitung des Islam, sondern der Ausbreitung muslimischer Herrschaft. Erst wenn islamisches Gebiet von einer nichtmuslimischen Macht angegriffen wird, in einem Verteidigungskrieg also, müssen alle Muslime zu den Waffen greifen." (ibd., S. 165)

Van Ess stützt sich hier zu Recht auf einen koranischen Vers, ohne diesen zu erwähnen: „Und kämpft im Namen Gottes gegen diejenigen, die euch angreifen, und beginnt nicht mit der Kampfhandlung. Gott liebt nicht diejenigen, die mit dem Kampf unrechtmäßig (d. h. ohne vorher angegriffen worden zu sein) anfangen." (Sure 2/190; siehe auch Sure 5/87)

Sollten die Angreifer den Kampf beenden wollen, so müssen die Muslime ebenfalls die Kampfhandlungen einstellen. Der Koran verpflichtet die Muslime dazu, wie der folgende Vers zeigt: „Und wenn sie (die Feinde) sich dem Frieden zuneigen, dann neige auch du dich ihm zu (und laß vom Kampf ab) und vertraue auf Gott." (Sure 8/61)

Diese Einstellung zum Frieden schließt neben Christen und Juden auch all diejenigen ein, die die Muslime aus religiösen Gründen nicht bekämpfen. Im Koran heißt es: „Gott gebietet euch, mit denjenigen pietätvoll und gerecht zu sein, die euch wegen eurer Religion weder bekämpfen noch aus eurer Heimat vertreiben, Gott liebt die Gerechten. Jedoch verbietet Gott euch, diejenigen, die euch wegen eurer Religion bekämpfen und euch aus eurer Heimat vertreiben oder dazu beitragen, als Freunde zu nehmen. Diejenigen unter euch, die es trotzdem tun, sind Frevler.“ (Sure 60/8 und 9) Wird ein Friedensvertrag zwischen Muslimen und Nichtmuslimen geschlossen, so müssen die Muslime diesen Vertrag einhalten. Dazu heißt es im Koran: „Ihr Gläubigen, haltet die Verträge ein.“ (Sure 5/1) Und weiter: „Haltet die Verträge ein, bei denen ihr Gott als Zeugen genommen habt.“ (Sure 16/91) „Und erfüllt die Verpflichtungen (die ihr eingeht). Nach der Verpflichtung wird (dereinst) gefragt.“ (Sure 17/34) Mehr noch: Wenn Nichtmuslime angegriffen oder unterdrückt werden, können sie mit der Hilfe der Muslime rechnen, falls kein Friedensvertrag zwischen ihren Gegnern und den Muslimen besteht. In Sure 8/72 lesen wir: „Wenn sie euch wegen religiöser Unterdrückung (durch andere) zu Hilfe rufen, dann helft ihr ihnen; nur dann nicht, wenn ihre Gegner mit euch einen (Friedens)Vertrag haben.“

Entsprechend der soeben dargestellten koranischen Anweisungen unterscheidet der Islam in diesem Zusammenhang zwischen drei Gruppierungen in Bezug auf Frieden und Krieg:

1) Länder, in denen der Islam regiert (Dar al-Islam).

2) Nichtmuslimische Länder, mit denen ein Friedensvertrag besteht (Dar al-Ahd).

3) Länder, die sich mit Muslimen im Kriegszustand befinden (Dar al-Harb). Darunter versteht man Länder, die Muslime unter ihrer Bevölkerung unterdrücken und sich im Kriegszustand mit muslimischen Ländern befinden.

Selbst wenn die Feindseligkeiten gegen Muslime in der o. g. 3. Gruppe ohne Krieg nicht beendet werden können, muß der Gegner ultimativ gewarnt werden. Im Jahre 722 n. Chr. eroberte der islamische Heerführer Muslim Ibn Qutaiba ohne vorherige Warnung einen Teil Transoxaniens. Er mußte jedoch auf Befehl des Kalifen Omar Ibn Abdulaziz das besetzte Gebiet räumen und seinem Gegner ein Ultimatum stellen. Wenige Jahrzehnte später waren die Hauptstädte dieser Gebiete bedeutende Wissenschaftszentren und brachten einige der ersten und bekanntesten Islam- und Naturwissenschaftler hervor. Al-Buhari, Muslim und Al-Bairuni sind nur wenige Beispiele. (Siehe dazu u. a.: Badai von Al-Kasani; Sarh hudud al-Imam al-akbar von At-Tunusi und Zad al-ma ad von Ibn Al-Qayim.)

In den o. g. Quellen werden außerdem politische Fachausdrücke angeführt, die sich früh in der islamischen Literatur herausgebildet haben und die ich folgendermaßen erläutern möchte:

1) *Die Sicherheit (al-Aman):* Tritt dieser Zustand ein, so darf der Gegner weder getötet noch versklavt, noch sein Gut in Besitz genommen werden.

2) *Die begrenzte Sicherheit (al-Isti man):* Bedeutet, daß dem Gegner nur solange Sicherheit gewährt wird, als er sich auf islamischem Territorium aufhält, um z. B. eine Nachricht zu überbringen oder mit muslimischen Führern zu verhandeln.

3) *Waffenstillstand (al-Muhadana):* Eine vorübergehende Waffenstillstandsvereinbarung, die weder Krieg noch Frieden bedeutet.

4) *Nichtverpflichtender Friedensvertrag (al-Muwada a):* Dieser kann aufgrund eines zu erwartenden gegnerischen Überraschungsangriffs bzw. Verrats abgebrochen werden. Auch hier muß dem Gegner die bevorstehende Kampfabsicht mitgeteilt werden.

Im Rahmen der mir bei dieser Gelegenheit gewährten Zeit kann ich weitere Details nicht ausführen. Interessierte mögen in den Fachbüchern, von denen ich einige oben erwähnt habe, nachsehen.

Durch Toleranz oder mit „Feuer und Schwert"?

Die deutsche Orientalistin Sigrid Hunke schreibt in ihrem neuesten Buch „Allah ist ganz anders" (S. 42–44): „Ganz im Gegensatz freilich zu einem der starresten Vorurteile gegenüber dem Islam spielt die arabische Toleranz sogar die entscheidende Rolle bei seiner Verbreitung. Nicht nur die christliche Geistlichkeit hatte so etwas erwartet. Inzwischen sind zwölfhundert Jahre vergangen – aber das christliche Abendland hält bis heute in Wort und Schrift, in Zeitungen und Büchern, in der allgemeinen Meinung und der neuesten Propaganda an dem Ammenmärchen fest, nach Muhammads Tod hätten arabische Heere ‚den Islam mit Feuer und Schwert' vom Indus bis zum Atlantik verbreitet. Diese Formel ist in diesem Zusammenhang zum ‚geflügeltem Wort' geworden, obwohl sie jeder geschichtlichen Wahrheit und Wirklichkeit entbehrt. ‚Es soll kein Zwang sein im Glauben', lautet das verpflichtende Wort des heiligen Koran. (Sure 2/256) (…) Im Gegenteil! Die Christen sollten Christen, die Juden sollten Juden bleiben wie zuvor. Niemand hinderte sie und durfte sie an der Ausübung ihres Glaubens hindern. Niemand beeinträchtigte ihre Geistlichkeit, ihre Gotteshäuser, ihre Gottesdienste… Es waren die Andersgläubigen – eben Christen, Juden, Sabier, ‚Heiden' –, die von sich aus zum Islam, zum Bekenntnis und Kult der Sieger drängten, mehr als diesen lieb sein konnte… Die christlichen Glaubenshirten in Andalusien bezeugten erbittert den Sog der arabischen Geistigkeit, dem christliche Schäflein allzu bereitwillig erlagen. Alvaro, Bischof von Cordoba, klagte in bewegten Worten: ‚Viele meiner Glaubensgenossen lesen die Gedichte und Märchen der Araber, sie studieren die Schriften der muslimischen Theologen und Philosophen, nicht um sie zu widerlegen, sondern um zu lernen, wie man sich auf korrekte und elegante Weise ausdrückt… Redet man ihnen dagegen von christlichen Büchern, so antworten sie mit Geringschätzung, diese Bücher verdienten nicht ihre Beachtung!'"

Es ist unbestritten, daß u. a. Spanien und Sizilien ihre höchste kulturelle Blütezeit unter islamischer Herrschaft erlebten. Diese kulturelle Entwicklung haben diese Regionen im Vergleich mit anderen europäischen Ländern weder vor der islamischen Herrschaft noch danach erreicht. Ich führe dieses Beispiel an, um zu zeigen, daß unter islamischer Macht sich Wissenschaft und Kultur bestens entwickeln können.

Verfolgt man die islamische Entwicklungsgeschichte, so kann man feststellen, daß je weiter sich die Muslime von den Richtlinien des Islam entfernten, desto schneller verloren sie ihre Entwicklungsfähigkeit und Bedeutung.

Unverständlich bleibt für mich die Tatsache, daß einige prominente Theologen sich hier in Europa mit der eigenen Kirche und Geschichte kritisch auseinandersetzen und dabei meistens sehr viel riskieren, sich aber mit unbegründeten Vorurteilen gegen den Islam, abgesehen von einigen wenigen Ausnahmen, nicht beschäftigen wollen. Selbst wenn sie durch eigene Forschung zu Ergebnissen kommen, die theologisch mit dem Islam übereinstimmen, zitieren sie alle anderen Religionen und Kulturen, den ihnen sowohl theologisch als auch geographisch benachbarten Islam jedoch nicht.

Warum wird z. B. die christliche Religion nicht auch gleichermaßen als eine Kriegsreligion bezeichnet, obwohl christliche Europäer die schrecklichsten Kriege gegen andere geführt, ihre Länder geplündert und die Bevölkerung meistens unter Zwang christianisiert haben? Die Kreuzzüge, die Inquisition und die Eroberung der damaligen neuen Welt „Amerika" mit ihren Greueltaten gegen die Ureinwohner sind jedem Schüler in Europa bekannt.

Vielleicht wird damit argumentiert, daß Jesus im Gegensatz zu Muhammad nie zur Gewaltanwendung aufgerufen hat. Hier möchte ich zum einen meine Zweifel an der Richtigkeit dieses Jesusbildes zum Ausdruck bringen, die inzwischen auch von einigen christlichen Wissenschaftlern geteilt werden (Baigent, Leigh: *Verschlußsache Jesus*, München 1991), und zum anderen wiederholen, daß Muhammad bzw. der Islam Krieg und Gewalt ausschließlich zur Selbstverteidigung erlaubt.

Auch im sogenannten modernen Zeitalter nach der französischen Revolution, die eigentlich für Freiheit, Gleichheit und Brüderlichkeit zwischen allen Menschen kämpfte, wurden diese bewundernswerten Prinzipien wenige Jahrzehnte später außer acht gelassen und Algerien 130 Jahre lang besetzt. Die ursprüngliche islamische Kultur und Sprache sowie ihre Institutionen wurden ausgelöscht. Für die Wiedererlangung der Unabhängigkeit mußten 1,5 Millionen Menschen ihr Leben lassen.

Ich weiß sehr wohl, daß solche grauenvollen Ereignisse nicht ausgegraben werden sollten, aber der Westen sollte auch endlich aufhören, den Islam aufgrund eines manipulierten Geschichtsbildes als Kriegsreligion zu diffamieren.

Ein Blick auf die Länder, in denen heute die meisten Muslime leben, zeigt, daß diese den Islam ohne Krieg angenommen haben. Indonesien, Indien, Pakistan, Malaysia, China und Schwarzafrika zählen nicht zu den durch Muslime eroberten Gebieten. Der Islam wurde dort vielmehr durch einfache Händler verbreitet. Die Gesamtzahl der Muslime in diesen Ländern ist mindestens dreimal so hoch wie die der Muslime in den eroberten Ländern Irak, Syrien, Ägypten und Nordafrika. Ein Vergleich der Zahl der Juden vor und nach der muslimischen Herrschaft in Spanien zeigt, wie tolerant der Islam im Gegensatz zum Christentum im Mittelalter war.

Gibt es heute eigentlich so viele einheimische Muslime in Spanien wie z. B. einheimische Christen in Ägypten? Wo und wann gab es in der islamischen Geschichte eine solch totale und brutale Zwangsbekehrung wie die der Inquisition, die nicht nur die zurückeroberten Gebiete in Europa, sondern auch Nordafrika heimgesucht hat?

Den Vorwurf, der Islam sei eine Kriegsreligion, kommentiert der bekannte englische Orientalist Thomas Carlyle in seinem berühmten Buch „On Heroes, Hero-Worship and Heroic in History" (1. Aufl. 1841, 2. Aufl. 1906) wie folgt: „Die Behauptung, daß Muhammad den anderen durch das Schwert seine Religion aufgezwungen hat, ist ein unverständlicher Schwachsinn." Thomas Carlyle zählt übrigens nicht zu den Orientalisten, die allzu positiv dem Islam bzw. dem Koran gegenüber eingestellt sind.

Die bedauerliche Tatsache, daß dieses unbegründete Vorurteil trotz der bedeutenden wissenschaftlichen Entwicklung in Europa auf fast allen Gebieten, einschließlich islamischer Theologie und Geschichte, bis heute fortbesteht, können wir Muslime nur als Euronarzißmus und Kulturrassismus verstehen.

Macht und Ohnmacht in Christentum und Kirche

Religion zwischen Auftrag und Wirklichkeit

Eugen Drewermann

Ich danke Ihnen ganz herzlich für Ihre Einladung und für Ihr Interesse an einem Thema, das vom Wesen her gesehen nicht bizarrer sein könnte, als es sich in dem Kontrast Masse, Macht und Religion mit Bezug zum Christlichen formuliert. Schwerlich läßt sich in der Geschichte der Menschheit eine Gestalt ersinnen, die so sehr dem Erwerb von Macht entgegen war wie die Person des Mannes aus Nazareth. Keine Perversion seiner Botschaft, umgekehrt gesprochen, könnte größer sein als Machtausübung im Namen Jesu. So finden Sie im 8. Kapitel des Markus-Evangeliums z. B., daß Jesus es dem ersten seiner Jünger förmlich *verbietet,* nach außen zu tragen, er sei der Messias, der Christus. Nicht einmal die Verwendung des Christus-, des Königstitels, der Eingang gefunden hat in das christliche Glaubensbekenntnis, ja davon vollkommen unablösbar zu sein scheint, ist im Sinne Jesu. In der richtigen Ahnung, was geschehen wird, wenn man erst einmal beginnt, den Weg der Königsideologie auf ihn selber zu übertragen, hat er sich dagegen verwahrt. „Bist du ein König?" – diese Frage des Pilatus im Johannes-Evangelium an Jesus wird von ihm selbst eher ausweichend beantwortet. „Das sagst Du", antwortet er. Wenn man unter einem König denjenigen verstehen wollte, der jeden davon überzeugt, Mitglied eines unsichtbaren göttlichen Königreiches auf Erden zu sein, ausgestattet mit der Würde eines Königssohnes, eines noch unentdeckten Prinzen, vor dem zu verneigen mit solchem Respekt sich gehören würde wie vor denjenigen, die auf Erden Herrschaft und Macht beanspruchen, dann freilich verdiente Jesus, ein König genannt zu werden. Es dürfte aber die Art eines solchen Königtums nicht eigentlich in den Geschichtsbüchern der Menschen gesucht werden, sondern weit eher in den Märchenbüchern. Dort findet man, daß *im Raum der Liebe* jemand imstande ist, eine arme Müllerstochter *zu einer Königin* zu machen, einfach indem er ihr eine Würde schenkt, die zwar in ihr liegt, die sie aber, so verhuscht und verhockt wie ein Aschenputtel, nie zu sehen vermochte. Im Reich der Liebe Menschen zu Königinnen und Königen zu erklären, das allerdings war die Tat des Jesus von Nazareth.

Wie sehr er der Macht widersprach, ist im 4. Kapitel des Matthäus-Evangeliums und parallel im 4. Kapitel bei Lukas zu finden, als es eine der zentralen Versuchungen der Person Jesu zu sein scheint, vom Geist der Wüste herausgefordert zu werden, er solle die Weltherrschaft anstreben. Nehmen wir diese Szene nicht als eine Versuchung, die einfach aus dem individuellen Machtwillen seiner eigenen Persönlichkeit ersteigt; nehmen wir an, daß es eine Verlockung für jeden darstellt, der verantwortlich im Raum von Geschichte zu handeln beginnt, es möchte die geschichtliche Vernunft, statt sich in immer neuen Konfusionen der Tyrannei und der Gewalt auszutoben, endlich in die Hände eines weisen und gütigen Herrschers gelegt werden, es würden endlich die letzten Kriege im Namen der Humanität gegen das Böse geführt werden, und sie würden siegreich beendet werden, es würde endlich die Vision wahr werden, wir kämen an dem brennenden Horizont jenseits der Menschheitsgeschichte an und beträten das Reich Gottes und das Reich des Friedens – wäre dann nicht endlich der menschlichen Sehnsucht Genüge getan?

Es ist ganz entscheidend, daß Jesus in den beiden Evangelien diese Möglichkeit *abweist* als Versuchung des Satans. Der Text meint sogar, daß *er* es sei, der Geist der Wüste, der, gegen Gott selber, Jesus alle Reiche der Welt anbiete, wenn er nur vor ihm niederknie, um ihn anzubeten. Weltherrschaft anzustreben ist in diesem Sinne identisch mit Teufelsverehrung, nicht mehr und nicht weniger.

Vom Ursprung her besehen, läßt sich ein stärkerer Kontrast zwischen der Botschaft Jesu und der Ausübung von Macht überhaupt nicht denken, als er an diesen beiden Stellen (Mt 4; Lk 4) zum Ausdruck kommt. Dasselbe gilt auch für die Ausübung militärischer, militanter Gewalt. Ganz richtig erscheint es uns, daß es im Sinne der humanen Vernunft liegen müsse, mindestens zur Selbstverteidigung, und ich füge hinzu, zur Verteidigung der schutzlos Angegriffenen, sich zu ermannen und zu ermutigen. Das Christentum hat ganze Teile seiner Polemik gegen den Islam beispielsweise aus dem 26. Kapitel des Matthäus-Evangeliums bezogen, wo Jesus Petrus verbietet, mit dem Schwert dreinzuschlagen, um Jesus selber aus Lebensgefahr zu erretten. Es ist für Matthäus ein ganz wichtiges Anliegen, zu zeigen, wie Jesus dem Wort der *Bergpredigt* (Mt 6): „Leiste dem Bösen gegenüber keinen Widerstand, sondern wer Dich auf die eine Wange schlägt, dem halte noch die andere hin" bis in den Augenblick seiner Gefangenschaft hinein Folge leistet. Es ist aus seinem eigenen Leben die korrekte Interpretation der Worte der Bergpredigt, wenn Jesus bei seiner Verhaftung in Gethsemane erläutert, es stünde bei ihm, seinen Vater zu bitten, er möchte eine ganze Legion von Engeln zu Hilfe senden, doch dann würde das, was jetzt geschehen muß, nicht zustande kommen: die Erlösung und Befreiung der Menschen. Keinerlei Gewalttat, keinerlei Machtausübung sind, wenn es so steht, mit der Botschaft Jesu vereinbar.

Im Raum der Religionsgeschichte kann man lange nach Vergleichbarem suchen, allenfalls wird in dem Geburtsmythos des Buddha eine ähnlich klar formulierte Alternative aufgegriffen: Als der Prinz Gautama zur Welt geboren wurde, sagte der Weise Asita am Hofe von Kapilavastu, es werde eine Wahlmöglichkeit des Neugeborenen sein, entweder ein Großer zu sein im Reiche der Mächtigen oder ein Großer zu werden im Reiche der Weisen – eines von beiden. Es sollte Prinz Gautama, um ein machtvoller Herrscher zu werden, erzogen werden am Königshof und den Ort Kapilavastu niemals kennenlernen. Der Prinz aber versank in Trauer und Leid, bis er einmal auszog in die Welt und das ihm Verborgene kennenlernte: wie arm die Menschen sind, wie die Menschen krank werden, wie die Menschen zum Verbrennungsplatz hinausgetragen werden; und immer wieder fragte er seinen Wagenlenker, was das sei; und Chandakar antwortete: „Oh Prinz Gautama, eines Tages wirst auch Du sehr arm sein und sehr krank sein und hinausgetragen werden von vier Männern in einem weißen Laken."

Wenn dies das menschliche Schicksal ist, rettet ihn kein irdischer Herrscher. Und so verließ der Buddha den Palast, in der Absicht, nicht mehr zurückzukehren, es sei denn, er habe auf Armut, Krankheit und Tod eine erlösende Antwort gefunden.

Da wird um 500 v. Chr. zum ersten Mal begriffen, daß die Lebensprobleme der Menschen unendlich viel tiefer sind, als daß man sie wegverwalten, wegregieren, wegbefehlen könnte – und solch eine Ahnung lebt auch in der Botschaft des Jesus von Nazareth.

An vier Punkten möchte ich im folgenden versuchen, die Kritik, die von Elias Canetti, nicht zuletzt aber auch von Sigmund Freud am bestehenden Christentum, genauer gesagt am real existierenden Katholizismus, angemeldet wurde, nicht allein verständlich zu machen, sondern in Anbetracht der Botschaft Jesu selber ins Positive – als das Erfordernis einer inneren Reform des Christentums – zu formulieren.

Der erste Punkt ergibt sich merkwürdigerweise aus dem Gewaltverzicht und der Ohnmacht, ja aus der Leidensbereitschaft Jesu selber. Elias Canetti beschreibt diesen Punkt als die Religionspsychologie der Klage- und Leidensreligion des Christlichen, der er beispielsweise den Kampfesmut Mohammeds in der Schlacht von Badr entgegensetzt. Was Canetti beschreibt, geht religionsphänomenologisch und psychologisch eigentlich in Ordnung. Er hat einen gewissen Typ von Religiosität vor sich, den er im Adonis Atis-Kult wiederfindet, im ägyptischen Osiris-Mythos und ebenso in der Person Jesu als des Gottes-Sohnes, der für das Heil der Menschen stirbt und wieder aufersteht.

An den Wänden der meisten, die sich Christen nennen und wirklich an den Christus glauben, hängt das Zeichen des Gekreuzigten. Es soll in diesem Bild die Erfahrung der schlimmsten Erniedrigung und der äußersten Qual umgewertet werden in ein Zeichen der Erlösung. Die Bedingung, warum wir von der Sünde befreit sind, formuliert sich im Christentum dahin, daß Jesus als der Sohn Gottes durch sein Sterben, durch sein Leiden, durch seinen Gehorsam gegenüber dem Willen des Vaters Gott versöhnt habe mit uns und also „die Gnade" uns erwirkt habe. So lautet das theologische Dogma. Es selber scheint der Hauptgrund zu sein, warum das Christentum eine merkwürdige Affinität zum Leiden erhalten hat. Noch in der gegenwärtigen Verkündigung wird immer wieder in dogmatischer Weise darauf hingewiesen, daß, wer leugnet, Jesus habe durch das Leiden uns erlösen wollen, sich notwendigerweise von der Lehre der Kirche entferne. An jedem Karfreitag wird die Predigt dahin ihren Tenor bekommen, daß Gott aus Liebe seinen Sohn für uns *geopfert* habe und daß nunmehr auch wir selber gehalten seien, uns bis zum Äußersten zu engagieren für die Sache Jesu, für den Glauben, für das Christentum.

Wenn es so steht, ist das Christentum religionspsychologisch betrachtet, ganz wie Elias Canetti es meinte, nicht eigentlich eine befreiende Religion, sondern – ich wage zu behaupten – eher eine Religion, die aus dem Leiden selber Leiden schafft.

Man hat sehr früh in den 20er Jahren psychoanalytisch die Frage gestellt, wie eine Religion, die vom Ursprung her machtlos ist und friedfertig zu sein vorgibt, zum Entstehungsort immer neuer Kriege werden konnte, wie sie zum Ort von Religionsunterdrückung, von Inquisition, von Folterung, von Ausmerzung der Nichtgläubigen degenerieren konnte.

Meist wird diese Transformation oder Pervertierung des Christlichen mit der konstantinischen Wende begründet. Vornehmlich Theodor Reik meinte, daß es die ersten zwei Jahrhunderte der Märtyrerkirche gewesen seien, die ein sehr frühes Rachebedürfnis, eine Umwertung des passiven Leids ins aktive Grausame mit sich gebracht hätten. Sigmund Freud hat eigentlich so nie geglaubt. Er meinte, daß das gesamte Sprechen von der Heilsnotwendigkeit des Kreuzes komplexbedingt sei und in seiner Sprache seine tiefste Verwurzelung im Ödipuskomplex besitze. Uralte Strafphantasien würden da in eine Vatergottheit hineinprojiziert, die selber strafen müsse um der Versöhnung willen. Es scheint mir an dieser Stelle, daß Sigmund Freud klarer gesehen hat als viele seiner Schüler. In gewissem Sinne hat er wohl auch deutlicher gesehen als Elias Canetti, der den faktischen Phänotyp des Christlichen sehr zu Recht als „Klage- und Leidensreligion" beschreibt, daraus aber nicht ganz korrekt und legitim die Kritik an dem Wesen der christlichen Botschaft selber entwickeln möchte. Gewiß: Die christliche Dogmatik hat die Notwendigkeit des Leidens bis zum Äußersten betont – da läßt sich gegenüber Canetti kein Widerspruch erheben. Schauen wir aber in die ursprüngliche Botschaft Jesu selbst hinein, werden wir finden, daß Jesus mitnichten leiden *wollte,* ganz im Gegenteil. Was ihm vorschwebte, war, die Menschen glücklich zu machen, in einem Klima des Vertrauens, das es erlaubte, sich selber aufzurichten.

Dieser *therapeutische* Aspekt der Botschaft Jesu ist dem Neuen Testament selber noch so wesentlich, daß wir das Bekenntnis zu Gott im Sinne Jesu völlig in eins gesetzt finden mit den Wundern der Heilung. Im 6. Kapitel des Markus-Evangeliums etwa sendet Jesus seine eigenen Jünger aus, sie sollten in die Dörfer Galiläas gehen, indem sie Kranke heilen und Dämonen austreiben, mit anderen Worten, sie sollten psychoneurotische und psychosomatische Krankheiten durcharbeiten im Kampf gegen die Verheerungen der Angst. Der Hintergrund Gottes sollte mithin als so human, wohltätig und wohlwollend erlebt werden, daß die Menschen aufhören könnten, in ihrer eigenen Psyche immer neue Abspaltungen vornehmen zu müssen, die bis in den Körper hinein sich verlängern und die Ursprungsorte von Krankheiten aller Art werden; ja, es sollten im Umgang der Menschen miteinander die gewalttätigen Abspaltungen aufhören, wobei man einteilt in Gute und Böse, Gerechte und Ungerechte. Es war das Bemühen Jesu, gerade diejenigen, die sich an den Rändern befanden und keine Chance hatten, voraussetzungslos an ein und denselben Tisch einzuladen. *Darin* lag eigentlich die Provokation, der Protest, der Grund, weswegen er getötet wurde, mit Berufung auf heilige Gesetze und staatliche Verordnung. „Er", heißt es im 24. Kapitel des Lukas, „bringt das gesamte Volk in Aufruhr, von Galiläa angefangen bis herunter nach Jerusalem."

Das Paradoxe liegt darin, daß die Theologie bis heute versucht, die Frage, warum Jesus leiden mußte, von Gott her aufzugreifen, als wenn wir über die Gedanken und Probleme Gottes am besten Bescheid wüßten. Warum Jesus ins Leiden gedrängt wurde, läßt sich viel einfacher *aus dem humanen Anspruch* seiner eigenen Botschaft entwickeln. Wenn wir z. B. hören, daß von ihm Menschen ohne Unterschied eingeladen werden, einfach, weil sie weder ein noch aus wissen, und weil es kein Recht gibt, sie voneinander zu trennen, keine Berufung auf bestimmte Rechtsansprüche, dann werden wir begreifen, wieviel Widerspruch und Widerstand sich gerade bei denjenigen melden muß, die von sich aus glauben, so noch weitermachen zu können wie bisher, weil sie mit sich selber doch recht gut zurechtkommen. Sie werden sich von der einfachen Güte des Mannes aus Nazareth wie bedroht fühlen und um ihr Recht *kämpfen,* werden schließlich denjenigen *töten,* der eigentlich gekommen ist, das Leben zu bringen, werden denjenigen ins Unrecht stellen, der eigentlich für die Rechtlosen Partei ergreifen möchte. Man verzeiht ihm die Umkehr der etablierten Ordnung nicht. Man fühlt sich bedroht, solange man noch etwas zu verteidigen hat.

Das aber ist die Herausforderung der ganzen Bergpredigt, Kapitel 5 bis 7 bei Matthäus. Sie ist im Sinne des ersten Evangelisten gerade an diejenigen gerichtet, die übel dran waren, an alle Kranken – Matthäus zählt sogar en détail auf: von Dämonen Besessene, Gelähmte und Mondsüchtige; später, vom 8. Kapitel des Matthäus an, werden zudem eine Fülle von Heilungswundern bestätigen, wie heilsam und menschlich wirksam die Worte der Bergpredigt sind: „Selig die Armen, selig die Hungernden, selig die Wehrlosen." Da sind Machtverzicht, Gewaltverzicht gerade die Instrumente, um einem anderen Menschen so nahe zu kommen, wie er es braucht, um sich aufzurichten und heil zu werden.

Mir liegt sehr daran, daß wir die therapeutische Bedingung ein Stück mitempfinden können, die in dem ursprünglichen Distanzierungsversuch der Botschaft Jesu gegenüber den normalen Wegen, sich durchzusetzen und Macht zu beanspruchen, liegt. Normalerweise sind wir gewöhnt, Wehrlosigkeit zu *fürchten,* und sehen nur sehr schwer ein, wieso wir auf die Durchsetzung unseres Rechts mit Mitteln der Gewalt verzichten sollten. Es ist deswegen entscheidend, daß wir das Christentum, das gesamte Bemühen der Botschaft Jesu an Menschen gerichtet sehen, die, solange es um Rechte geht, mit sich selber nie zurechtkommen werden. Solange man diesen Ursprung nicht begreift, wird man das gesamte Christentum in seinem Kern mißverstehen. Die gesamte Bergpredigt ist nicht die Formulierung einer neuen Ethik oder einer neuen Moral mit verbesserter oder verschärfter Auflage, sie ist gewissermaßen die Umkehrung einer Ordnung, die darin besteht, bestimmte Rechtsprinzipien zur Ordnung der Welt in Gültigkeit zu lassen. Die Bergpredigt versucht deshalb eigentlich, jedes Denken, das damit beginnt, was Menschen *sind, haben* und *können,* hinwegzustellen. Statt dessen unternimmt sie, bei dem, was Menschen *nicht* sind, *nicht* haben und *nicht* können, anzuknüpfen, um den Parameter der Güte und des Verstehens soweit auszudehnen, als es irgendwie möglich ist. *Therapeutisch* werden wir in der Tat immer wieder Menschen finden, die nichts sind, nichts haben und nichts können, die aber ihr ganzes Leben lang gelernt haben, dieses Eingeständnis ihrer „Armut" zu vermeiden. Wie schwer wird es uns fallen zu sagen, *wo* wir „arm" sind, wo wir „leidend" sind, wo wir Hilfe beanspruchen müssen, schon weil wir selber keine Lösung kennen! Diese Räume zu *öffnen,* an denen man ohne Gefahr sagen kann, wie schwach man sich fühlt, wie notwendig man des Vergebens, des Verstehens und der Begleitung bedarf, ist der ganze Sinn der Botschaft Jesu und folglich auch der Religionsform, die sich auf ihn gründen möchte. Im Namen des Christus müßten *Asylstätten* der Menschlichkeit errichtet werden, an welchen die erste Frage nicht lautet, was mußt Du tun, sondern: wer bist Du selber, und was geht in Dir vor sich.

Die Provokation, die darin liegt, besteht immer wieder in einer Infragestellung, die als erstes die bestehenden Moral- und Ordnungssysteme jeder denkbaren Gesellschaft durcheinanderbringt, weil die Basis der Auseinandersetzung sehr viel tiefer liegt. Auf der Berggasse 19 in Wien, vor etwa 100 Jahren, weitab vom Christentum, wurde in den psychoanalytischen Sitzungen des Nervenarztes Freud wiederentdeckt, was Menschen brauchen, um von Krankheiten seelischen Ursprungs geheilt zu werden. Freud lernte damals, unter der Not seiner Patientinnen und Patienten, eine Faustregel in Anwendung zu bringen, die darin besteht, den Kranken zu versichern, sie dürften, ja sie müßten all das aussprechen, was ihnen durch die Seele geht, das Peinliche zuerst, im Vertrauen darauf, nicht zurückgewiesen zu werden, nicht zensiert zu werden, nicht manipuliert zu werden, sondern akzeptiert und verstanden zu werden, so gut es ärztlich und menschlich irgendwie möglich wäre.

Ich glaube, daß wir heute vor allem von der Psychoanalyse her dieses Moment der

Botschaft Jesu, aus dem Vertrauen und der Güte heilend zu wirken, zurücklernen müssen. Theologiegeschichtlich haben wir es eigentlich mit einem Anliegen zu tun, das schon vor 450 Jahren – in der letzten großen Reformbewegung – der Christenheit vor Augen gestellt wurde. Es war die Erfahrung des Augustinermönches Martin Luther, daß man das Christentum *reformieren* müßte, im Wissen um das, was menschliche Verzweiflung und Hilflosigkeit sei. Die gesamte Gnadenlehre der reformatorischen Theologie hing an dieser Überzeugung. Man kann es auch so ausdrücken: Es stand um 1520 zur Frage, ob wir weiter eine Kirche haben wollen, die mit der Angst der Menschen vor der Hölle und dem Fegefeuer viel Geld und Macht zum Bau des Petersdoms und zur Verfestigung ihrer Institution eintreibt, oder ob wir wieder einen gewaltfreien Umgang mit den Menschen erlernen wollen, der imstande ist, Menschen in ihrer Not und in ihrem Unvermögen aufzurichten. Die Erfahrung des Augustinermönchs Martin Luther war, daß kein Mensch gut sein kann, einfach, weil er es will. Er müßte zunächst durch einen Neuanfang befreit werden, der ihm im Feld der Gnade erlaubt wird.

Von daher meine ich, es gebe noch einen zweiten wichtigen Punkt im Christlichen: der Abweichung einerseits, der Erneuerungsbedürftigkeit andererseits. Mir scheint, daß ein Moment der Machtausübung im Christentum heute an die Art gebunden ist, wie wir Theologie treiben. D. h., *die Glaubenslehre des Christentums* selber läßt sich leicht überführen *als ein Instrument der Homogenisierung der Gläubigen* nach Maßgabe bestimmter tradierter Sprachspiele, die von einer bestimmten Expertengruppe besonders Herangebildeter, Wissender verwaltet werden, die ihrerseits mit informativem Vorsprung gegenüber den Laien von oben herunter zu formulieren wissen, wie man sprechen muß, um als gläubiger Christ identifizierbar zu sein.

Der Unterschied ist an dieser Stelle besonders dramatisch zu greifen. In der Art, wie Jesus im Neuen Testament spricht, finden wir eine Form vor, in der vollständig undogmatisch von Gott zu reden versucht wird. Mit dieser Redeform unterscheidet sich Jesus charakteristisch von der Sprechweise der Rabbinen seiner Zeit. Sie ist nicht an die Gesetzesauslegung gebunden, selten sehen wir Jesus, außerhalb argumentativer Not, irgendeine Stelle aus der Bibel zitieren, und wir begreifen: Die Art, wie der Mann redet, spricht den Menschen aus dem Herzen. Sie ist in dem Sinne bereits gewaltfrei, als Jesus selten sagt, dies und das müsse man tun. Statt dessen redet er in Gleichnissen, bietet bestimmte daseinsverwandelnde Evidenzen in bestimmten Formen erlebter Dichtung seinen Zuhörern an, und er möchte, daß diejenigen, die ihm lauschen, lernen, ihr Leben von innen her noch einmal neu zu sehen und ihren eigenen Spielraum der Entscheidung, der Selbstvergewisserung zu erweitern. Diese Art prophetischer Nähe, eine Kaskade dichterischer Bilder, die zwischen Himmel und Erde vermitteln möchten, ist vollkommen untheologisch und vollkommen unprätentiös formuliert.

Und nun behaupte ich, daß, wenn wir in der heutigen Form des christlichen Glaubens zu dieser Sprechweise des Mannes aus Nazareth zurückkehren dürften, wir uns endlose Ketzerprozesse, endlose Ausschlußverfahren, endlose Proselytenmachereien mit geistlicher und verwalteter Macht und Gewalt ein für allemal sparen könnten. Umgekehrt gesprochen: Wir erleben seit vielen Jahrhunderten der Kirchengeschichte, daß die Einrichtung eines bestimmten Typs von religiöser Rede, wie er durch die Theologie verwaltet wird, von vornherein auf Machtetablierung und Abhängigmachung der Menschen hinausläuft.

Wir können diese Gleichung in jeder Betrachtung sehr einfach formulieren. Stellen wir uns eine Geschichte wie die aus dem Buche Hiob im Alten Testament vor Augen. Da haben wir einen Mann vor uns, der unter dem Druck seines Leids Gott nicht mehr versteht. All die Fragen, die er an den Himmel richtet, sind so unerhört, so verzweiflungsgesättigt, daß sie sich aus der Tradition, die er kennt, schlechterdings nicht mehr beantworten lassen. An seiner Seite aber hat er theologische Freunde, die in jedem Betracht nach sechs Tagen schweigender Begleitung anheben, ihm, dem leidenden Hiob zu erläutern, was sie gelernt haben und was er jetzt gefällig wieder erlernen muß, um seine gotteslästerlichen Reden einzustellen. Am Ende aber, im 40. bis 42. Kapitel des Buches Hiob, erscheint Gott selber und erklärt den Mann des Fragens und des Klagens mit all seinen Zweifeln für gerechtfertigt, für ungerechtfertigt aber erklärt er die theologischen Freunde, die sich lediglich auf Gottes Wort beriefen, wie sie es gelernt hatten. Sie waren nichts weiter als gute Theologen, und das heißt hier: verworfen von Gott! Der Gott der Bibel im 3. und 4. Kapitel des Buches Exodus antwortet auf die Frage, die Moses an ihn richtet: „Wie heißt Du?“ in der Übersetzung des Juden Martin Buber: „Ich bin da, als der ich dasein werde, dies ist mein Name von Anbeginn.“ Er will damit offensichtlich sagen: „Es gibt keinen Namen“, keinen Wesensbegriff, keine Bezeichnung, die mich beschreibt, definiert und erklärt. Ich bin derjenige, den Du wiederfinden wirst, wenn Du den Mut hast, in die Zukunft zu gehen, und Du wirst erleben, wer ich dann sein werde. Aber ich lasse mich nicht aus vergangenen Erfahrungen vorwegkommentieren. Ich bin jeden Tag, unerhört neu, unbekannt und unverfügbar.

Alle Worte der Bibel über Gott, ich darf vermutlich hinzufügen, auch alle 100e von Worten über Allah im Koran, sind Versuche, Erfahrungen dieser Art zu deuten, es sind keine dogmatischen Festlegungen. Wenn jemand an einem Ort steht, wo er eine bestimmte Erfahrung gerade *nicht* machen kann oder noch nicht hat machen dürfen, gehört er dennoch aus dem Kreis der Gläubigen nicht ausgeschlossen, sondern im Sinne Jesu (und Mohammeds) ist er gerade eingeladen, umso mehr zugelassen, als man ihm ermöglichen möchte, all das, was die Bessergestellten womöglich erlebt haben, auch erfahren zu können. Die Sprache, die Jesus redet, ist absichtlich so dichterisch und offen, daß sie zu Ketzermacherei in keiner Form verwendbar ist. Eine Dogmatik oder eine Lehre von Gott hingegen, eine Theologie, die sich auch nur an dem Sprachgestus des Mannes von Nazareth orientieren würde, müßte deshalb so international verständlich und so human evident sein wie etwa die Bilder von van Gogh oder wie Beethovens 7. Symphonie – verständlich einem jeden, der Augen und Ohren hat, einladend für jeden, der sich anrühren läßt. Denn es ist nicht möglich, mit den Bildern von van Gogh und den Symphonien von Beethoven Menschen in Gläubige und Ungläubige einzuteilen. Statt dessen aber haben wir heute eine Theologie, in welcher wir scheinbar ganz genau wissen, wie wir das Wesen Gottes zu beschreiben und sprachlich zu formulieren haben, um als Christen gelten zu können. Diese Sprache hat es inzwischen über 1.200 Jahre lang nicht vermocht, auch nur einem Muslim einigermaßen glaubwürdig zu sagen, was wir denn meinen, wenn wir Gott den „Vater Jesu Christi“ nennen. In der Sprache christlicher Theologie läßt sich heute desgleichen keinem Juden sagen, was wir da meinen, wenn wir den Gott, der sich Abraham offenbarte, die erste Person einer dreifaltigen Gottheit nennen. Ja, ich behaupte sogar, wir haben in unsere Theologie eine Sprache über Gott eingeführt, in der wir nicht einmal Jesus von Nazareth selber, weder auf Hebräisch noch auf Aramäisch, sagen könnten, wovon in der sogenannten Christologie überhaupt die Rede ist. Ich dächte, daß zumindest Jesus selber ein Recht hätte, seine Person auf eine Art beschrieben zu finden, die er auch hätte verstehen können. Das ist aber nicht die Art, in der wir christliche Theologie betreiben. Allein die Sprachregelung, nach der Gott „dreifaltig" ist, indem er „in drei Personen" „eines Wesens" ist, hat ganze Völker aus dem Christentum herausgedrückt. Jede Stelle dieser Dogmengeschichte ist mit Gewalt und Unterdrückung erkauft, nach innen wie nach außen.

Also wird man nicht anders können, als in der Etablierung dieser Sprache selber ein Herrschaftsinstrument zu erkennen. *Religionspsychologisch* können oder müssen wir noch einen Schritt weitergehen und sagen: Wir haben eine merkwürdige Mischung in der christlichen Theologie etabliert, die darin besteht, in *rationalen Kategorien über Gott zu sprechen,* wie wenn er uns an und für sich in seinem Wesen zugänglich wäre, und wir nennen „Offenbarung" gerade die Erlaubnis, in Kategorien des menschlichen Verstandes von ihm reden zu können. Tatsächlich indessen ist das, was wir über Gott sagen können, in menschlichen Begriffen gehalten, die ihren Sinn nur zur Deutung menschlicher Erfahrung besitzen. Dann aber wäre es entscheidend auch in der Begegnung zwischen den Religionen und im Umgang der Gläubigen miteinander, daß wir versuchen, die eigenen theologischen Kategorien zu relativieren und sie rückzuübersetzen in Erfahrungsräume zur Deutung wirklicher menschlicher Erlebnisse, und es wäre so zu tun, ganz und gar biblisch und jesuanisch. Niemals ist die Bibel ein Dogmenbuch gewesen, das sahen wir gerade. Wie wenig speziell Jesus eine solche Religion dogmatisierender Theologen gewollt hat, mag man daran erkennen, daß er nicht einmal einen einzigen Satz seiner „Lehre" für nötig fand, *schriftlich* zu notieren und der Menschheit zu überliefern. Weiter entfernt von aller Schriftgelehrsamkeit kann man nicht sein, als diese Haltung Jesu es bezeugt. Jeder philologische Ehrgeiz, irgend etwas korrekt an die Menschheitshistorie weiterzugeben, war ihm vollkommen fremd. Was er wollte, war ein Feuer, das in den Herzen der Menschen glühte; wenn dies geschehen würde, sei es schon richtig – das war seine Meinung. Auch *Mohammed,* wenn ich den *Koran* richtig verstehe, war der Auffassung, daß eigentlich in seiner prophetischen Botschaft nichts Neues gesagt, sondern nur gereinigt werde, was er anträfe. *Muslim* sei jeder, der glaube, im Sinn des alten Israels, daß Gott ein einziger Gott sei, daß die Menschen aus dem Tode auferstehen und daß es eine Gerechtigkeit gebe, die die guten Taten der Menschen prüft und mißt. Wer so glaubt, darf sich einen Muslim nennen, ob er Jude ist, ob er Christ ist, ob er die arabische Sprache spricht, denn mehrfach versichert Mohammed, der Koran sei eigentlich einem jeden Volk zu seiner Zeit gegeben worden; er, Mohammed selber, gebe in seinen Tagen lediglich das Wort Gottes auf arabisch weiter. Es ist daher ganz korrekt, die Bibel den „Koran" zu nennen, würden wir nach dieser Überzeugung leben, würden wir so sprechen, wie es dort geschieht. Daß wir die Spaltungen zwischen den Religionen vor Augen gestellt sehen, muß damit zu tun haben, daß wir in bestimmter Weise Geheimnisse Gottes zu verwalten versucht haben mittels eines theologischen Herrscherwissens, das unter Ausklammerung der wirklichen Erfahrung geeignet ist, in scheinrationalen Kategorien Zugang zum Göttlichen zu gewinnen.

Darum der 3. Punkt: Wir beobachten, daß nicht nur eine bestimmte Theologie eingeführt wurde, um Herrschaft über Menschen auszuüben, sondern wir finden auch in uns selber dieses Herrschaftswissen in Form einer *Abspaltung zwischen Über-Ich und Ich be-*

festigt. Die katholische Kirche speziell hat gegenüber der reformatorischen Kritik seit dem Konzil von Trient in der Mitte des 16. Jahrhunderts einen Weg beschritten, bei dem die Wahrheit, die von Gott stammt, verfestigt wird zu einer Identifikation mit einer bestimmten Schicht von Kirchenbeamten, die diese Wahrheit zu garantieren und zu verwalten haben. Den Unterschied zwischen Protestanten und Katholiken kann man eigentlich an dieser Stelle besonders deutlich machen. Im Vergleich zu dem prophetischen Ansatz, der in der reformatorischen Theologie lebte – eine Gottunmittelbarkeit der Gläubigen gegenüber Gott selber –, steht das katholische Lehramt gewissermaßen als eine Behörde da, die für sich beansprucht, unter bestimmten Voraussetzungen die Wahrheit zu kennen und sie irrtumsfrei an die Menschen weitergeben zu können. Der Papst, die Gemeinschaft der Bischöfe, das katholische Lehramt selber garantieren entsprechend der christlich-katholischen Dogmatik den Besitz der Wahrheit; so noch vor zwei Jahren, als Kardinal Ratzinger uns wissen ließ, daß das katholische Lehramt „teilhaftig ist des göttlichen Wissens"; und da zum Lehramt der katholischen Kirche auch die Glaubenskongregation gehört, der er selber vorsteht, ist sogar dieses sein eigenes Schreiben unter diesem Lichte zu betrachten: Auch der Chef der alten Inquisitionsbehörde hat Teil des göttlichen Wissens. Eine Unfehlbarkeit, die darin besteht, die eigene Unfehlbarkeit zur Pflicht des Glaubens zu erheben – ich denke, daß wir mit diesem Typ von Religiosität einer beamteten Wahrheit religionspsychologisch in eine äußerste Krise gekommen sind. Erich Fromm hat vor etwa 50 Jahren schon gesagt, alle Religionen müßten sich heute prüfen lassen an der Frage, ob sie weiter autoritär bleiben wollen, oder ob sie es lernen, humanitär zu werden. Gemeint ist damit, daß eine Religion, die im wesentlichen an das Über-Ich gebunden ist, also aus der Tradition heraus an den gegenwärtigen Menschen herangeführt wird, die in den frühen Stufen der Sozialisation dem einzelnen beigebracht und unter einem System von Strafe und Belohnung in den frühen prägenden Erfahrungen der Gewissensbildung noch bis zum 5. Lebensjahr verfestigt wird, als religiös glaubwürdig nicht länger mehr betrachtet werden kann.

Ich glaube, die Erfahrung zeigt heute, in welche Krise wir in unseren Tagen gerade bei den Erfolgskonzepten der Vergangenheit geraten sind. Was wir erleben, quer durch alle „christlichen" Länder, ist ein Generationenbruch, ich denke, in Österreich nicht anders als in Deutschland, der Schweiz, in den Vereinigten Staaten – wo auch immer. Der Generationenbruch besteht darin, daß die heutige Jugend sich einfach weigert, die Sprache noch nachzulernen, in der die Eltern geglaubt haben, sich ausdrücken zu müssen, um ihre eigene Glaubensidentität nach Maßgabe der Kirchensprache weiterzugeben. Eine wirkliche Tragödie erleben wir, indem die noch gläubigen Mütter und Väter kaum noch sagen können, was man *ihnen* gesagt hat, als *sie* noch Kinder waren. Die christliche Sozialisation wird heute auseinandergerissen durch die Sprachlosigkeit der Eltern, die deutlich verstehen: Um ihre eigenen Katechismusformeln noch ihren Kindern weiterzugeben, bedürfte es eines außerordentlichen Maßes erzieherischer Gewalt, und das wollen sie nicht. Die eigenen Kinder, die 13-, 15jährigen, gehen am Sonntag nicht mehr in die Kirche. Was also nun? Nötigt man sie dazu, weil gerade Ostermorgen ist, mit Gewalt, mit Strafandrohung, mit der Aussicht eines versauten Mittagessens, die Kirche doch noch zu besuchen, oder ist man tolerant und sagt: „*Wir* gehen, weil wir so erzogen wurden, *ihr* müßt es auf eure Art versuchen."? Die meisten versuchen es heute mit Duldsamkeit. Das Ergebnis: In der BRD allein ist in den letzten 15 Jahren der Sonntagsmeßbesuch um über 50 Prozent zusammengeschrumpft. Die jetzt noch sonntags in die Kirche gehen, sind in aller Regel Leute zwischen 60 und 80, und man kann voraussehen, wie in den nächsten 20 Jahren rein biologisch der Bestand der noch in die Kirche Gehenden weiter zusammenschrumpfen wird.

Soviel hängt alleine von dem *Sprachproblem* ab, das ich eben benannte. Eine Theologenrede, die nicht mehr Erfahrungen deutet, sondern bestimmte Doktrinen über ein unfehlbares Lehramt von oben nach unten und aus der Vergangenheit an die Gegenwart weiterzugeben versucht, ist *strukturell gewalttätig*. Die Kirche heute aber verfügt nicht mehr über die Macht, diesen Typ ihrer eigenen Reproduktion durchzusetzen. Also scheitert sie gerade an den Erfolgskonzepten, die bis zur Aufklärung vor 200 Jahren und in bestimmten Teilbereichen der Gesellschaft auch bis in die Gegenwart hinein noch Gültigkeit besitzen konnten. Es gibt mithin so etwas wie einen Zwang zur Rückkehr zur ursprünglichen Ohnmacht des Jesus von Nazareth, also einen Zwang, beigebracht durch die Geistesgeschichte, auf eine garantierte Wahrheit im Lehramt Verzicht zu tun.

Was *religionspsychologisch* mit dem Amtsverständnis der katholischen Kirche als einer unfehlbaren Wahrheitsinstitution gemeint ist, habe ich in meinem Buch *„Kleriker"* ausführlich zu beschreiben versucht. Ich kann hier nur einen sehr schmalen Ausdruck der Problematik wiedergeben, die darin ausgesprochen wird. Sie besteht weitgehend in der *Entpersonalisierung* oder in der *Doppelbödigkeit der Existenz.*

Ich unterstelle einmal, um das auszuführen, daß die garantierte Wahrheit im Amt die Amtsträger selber dahin verführen muß, sich jeweils mit der nächst höheren Autorität zu solidarisieren und diese für loyal zu erklären. Auch dafür ein Beispiel: 1956 diskutierten wir in der BRD leidenschaftlich die Frage der Wiederbewaffnung. Es war im Atomzeitalter erkennbar, daß es nicht möglich ist, mit Ja und Nein auf eine so komplexe Problematik zu antworten. Wer glaubt, daß sich Kriege „gerecht" führen lassen, kann in die Situation der Bomberpiloten von Hiroshima kommen; wer hingegen glaubt, er könne reinen Gewissens Pazifist sein, öffnet womöglich einem Adolf Hitler ganze Bereiche Europas und Asiens. Angesichts dieser Aporie war in den 50er Jahren vor allem der Protestantismus hellwach, man meinte dort, das einzige, was man theologisch verantwortbar in diesem Dilemma sagen könnte, sei ein Appell an das Gewissen: „Wehe den Leichtfertigen; wer A sagt, muß auch B sagen; so oder so." *Das* war die „Freiheit eines Christenmenschen", lutherisch gesprochen, im Jahre 1956.

Die katholische Kirche indessen, einmündig und einmütig, sprach in dieser Zeit der Entscheidung, vom Papst herunter bis zu jedem Ortskaplan, daß kein Katholik das Recht habe, sich auf sein Gewissen zu berufen und den Wehrdienst zu verweigern. Man schickte damals Jesuiten in den deutschen Bundestag, um die Adenauer-Politik durchzupeitschen. Sieben lange Jahre hat man dann gewartet, bis im 2. Vatikanum 1963 endlich auch die katholische Kirche sagte: Es kann einen Friedensdienst mit der Waffe und einen Friedensdienst ohne die Waffe geben, und es gibt in dieser Frage eine Gewissensfreiheit.

Wir können heute vielleicht denken: „Na gut, dann sind wir ja jetzt auch freiheitsliebend." Worauf ich Wert lege, ist jedoch etwas anderes. In jenen sieben Jahren damals hörte man keinen einzigen Theologen im katholischen Lager dem Papst und den Bischöfen widersprechen. Reinhold Schneider, der es Mitte der 50er Jahre tat, als er den *„Winter in Wien"* schrieb, durfte zu deutschen Katholikentagen nicht als Redner eingeladen werden.

Das Schlimme vor allem aber war, daß nach 1963 die deutschen katholischen Theologen in dieser Frage so differenziert denken konnten wie ihre protestantischen Mitbrüder all die Zeit über schon davor: Es gab keine neue Information, keine politisch durchgreifende Veränderung, es gab nichts, was man hätte neu dazulernen können, es gab lediglich die Erlaubnis, endlich selber denken und sprechen zu dürfen, und plötzlich dachte man und redete man völlig anders als all die Zeit davor.

Daraus geht hervor, daß der Maßstab eines katholischen Theologen, solange ein unfehlbarer Wahrheitsbegriff, garantiert von Amts wegen, zum Glaubensinhalt gehört, keine Freiheit beinhalten kann, sondern daß die Loyalität gegenüber dem Lehramt, das er vertritt, einen absoluten Primat vor der Vernunft, vor dem Gewissen, vor der persönlichen Erfahrung besitzt. Auch das sah man im Jahre 1963. Seinerzeit hatte sich hier in Wien Friedrich Heer pazifistisch geäußert, ebenso ein Dichter wie Heinrich Böll. Diese Leute wurden jetzt, 1963, von allen Kanzeln deutscher Sprache herab nicht rehabilitiert, sondern verurteilt. Man sagte nicht: „Ihr hattet als ganz wenige den Mut, sieben Jahre lang die Wahrheit zu sagen, im Widerspruch zu uns; wir sind euch dankbar; ihr habt den richtigen Weg gewiesen; ihr ward frühzeitiger als wir. Ihr habt uns überfordert, vielleicht, aber wir schämen uns dessen, und wir verneigen uns vor euch." Statt dessen, damit jeder wußte, daß die katholische Kirche schon immer Recht hatte und immer Recht haben wird, erging die Rede, daß es drei Feinde der katholischen Moral gebe: Heer, Böll und Amery. Das war die Dankbarkeit der katholischen Kirche diesen dreien gegenüber, die nichts weiter getan hatten, als ihre Wahrheit in einem ganz wichtigen Punkt der politischen Kultur und Moral sieben Jahre zu früh gesagt zu haben. Man kann vielleicht auch jetzt noch denken: „Na gut, das ist aber doch inzwischen lange her." Darum gebe ich zusätzlich ein kleines Beispiel aus der Gegenwart.

In der BRD, im Rahmen der alten Grenzen, werden heute von 300.000 jährlich geschlossenen Ehen etwa 100.000 geschieden. Die Zahlen sind steigend: In Kanada sind es bereits 40 Prozent, in den Vereinigten Staaten schon über 50 Prozent – wir haben es erkennbar mit einem Kulturproblem zu tun, und dies aus vielen Gründen, die ich hier nicht erläutern kann und muß. Die katholische Kirche sollte deshalb imstande sein, auf dieses grassierende Problem flexibel zu reagieren. Sie könnte seit mehr als 100 Jahren von Sigmund Freud mittlerweile gelernt haben, wie ohnmächtig Menschen gegenüber ihrem Unbewußten sein können, wie menschliche Beziehungen durch Übertragungen, durch verfestigte Ängste, durch Charakterunverträglichkeiten, und zwar gegen jedes moralische Wollen, oft genug nach vielen Jahren Mühe und Qual, zerbrechen können. Statt dessen sehen wir in der katholischen Kirche die Meinung festgehalten, daß nach dem 10. Kapitel des Markus, dem 5. und dem 19. des Matthäus, eine Ehe nicht geschieden werden kann, wenn sie als ein Sakrament, d. h. vor dem katholischen Pfarrer und zwei Zeugen, geschlossen wurde. Letzteres allerdings ist die rechtliche Zusatzbedingung; denn sonst kann eine Ehe in der Kirche sehr einfach geschieden werden. Ich denke, daß die meisten Theologen heute imstande wären, bereits mit Rücksicht auf die eigenen Gläubigen dieser Standardmeinung ihres eigenen Lehramtes zu widersprechen. Gleichwohl finden sie im katholischen Raum niemand, der die Sakramentenlehre der katholischen Kirche an dieser Stelle einer ernsten Revision unterziehen würde. Man weiß genau, daß die offizielle Lehre den Menschen bitter Unrecht tut, behaupte ich. Tatsächlich sieht man dann auch in der seelsorglichen Praxis immer mehr Pastoren am Ort, die auch Wiederverheiratete und Geschiedene zu den Sakramenten zulassen. Aber sie dürfen diese menschliche Praxis nicht als theologischen Anspruch an die Kirche zurückmelden. Denn täten sie das, so würden sie augenblicklich von ihren Bischöfen ausgeschlossen werden. Beispiele dafür kennen wir genug. Da stellt sich nicht nur die Frage der persönlichen Angst um den Erhalt des eigenen Amtes, da geht es wesentlich darum, daß jemand, der in einem bestimmten Lehramt die Wahrheit vertreten zu müssen glaubt, an dieses sein Amt gebunden ist. Doch die Voraussetzung dafür, daß so etwas möglich ist, besteht darin, daß man dem einzelnen glauben macht, nur in der Identifikation mit diesem Amt selber in der Wahrheit zu sein.

Diese Auffassung verbirgt sich in der katholischen Kirche wesentlich unter der *Forderung des Gehorsams* gegenüber den Amtsträgern. Diese Forderung nach Gehorsam geht in der Kirche entschieden viel weiter als in jedem säkularen System.

Im Kontrast: Wir finden die Strenge der Gehorsamsforderung beim Militär. Ein Soldat hat sich nach der Norm zu richten, Befehl ist Befehl, so furchtbar auch der faschistoide Mißbrauch aus dieser Formel uns vor Augen steht. Ich unterstelle nun einmal, daß im Militär mindestens eine virtuelle Spaltung innerhalb des Raums der Verantwortung möglich ist, indem lediglich die Befehlsausführung von demjenigen zu beantworten ist, der den Befehl empfangen hat. Er ist zunächst nicht zuständig für den Inhalt seines Befehls. Ein Amtsträger der katholischen Kirche aber hat nicht nur bestimmte Weisungen auszuführen, er hat gleichzeitig zu glauben, daß sie in sich wahr und von Gott stammend sind, und darin liegt ein erheblicher Unterschied. Es ist z. B. möglich, daß ein Soldat Krieg führt, aber er muß ihn nicht gleich heilig nennen. Im kirchlichen Amt aber kann man nur „heilige" Kriege führen, wenn man Menschen unterdrückt, wenn man Menschen ausschließt, wenn man Menschen abhängig macht, wenn man Menschen unfrei hält – alles das, wenn es die Kirche tut, ist unfehlbarer Gottesdienst, ist Dienst an der Wahrheit, ist heilige Notwendigkeit.

Der 4. Punkt läßt sich benennen als *der Moralismus des Christlichen und die Rückführung der Existenz auf Antworten im Rahmen des Ethischen.* Was ich damit meine, ist eine Kümmerform des Christlichen, die darin besteht, den erlösenden Anspruch, den das Christentum an uns haben könnte, zu vertun, indem wir die Ebene der religiösen Existenz allzu „praktisch" verwalten und damit Fragen des Daseins zu Fragen der Moral verfälschen.

Ich sagte eingangs, daß Jesus in seinem gesamten Anliegen *den* Menschen am nächsten kommen wollte, die nicht ein noch aus wissen. Steht es so, müssen wir davon ausgehen, daß Jesus die Abkehr von einem anderen Propheten seiner Tage, von Johannes dem Täufer, gerade entlang dieser Frage geführt hat: Was kann denn ein Mensch von innen her wirklich tun? Am Beispiel der Ehescheidung haben wir soeben ein kleines Erfahrungsmoment vor Augen gestellt bekommen, das uns zeigt, wie über viele Jahre hindurch Menschen versuchen können, einander moralisch treu zu sein und es dennoch gar nicht vermögen; sie suchen danach, zueinander zu stehen, und dennoch kommen sie sich vor wie auf einem Eisblock, der einen Riß bekommen hat und immer weiter auseinandertreibt, je mehr er wärmeren Strömungen zugeführt wird. Das Christentum im großen und ganzen hat die Menschen eine große Angst gelehrt: Wenn sie bestimmte Gebote übertreten, werde am Ende der Tage Gott dastehen als Richter über die Guten und die Bösen. Es ist mir klar, daß auch der Koran in diesem Sinne eine Fülle von dramatischen Szenen und Schilderungen des Jüngsten Gerichtes enthält, indem er beschreibt, wie die Hölle beschaffen ist, wie das Paradies beschaffen ist, wie Allah gerecht ist, der das Tun jedes Menschen prüft. Auch im Neuen Testament finden wir Gerichtsdrohungen und Gleichnisse Jesu in diesem Sinne vor. Mir liegt jedoch sehr daran, eine Erfahrung der Psychoanalyse an das Ende meiner Betrachtungen zu stellen, die darin besteht, erkennen zu können, daß Menschen nur zu heilen sind, wenn man ihnen die Angst *nimmt,* die vom Über-Ich an das Ich geht und die sich verfestigt als verinnerlichte Gewalt in Form von Strafängsten und Höllenphantasien aller Art. Keine Frömmigkeit im Sinne Jesu sollte für christlich gelten, die einen Typ von Moralität schafft, in dem Menschen selber zwiegespalten bleiben müssen, indem sie das, was böse ist, nur nicht zu tun wagen, weil sich bestimmte Strafen dagegen richten. Jesus hat diesen Typ von Moral, den wir als Christen tief verinnerlicht haben, auf seine Weise in dem Gleichnis von den beiden Söhnen des gütigen Vaters karikiert. Da haben wir in der Geschichte vom sogenannten „verlorenen Sohn" einen jungen Mann vor uns, der seine Freiheit zu gewinnen sucht, indem er in einem fernen Land alles ganz anders zu machen bestrebt ist, als er es im Vaterhause gedurft hätte. Jesus beschreibt in diesem Gleichnis psychologisch sehr scharfsichtig die Vorstellungen der Frommen seiner Zeit: Sie handeln ungefähr so, wie eine französische Filmschauspielerin sich einmal ausgedrückt hat: „Alles, was schön ist, macht entweder dick, oder es ist Sünde." Mit anderen Worten, man möchte dies und das schon ganz gerne, man darf es aber aus diätetischen Gründen oder eben aus moralischen Zwängen heraus nicht. Im Hintergrund des „verlorenen Sohnes" indessen steht der „gerechte Sohn", der genau weiß, was in der Abwesenheit sein Bruder tun wird: er bringt, denkt er, gewiß alles Geld mit Huren durch. Das hat Jesus, wohlgemerkt, gar nicht erzählt, aber der ältere Sohn scheint ganz genau zu wissen, auf welche Art sein Bruder „sündigt". Die Frage, die Jesus hier jeden Menschen stellt, ist, welche Motive uns eigentlich zur Güte bestimmen. Angst ist in seinen Augen ein sehr schlechter Grund, „gut" zu sein, er wehrt sich dagegen, daß man in Gott eine strafende Instanz sieht. Er möchte, daß die Menschen lernen, Gott gegenüber ein Vertrauen zu entwickeln, das ihnen die Güte wie selbstverständlich und leicht erscheinen läßt. Man fragt sich dann freilich nach dem Grund all der Strafreden, die es doch aus dem Munde Jesus in der Bibel auch gibt. Wir finden etwa, daß die flammenden Höllenreden im 25. Kapitel bei Matthäus ganz am Ende des Evangeliums stehen. Ich glaube, wir müssen uns die Logik im Aufbau dieser Reden so vorstellen, daß Jesus immer wieder daran appelliert hat, man möchte die Angst, die das menschliche Leben verwüstet, *überwinden* und die Güte sowie die Freiheit endlich leben. Wenn aber die Antwort darauf immer wieder lautet: Das alles können wir nicht, *denn wir haben Angst;* wir würden gerne auch die andere Wange hinhalten, aber wir kommen uns wie Verlorene vor, *und wir haben Angst;* wir würden gerne den Hungernden geben, aber wir kommen uns dann selber zu armselig vor, *und wir haben Angst.* Wenn das Dauerargument gegen gelebte Humanität immer wieder lautet: *aber wir haben Angst,* dann wird es irgendwann nötig sein, buchstäblich Angst zu machen gegen die Angst und gewissermaßen einen Steppenbrand der Angst zu legen gegen den Steppenbrand Angst. So jedenfalls scheint Jesus zu handeln. So sagt er z. B. ebenfalls in Mt 25, in dem Gleichnis von dem Mann, der mit nur einem Talent bei der Abrechnung vor seinem König steht: Es kann eine Situation eintreten, wo am Ende vor lauter Angst aus eurem Leben überhaupt nichts mehr wird, wo ihr euch vollkommen vertut, wo ihr schließlich nichts weiter seid als nur noch

Angst, und da gilt das Sprichwort: Wer schon hat, dem wird gegeben, und wer nicht hat, der kriegt auch das noch weggenommen, was er glaubte zu haben.

Die Angst mithin ist eine Teufelslogik, die die Menschen immer ärmer macht. Es gibt demnach eine unsichtbare Trennlinie zwischen den Menschen; sie verläuft nicht, wie man gemeinhin glaubt, zwischen den Guten und den Bösen, wohl aber zwischen denen, die „Angst" für ein Argument halten, zurückzuweichen und nichts zu tun, und denjenigen, die sie überwinden durch Vertrauen.

Es ist, anders gesagt, die Grundfrage der menschlichen Existenz, wie man bloßen Fußes über das Wasser geht (Mt 13): Sieht man die Wogen und hört man den Sturm, dann bekommt man Angst und versinkt, oder man schaut fest auf die Gestalt, die vom anderen Ufer auf uns zukommt. Dazwischen muß man sich entscheiden. Und damit man das begreift, erzählt Jesus lauter Entscheidungsgleichnisse, die zeigen sollen, worauf es ankommt.

Ich glaube, das Christentum, alle Religionen der Bibel, auch der Islam, werden erst aufhören, religionspsychologisch gewalttätig zu sein, wenn sie *die Höllenangst überwinden.* Dafür gibt es paradoxerweise auf Seiten *des Islam* heute bessere Ansätze als vergleichbar bei den christlichen Theologen. Die Ahmadiya-Mission etwa, die in Deutschland den Koran auslegt, schreibt in ihrer Einleitung sinngemäß: „Mohammed spricht sehr oft von der Hölle, aber der Glaube an eine ewige Höllenqual vereinbart sich nicht mit der 1. Sure des Koran: bismillahi Rahmani Rahim – im Namen Allahs, des Allbarmherzigen. Wer so spricht, der kann nicht glauben, es sei da ein Gott im Himmel, der Menschen für ein paar Jahrzehnte irdischer Existenz, Staubgeborene, die wir sind, zwischen Schatten und Irrtum, ins Unendliche bestraft." *Islamisch* ist es möglich, so zu denken, und ich würde sehr wünschen, daß es eines Tages möglich wäre, auch *christlich* so zu denken. Es bedeutete dies den Abschied von einer Religion der Angst, und, in umgekehrter Reihenfolge dieser Ausführungen: Es bedeutete ein Ende der verwalteten Macht von oben nach unten, es bedeutete ein Ende der theologisch rationalisierten Außenlenkung, und es bedeutete ein Ende der Verwandlung des Erlösungsdogmas der Machtlosigkeit Jesu in ein Arrangement masochistischer Unterdrückung und Opferhaltung in der Kirche. Nochmal dazu Erich Fromm: Entweder alle Religionen lernen es, humanitär zu sein, oder es wird sie nicht mehr geben.

Ich muß am Ende noch einen Punkt hinzufügen, der zum Thema „Machtausübung" gehört und sich logisch aus dem Gesagten bereits ergibt. Ich vermisse in den Religionen, die aus der Bibel hervorgegangen sind – Judentum, Christentum und Islam –, daß es so etwas gibt wie eine *Religiosität der Kreaturen.* Wir sprechen im Zusammenhang von Gewalt und Macht so gut wie ausschließlich vom Umgang der Menschen mit den Menschen, und schon das zeigt, wie eng wir die Problematik ansetzen. Ich glaube aber, wir gehen im gewissen Sinne mit uns selber gerade so um, wie wir mit unseren Mitgeschöpfen umgehen. Nun: In jeder Sekunde, die wir hier zubringen, werden 2.000 m² tropischen Regenwalds vernichtet; Tausende von Arten werden da unwiederbringlich in den Tod geschickt – bis zum Jahr 2010 schon werden wir es geschafft haben, die Tropen endgültig zu verwüsten. Wir finden wenig dabei, Millionen Tiere zu verbrauchen: in den Massenzuchtanstalten, in den Pharmalabors – jede Art von Qual scheint uns dabei gerechtfertigt, wenn sie nur den Menschen nützt. Es gibt im Koran immerhin Suren, die den Namen von Tieren tragen, es gibt hier Ansätze einer neuen Ethik der Natur, aber es läßt sich nicht leugnen: Natürlich denkt Mohammed hier nicht viel anders als die biblische Religion auch, nämlich: daß Tiere für den Menschen nutzbar, als Gebrauchsgegenstände da sind. So schreibt er etwa, daß Gott die Esel gemacht hat, weil sie als Lasttiere so praktisch sind für die Menschen.

Woran mir sehr liegt, ist, daß wir dieses gemeinsame anthropozentrische Erbe der Bibel ein Stück weit überwinden, indem wir den Austausch vor allem mit den *asiatischen* Religionen pflegen. Mir scheint, daß Schopenhauer sehr recht hatte, als er dachte, die biblische Religion, der Islam inbegriffen, verdankte ihre Entstehungsvoraussetzung einem bestimmten Kulturraum, der stark geprägt ist durch die Erfahrung der Wüste, und wir dürften diese Erfahrung nicht total über den Globus ausbreiten, ohne ihn selber zu verwüsten. Wir müssen von anderen religiösen Möglichkeiten lernen, die z. B. im Buddhismus und im Hinduismus entwickelt wurden. Da gilt es, eine Güte, ein Mitleid, ein Verstehen zu lernen, das die Tiere und Pflanzen miteinschließt. Wenn sich zeigt, daß der Weg zu uns Menschen über die Säugetiere 150 Millionen Jahre lang gedauert hat und wir all das an Gefühlen im Zwischenhirn in uns tragen, was auch ihnen bekannt wurde, ehe wir selbst das Denken lernten, dann ist der Unterschied zwischen Mensch und Tier wohl nicht so groß, wie die biblischen religiösen Überzeugungen uns glauben gemacht haben; dann gehören wir demselben Strom des Lebens an, und dann müßten wir einheitlicher über die Schöpfung Gottes denken, um sie angstfrei gegenüber dem Jüngsten Tage zu verantworten.

Die Autoren

URI AVNERY, geb. 1923 in Beckum. Emigration nach Palästina 1933. Friedensaktivist, Journalist und Schriftsteller. Gründungsmitglied der „Israeli Council for Israeli-Palestinian Peace". Publikationen u. a.: „Mein Freund, der Feind", 1988; „Lenin does not live here anymore", 1991; „Wir tragen das Nessosgewand", 1991.

EUGEN DREWERMANN, geb. 1940 in Bergkamen bei Dortmund. Studium der Philosophie, Theologie und Psychoanalyse in Münster und Paderborn. Er hielt Vorlesungen über Systematische Theologie, bis ihm im Oktober 1991 die kirchliche Lehrerlaubnis entzogen wurde. Veröffentlichungen u. a.: „Was uns Zukunft gibt", 1991.

ELSAYED ELSHAHED, geb. 1945 in Scharkiya, Ägypten. Prof. Dr. phil., Studium der Philosophie, Psychologie und der Sozial- und Islamwissenschaften in Kairo, Berlin und Saarbrücken. Seit 1985 Professor für islamische Kultur in Riad. Publikationen u. a.: „Das Problem der transzendenten sinnlichen Wahrnehmung", 1983; „Das Problem des islamischen Denkens", 1992.

BERND HARTMANN, geb. 1951 in Bludenz. Studium der Soziologie und Völkerkunde an der Universität Wien, 1978 Dr. phil., derzeit Forschungs- und Lektortätigkeit an der Technischen Universität Wien. Zahlreiche Publikationen im Bereich der Architektur und der technologischen Entwicklung.

ADOLF HOLL, Jahrgang 1930. Dr. theol. et phil., Universitätsdozent an der Universität Wien. Von 1952 bis 1972 Kaplan und Religionslehrer. 1976 wurde Holl die Ausübung der priesterlichen Funktionen untersagt. Lebt als Schriftsteller und Publizist in Wien. Publikationen u. a.: „Der Fisch aus der Tiefe", 1990; „Im Keller des Heiligtums", 1991.

WENZESLAV KONSTANTINOV, geb. 1940 in Sofia. Studium der Philosophie und Germanistik. Von 1979 bis 1990 Berufs- und Reiseverbot. Lebt als Schriftsteller und Dolmetscher in Sofia und Solischà. Zahlreiche Publikationen über deutschsprachige und bulgarische Literatur. Zahlreiche Übersetzungen, u. a.: Elias Canettis „Hochzeit"; Walter Benjamins „Das Kunstwerk im Zeitalter seiner technischen Reproduzierbarkeit".

CARLOS LACKINGTON FUENTES, geb. 1953 in Santiago de Chile. Mag.phil., Studium der Philosophie, Psychologie, Mathematik und Logistik in Santiago und Buenos Aires. Publizist und Professor für Mathematik in Santiago. Zahlreiche Publikationen.

KARL MARKUS MICHEL, geb. 1929 in Hongkong. Lebt als freier Schriftsteller in Berlin. Herausgeber der Zeitschrift „Kursbuch". Publikationen u. a.: „Von Eulen, Engeln und Sirenen", 1988.

HUBERT ORLOWSKI, geb. 1937 in Podlejki. Dr. phil., o. Univ.-Prof., Studium der Germanistik in Posen, Gastprofessor in Kiel und Graz. Träger des österreichischen Ehrenkreuzes für Wissenschaft und Kunst I. Klasse. Publikationen u. a.: „Literatur im Dritten Reich", 1975; „Polnisches Schrifttum unter Zensur",1988.

ANDREAS PUFF-TROJAN, geb. 1960 in Wien. Studium der Germanistik, Philosophie, Sprachwissenschaften und Logistik. Mehrere Forschungsreisen nach Deutschland, Frankreich und in die Schweiz, Lektorate für deutsche Sprache und deutschsprachige Literatur in Budapest und Paris. Zahlreiche Publikationen.

KARL STOCKREITER, geb. 1959 in Wien. Dr. phil., Studium der Philosophie, Archäologie, Kunstgeschichte und Religionswissenschaften in Wien und Rom. Derzeit beschäftigt im IWK, seit 1991 psychoanalytische Ausbildung. Zahlreiche Publikationen.

DIE HERAUSGEBER

JOHN PATTILLO-HESS, geb. 1943 in Santiago de Chile. Studium der Philosophie in Santiago und Wien, Dr. phil.

MARIO R. SMOLE, geb. 1954 in Villach. Studium der Informatik in Wien. Seit 1987 Mitarbeiter des Canetti-Symposions.